重要事項&用語 図解

最新 社会保障・介護福祉法律用語辞典

重要解説 + **用語辞典** の2つの機能を1冊に集約

行政書士 **若林 美佳** 監修

「難しい」「複雑」「なじみにくい」
社会保障・介護福祉の
法律や制度の全体像と
基本法律用語が
短時間でわかる！

本書の特徴
【第1部】：
見開き構成で社会保障・福祉制度の基本46項目を平易に解説。
【第2部】：
これだけは知っておきたい！
実務上重要な約560用語を厳選収録。

●本書で取り扱うおもな分野●

健康保険／老齢・障害・遺族年金／介護保険／障害者福祉／生活保護／生活困窮者自立支援制度／雇用保険／失業手当／母子福祉／子ども・子育て支援新制度／児童手当／児童虐待／成年後見／任意後見／有料老人ホーム／高齢者向け住宅／育児・介護と労働時間／マイナンバー　など

三修社

本書に関するお問い合わせについて
本書の内容に関するお問い合わせは、お手数ですが、小社
あてに郵便・ファックス・メールでお願いします。
なお、執筆者多忙により、回答に1週間から10日程度を
要する場合があります。あらかじめご了承ください。

はじめに

　わが国をとりまく社会情勢は、経済情勢などの影響により目まぐるしい変化を遂げています。3人に1人が高齢者となる社会の中で、「社会福祉」の制度は、非常に重要な存在となります。

　社会福祉とは、病気やケガによって障害を負う者や高齢者、未成年の者など、自身の力だけでは安心した社会生活を送ることが難しい者に対して与えられるさまざまな支援サービスのことです。少子高齢化の影響や核家族の増加などの影響で、児童虐待、孤独死などの社会問題も深刻化しており、このような社会福祉サービスを求める者は日々増加しています。将来に、自身や家族、親族が社会福祉制度を利用する可能性に備え、状況に応じて適切な支援を受けることができるよう、制度の概要を正しく理解することが非常に大切です。

　本書は、社会保障や介護福祉の制度について、はじめての人でもポイントがつかめ、スムーズに読み進めることができるよう二部構成になっています。第一部では、社会保障制度や医療保険制度の概要にはじまり、医療や福祉、介護にまつわるさまざまなサービスについて、図解を盛り込み、やさしく説明しています。また、年金制度や、生活保護、成年後見制度など、いざという時に備えた制度も網羅しており、育児休業や児童手当など、子育て関連の制度や法律知識もフォローしています。この他、マイナンバー法など、最新の法律が社会福祉制度に与える影響にも触れています。第二部は、五十音順の用語解説辞典で、社会保障や介護福祉に関する用語約560語を収録しています。知識解説書としてはもちろん、用語辞典としてお手元に備えることで、疑問が生じた場合に手軽に活用することができます。

　本書を通じて、社会福祉制度を利用する一人でも多くの皆様の助けにつながれば幸いです。

　　　　　　　　　　　　　　　　　監修者　行政書士　若林　美佳

Contents

はじめに

第1部 図解でわかる！社会保障・福祉制度

1	社会保障制度	14
2	医療保険制度	16
3	健康保険や労災保険の給付	18
4	高額療養費・高額介護合算療養費	20
5	高齢者医療制度	24
6	老人福祉施設と高齢者向けの住宅	26
7	有料老人ホームへの入居とトラブル	30
8	高齢者や障害者への虐待	32
9	介護保険制度	34
10	介護保険制度の被保険者	36
11	介護サービスの体系	38
12	地域支援事業	42
13	利用者の保険料と介護サービスの利用料金	44
14	要介護認定	46
15	介護保険の申請手続きとケアプランの作成	48
16	介護事業と介護報酬	50
17	年金制度	52
18	年金保険料の免除制度	54
19	老齢基礎年金	56
20	老齢厚生年金	58
21	在職老齢年金	60
22	障害給付	62
23	遺族年金給付	66

24 年金の受給手続き	70
25 障害者福祉と障害者総合支援法	72
26 障害福祉サービスの利用方法	74
27 障害福祉サービスの利用料金	78
28 障害支援区分と障害福祉サービスの利用手続き	82
29 施設・障害福祉サービス事業の運営と報酬	84
30 精神障害者のための医療支援	86
31 生活保護制度	88
32 生活保護申請手続き	90
33 生活保護の内容	92
34 生活困窮者自立支援法	96
35 雇用保険のしくみと給付	98
36 失業手当の受給手続き	100
37 成年後見制度	104
38 法定後見の申立て	108
39 任意後見制度	110
40 結婚・出産支援のための社会保険・税制上の制度	112
41 育児休業と労働時間の配慮	114
42 介護休業と労働時間の配慮	118
43 児童手当・児童扶養手当・子育て世帯臨時特例給付金	122
44 児童虐待と対策	124
45 子ども・子育て支援新制度	126
46 マイナンバー制度	128
Column 高齢者に対する雇用保険の給付	130

第2部 用語解説編

あ
- IADL ... 132
- 愛の手帳 ... 132
- アセスメント ... 132

い
- 育児・介護休業法 ... 132
- 育児学級 ... 132
- 育児休業 ... 132
- 育児休業給付金 ... 133
- 育児時間 ... 133
- 育児相談 ... 133
- 意思疎通支援事業 ... 133
- 移送 ... 134
- 遺族基礎年金 ... 134
- 遺族給付 ... 134
- 遺族厚生年金 ... 134
- 遺族補償給付 ... 135
- 1次判定 ... 135
- 一時扶助 ... 135
- 一部負担金 ... 135
- 医療型児童発達支援 ... 135
- 医療関連行為 ... 136
- 医療施設 ... 136
- 医療ソーシャルワーカー ... 136
- 医療扶助 ... 136
- 医療保険 ... 136
- 医療保護入院 ... 136
- インフォームド・コンセント ... 137

う
- 上乗せサービス ... 137
- 運動器の機能向上サービス ... 137

え
- 栄養改善サービス ... 137
- ADL ... 137
- MSW ... 137

お
- 応益負担 ... 137
- 応急入院 ... 138
- 応能負担 ... 138
- OT ... 138

か
- 介護休業給付 ... 138
- 介護給付費 ... 138
- 介護サービス情報の公表 ... 139
- 介護認定審査会 ... 139
- 介護福祉士 ... 139
- 介護扶助 ... 139
- 介護報酬 ... 140
- 介護報酬改定 ... 140
- 介護保険 ... 140
- 介護保険事業計画 ... 140
- 介護保険施設 ... 141
- 介護保険審査会 ... 141
- 介護保険被保険者証 ... 141
- 介護保険法 ... 141
- 介護補償給付 ... 142
- 介護予防 ... 142
- 介護予防居宅療養管理指導 ... 142
- 介護予防ケアプラン ... 142
- 介護予防支援 ... 142
- 介護予防小規模多機能型居宅介護 ... 142
- 介護予防短期入所生活介護 ... 143
- 介護予防短期入所療養介護 ... 143
- 介護予防通所介護 ... 143
- 介護予防通所リハビリテーション ... 143
- 介護予防特定施設入居者生活介護 ... 143
- 介護予防・日常生活支援総合事業 ... 144
- 介護予防認知症対応型共同生活介護 ... 144
- 介護予防認知症対応型通所介護 ... 144
- 介護予防訪問介護 ... 144
- 介護予防訪問看護 ... 145
- 介護予防訪問入浴介護 ... 145
- 介護予防訪問リハビリテーション ... 145
- 介護老人保健施設 ... 145
- 改定請求 ... 146
- 加給年金 ... 146
- 各種加算 ... 146
- 学生納付特例制度 ... 146
- 喀痰吸引等事業者 ... 146
- 確定拠出年金 ... 147
- 家族出産育児一時金 ... 147
- 家族埋葬料 ... 147
- 家族療養費 ... 147

学校保健安全法	147
合算対象期間	148
家庭裁判所	148
家庭児童相談室	148
家庭訪問	148
寡婦年金	148
寡婦福祉資金	149
看護休暇	149
間接生活介助	149
鑑定制度	149

························ き ························

基幹相談支援センター	149
企業年金	149
基準及び程度の原則	150
基準該当障害福祉サービス	150
基準障害	150
基礎控除	150
機能訓練	151
機能訓練関連行為	151
期末一時扶助	151
ＱＯＬ	151
救急医療	151
求職者給付	151
求職者支援制度	152
級地区分	152
旧年金法	152
給付制限期間	153
教育扶助	153
協会管掌健康保険	153
共済組合	153
共済年金	153
強制適用事業所	154
共同生活援助	154
居住サポート事業	154
居宅	154
居宅介護	154
居宅介護支援	155
居宅療養管理指導	155
緊急小口資金	155
緊急措置入院	156
緊急払い	156
勤労控除	156

························ く ························

クオリティ・オブ・ライフ	156
区分支給限度基準額	156
繰り上げ支給	157
繰り下げ支給	157
グループハウス	157
グループホーム	158
グループリビング	158
訓練等給付費	158

························ け ························

ケアプラン	158
ケアマネジャー	159
計画相談支援給付費	159
経過的寡婦加算	159
軽費老人ホーム	159
ケースワーカー	159
健康診査	160
健康保険	160
健康保険組合	160
現在地主義	160
健診費用助成	160

························ こ ························

合意分割	160
高額医療・高額介護合算療養費	161
高額介護サービス費	161
高額障害福祉サービス費	161
高額療養費	162
後期高齢者医療制度	162
口腔機能向上サービス	162
後見	163
後見開始の審判	163
後見監督人	163
後見事務	163
後見登記等ファイル	163
厚生年金基金	164
厚生年金保険	164
公的給付	164
公的年金	164
公的扶助	164
行動援護	165
高等学校等就学支援金	165
高年齢求職者給付金	165
高年齢継続被保険者	165
高年齢雇用継続基本給付金	166
高年齢雇用継続給付	166
高年齢再就職給付金	166

高年齢者雇用安定法	166
後納制度	167
高齢者	167
高齢者医療確保法	167
高齢者虐待	167
高齢任意加入	167
国民皆保険	168
国民健康保険	168
国民年金	168
国民年金基金	168
個人年金	169
子育て世帯臨時特例給付金	169
子育て短期支援事業	169
子どもの貧困対策の推進に関する法律	169
雇用継続給付	169
雇用保険	169
混合診療	170

················ さ ················

サービス管理責任者	170
サービス担当者会議	170
サービス付き高齢者向け住宅	170
サービス提供責任者	171
サービス利用計画	171
災害共済給付制度	171
在職老齢年金	171
最低基準	172
最低生活費	172
裁定請求	172
差額ベッド代	172
作業療法士	173
サテライト型住居	173
里親制度	173
産科医療補償制度	173
3号分割制度	173
産前産後の休業	174
暫定ケアプラン	174
暫定支給決定	174
算定対象期間	174

················ し ················

支給調整	174
支給停止	175
死後事務委任契約	175
事後重症	175
思春期相談	175

次世代育成支援対策推進法	176
施設入所支援	176
施設養護	176
市町村障害福祉計画	176
失業	177
失業等給付	177
失権	177
指定一般相談支援事業者	178
指定介護療養型医療施設	178
指定介護老人福祉施設	178
指定基準	178
指定居宅介護支援事業者	179
指定居宅サービス事業者	179
指定障害児相談支援事業者	179
指定障害児通所支援事業者	179
指定障害児入所施設	179
指定障害者支援施設	179
指定障害福祉サービス事業者	180
指定特定相談支援事業者	180
児童	180
児童委員	180
児童育成手当	180
児童虐待	180
児童虐待の防止等に関する法律	180
児童相談所	181
児童手当	181
児童発達支援	181
児童福祉制度	181
児童福祉法	181
児童扶養手当	182
死亡一時金	182
市民後見人	182
社会保障制度改革プログラム法	182
社会福祉協議会	183
社会福祉法人	183
社会福祉六法	183
社会保険	183
社会保険診療報酬支払基金	183
社会保障	183
社会保障と税の一体改革	183
若年者納付猶予制度	184
就学困難な児童及び生徒に係る就学奨励についての国の援助に関する法律	184
就学指導委員会	184

就職困難者	184	障害福祉サービスの報酬算定構造	195
就職促進給付	185	奨学金	196
従前額保障	185	償還払い	196
住宅改修	185	小規模多機能型居宅介護	196
住宅扶助	186	小児医療費助成制度	196
重度障害者等包括支援	186	小児慢性特定疾患医療制度	197
重度心身障害者手当	186	小児慢性特定疾患医療費助成	197
重度訪問介護	186	傷病手当	197
重要事項説明書	187	傷病手当金	197
就労移行支援	187	常用就職支度手当	198
就労活動促進費	187	職域保険	198
就労継続支援A型	187	女性福祉資金	149
就労継続支援B型	188	自立活動確認書	198
就労自立給付金	188	自立訓練	198
受給権者	188	自立支援医療制度	198
受給資格期間	188	自立支援医療費助成	198
出産	188	自立支援給付	199
出産育児一時金	189	自立相談支援事業	199
出産手当金	189	資力調査	199
出産扶助	189	シルバーハウジング	199
障害基礎年金	189	新規就労控除	200
障害給付	189	親権の停止	200
障害厚生年金	190	心身障害者福祉手当	200
障害児	190	新生児訪問指導	200
障害支援区分	190	申請保護の原則	201
障害児相談支援	191	申請免除	201
障害児通所支援	191	身体障害者手帳	201
障害児入所施設	191	身体障害者福祉法	201
障害児福祉手当	192	審判前の保全処分	201
障害者	192		

……………………… す ………………………

障害者介護給付費等不服審査会	192	スライド制	202
障害者基本法	192		

……………………… せ ………………………

障害者虐待防止法	192	生活介護	202
障害者ケアマネジメント	193	生活訓練	202
障害者計画	193	生活困窮者	203
障害者権利条約	193	生活困窮者自立支援法	203
障害者雇用促進法	193	生活福祉資金	203
障害者就労施設等	194	生活扶助	203
障害者総合支援法	194	生活扶助義務	204
障害者福祉施策	194	生活保護	204
障害者優先調達推進法	194	生活保護基準	204
障害手当金	195	生活保護法	204
障害認定日	195	生活保持義務	204
障害福祉計画	195	生業扶助	204

生計維持関係	205
制限行為能力者制度	205
精神医療審査会	205
精神障害者	205
精神障害者地域生活支援広域調整等事業	205
精神障害者保健福祉手帳	206
精神保健指定医	206
精神保健福祉法	206
生前契約	206
生存権	206
成年後見監督人	207
成年後見監督人等	207
成年後見制度	207
成年後見制度利用支援事業	207
成年後見登記制度	208
成年後見人	208
成年後見人等	208
成年被後見人	208
成年被後見人等	208
世帯合算	208
世帯単位の原則	209
世帯分離	209
船員保険	209
全額免除	209
前期高齢者医療制度	209
全国健康保険協会	210

······················· そ ·······················

葬祭扶助	210
増進改定	210
相談支援事業	210
相談支援体制整備事業	210
措置入院	210

······················· た ·······················

第1号被保険者	211
待期期間	211
代行返上	211
第3号被保険者	211
退職者医療制度	211
第2号被保険者	212
第4期障害福祉計画	212
代理権	212
代理権付与の審判	212
多数該当	212
脱退一時金	213

短期入所	213
短期入所生活介護	213
短期入所療養介護	213

······················· ち ·······················

地域移行支援	214
地域活動支援センター	214
地域ケア会議	214
地域支援事業	215
地域生活支援事業	215
地域相談支援給付費	215
地域定着支援	215
地域包括ケアシステム	215
地域包括支援センター	216
地域保険	216
地域密着型介護老人福祉施設入所者生活介護	216
地域密着型サービス	216
地域密着型特定施設入居者生活介護	217
知的障害者福祉法	217
中高齢寡婦加算	217
中高齢の特例	218
長期要件	218
直接支払制度	218
直接生活介助	218

······················· つ ·······················

通級	219
通所介護	219
通所リハビリテーション	219

······················· て ·······················

DV防止法	219
定額部分	219
定期巡回・随時対応型訪問介護看護	220
定率負担	220
転給	220

······················· と ·······················

同意権	220
同意権付与の審判	221
冬季加算	221
同行援護	221
特定機能病院	221
特定施設入居者生活介護	222
特定疾病	222
特定受給資格者	222
特定障害者特別給付費	222
特定福祉用具販売	223

特別一時金	223
特別支援学級	223
特別支援学校	223
特別支給の老齢厚生年金	223
特別児童扶養手当	224
特別障害給付金	224
特別障害者手当	224
特別養護老人ホーム	225
特例特定障害者特別給付費	225
特例任意加入	225
都道府県障害福祉計画	225
取消権	225

に

2次判定	226
日常生活自立支援事業	226
日常生活用具給付等事業	226
入院時食事療養費	226
入院助産費用の助成	227
乳幼児医療費助成制度	227
任意継続被保険者	227
任意後見監督人	227
任意後見契約	228
任意後見受任者	228
任意後見制度	228
任意後見人	228
任意事業	229
任意入院	229
認知症	229
認知症高齢者の日常生活自立度	229
認知症初期集中支援チーム	230
認知症施策推進5か年計画	230
認知症対応型共同生活介護	230
認知症対応型通所介護	230
認知症地域支援推進員	231
認定介護福祉士	231
認定こども園	231
認定調査票	231
妊婦健診	232

ね

ねんきんネット	232
年金払い退職給付	232

の

ノーマライゼーション	232

は

発達障害者支援法	233
母親学級	233
パパ・ママ育休プラス制度	233
バリアフリー	233
半額免除	234

ひ

ＰＴ	234
ＢＰＳＤ	234
被後見人	234
必要即応の原則	234
ひとり親家庭	234
ひとり親家庭医療費助成	234
ひとり親家庭生活支援事業	235
被保険者	235
被保護者調査	235
被保佐人	235
被補助人	235
病児病後児保育実施施設	235

ふ

付加年金	236
複合型サービス	236
福祉事務所	236
福祉ホーム	237
福祉用具貸与	237
扶養義務者	237
振替加算	237

へ

平均標準報酬額	237
併合改定	238
併合認定	238
別世帯	238

ほ

保育所	238
保育所等訪問支援	239
放課後児童クラブ	239
放課後等デイサービス	239
包括的支援事業	239
報酬比例部分	240
法定代理受領制度	240
法定免除	240
訪問介護	240
訪問看護	241
訪問看護療養費	241

訪問調査	241
訪問入浴介護	241
訪問リハビリテーション	242
保険者	242
保健所	242
保険診療	242
保険料	242
保険料納付済期間	243
保険料免除期間	243
保佐	243
保佐開始の審判	243
保佐監督人	243
保佐人	243
母子及び父子並びに寡婦福祉法	244
母子家庭等医療費助成制度	244
母子家庭等日常生活支援事業	244
母子家庭の就学支援	244
母子健康手帳	244
母子自立支援員	245
母子福祉資金	245
補助	245
補助開始の審判	245
補助監督人	245
補助人	246
補装具	246
補足給付	246
ホテルコスト	246
ボランティア相談員	246

ま

埋葬費	247
埋葬料	247
マイナンバー制度	247
マクロ経済スライド	247

み

未熟児養育医療	248
未成年者控除	248
見守り契約	248
民生委員	248

も

モニタリング	248
問題行動関連介助	248

や

夜間対応型訪問介護	249

ゆ

有料老人ホーム	249

よ

要介護	249
要介護1	249
要介護5	250
要介護3	250
要介護度	250
要介護2	250
要介護認定等基準時間	250
要介護4	250
養護老人ホーム	251
要支援1	251
要支援状態	251
要支援2	251
要保護者	251
横出しサービス	251
予防給付	251
予防接種法	252

り

理学療法士	252
離婚分割	252
リバースモーゲージ	252
療育医療費助成	253
療育手帳	253
療養介護	253
療養介護医療費	253
療養の給付	253
療養費	254
療養病床	254
臨時福祉給付金	254

ろ

老人福祉施設	254
老人福祉法	254
老齢基礎年金	255
老齢給付	255
老齢厚生年金	255

第1部

図解でわかる！
社会保障・福祉制度

第1部 1
社会保障制度

貧困や病気などの予防や必要な給付を行うことで、国民の生活を支えるための制度

◆ 社会保障とは

　社会保障制度は、貧困や病気といった、誰にでも起こり得るリスクに備えて、おもに所得を保障することによって、国民の生活を保障するための国家制度です。また、個人が自立して生活できるような環境（条件）を整備することも、社会保障の目的のひとつです。

　社会保障制度にどのような内容を含めるのかは、国家によって、または、時代によっても異なります。従来から、わが国では社会保障制度は4つの分野に分類されています。つまり、①保険制度を利用して、さまざまなリスクに備える社会保険、②生活保護に代表される公的扶助、③公衆衛生・医療、④母子福祉などの社会福祉の4分野です。

　4つの分野は、特化している機能が異なるために、それぞれ別々の原理を採用しています。たとえば、社会保険では、国民が支払った保険料を財源にして、発生したリスクに対して、給付が行われるしくみを採っています。これに対して、公的扶助においては、貧困状態に陥ってしまった人に対して、おもに国の税金を財源にして、生活費を補助することで、自立的な生活を送ることができるようにサポートするしくみになっています。そして、公衆衛生は、医療サービスなど、国民の健康な生活を支えるための予防・衛生を目的にしている制度であり、社会福祉は、障害者などハンディを負っている人の社会生活を支援する制度です。このように、社会保障制度に含まれるさまざまな分野は、国民の生活を保障するという共通の目的を果たすために、異なる原理を採用しています。

◆ 社会保険の意味

　社会保険は、保険の原理を用いてあらかじめ徴収しておいた保険料を原資に、給付が必要な状態に陥った人に対して、適切な給付を行うという社会制度です。これにより、リスクを分散させることができます。つまり、病気やケガ、または老齢などによって、所得が得られなくなるなどのリスクは、誰もが負っています。個人で、これらのリスクに備えて、十分な蓄えを用意しておくことは容易ではありません。そこであらかじめ、すべての者に対して保険料の支払いを課して、財源を用意しておきます。そして、病気やケガといったリスクが現実化した人に対して、集めておいた原資から必要な給付を行います。このように、さまざまなリスクを保険料という形で分散させているのです。

　社会保険という言葉には、広義・狭義の２つの意味があります。広義の社会保険は、医療保険、年金保険、雇用保険、労働補償保険（労災保険）という４つの制度を基盤とした、あらゆる保険を総称した概念として用いられます。これに対して、狭義の社会保険は、健康保険（医療保険）、厚生年金（年金保険）、介護保険のみを指す言葉として用いられ、労働保険（雇用保険および労災補償保険）を含みません。時と場合に応じて、社会保険という同じ言葉であっても、指し示す意味が異なることに注意が必要です。

■ 社会保障制度

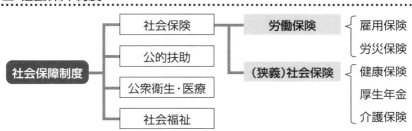

第1部 2

医療保険制度

職域保険と地域保険がある

◆ 医療保険とは

　公的医療保険は、職域保険（被用者保険）と地域保険に分類できます。職域保険は、①健康保険（健保）、②船員保険、③共済組合があります。地域保険には国民健康保険があります。

・**健康保険**

　職域保険のひとつです。健康保険法に基づき、加入者やその被扶養者の業務外の疾病や出産、死亡に対して保険給付が行われます。保険者には、全国健康保険協会管掌健康保険（協会けんぽ）と組合管掌健康保険（健康保険組合）があります。民間の大企業の被用者を対象とした健康保険が組合管掌健康保険であるのに対し、中小企業の被用者を対象としているのが全国健康保険協会管掌健康保険です。

　組合管掌健康保険には、単一組合の場合と、総合組合の場合があります。単一組合は、単独の大企業で作られていて、常時700人以上の組合員が必要です。総合組合は、中小企業が数社集まって作られていて、3000人以上の組合員が必要です。

　保険を運営する全国健康保険協会や健康保険組合を保険者と呼び、従業員など、保険制度に加入してサービスを受けることができる人のことを被保険者と呼びます。

・**船員保険**

　船員保険とは、文字どおり船員を対象とした保険のことで、運営（管掌）するのは全国健康保険協会です。

　船員保険は、もともと船員を対象に、労災保険・雇用保険・健康保

険・年金を総合して保障する保険制度でしたが、制度の統合が進められ、現在では健康保険に相当する給付と、一般の労災保険の給付に上乗せして行う給付についての保険制度になっています。

・共済組合

共済組合には、国家公務員共済組合・地方公務員共済組合・私立学校教職員共済組合の3種類があり、組合員は国家公務員、地方公務員、私立学校教職員で構成されています。

国家公務員共済組合法や地方公務員等共済組合法に基づいた共済制度は、医療費などの給付や福祉事業の実践を柱としています（共済年金については、平成27年10月からは厚生年金に一元化）。費用の負担は組合員と保険者（国や地方自治体）の折半が原則です。毎月の掛け金などは各共済組合によって定められています。

・国民健康保険

国民健康保険（国保）の対象となるのは健康保険や船員保険などが適用されない農業者、自営業者、そして企業を退職した年金生活者などです。保険者は各市区町村で、保険料は被保険者の収入などによりその料率が定められます。国民健康保険の給付は基本的には会社員の加入する健康保険と同じですが、国民健康保険独自の給付もあります。

■ 医療保険の種類

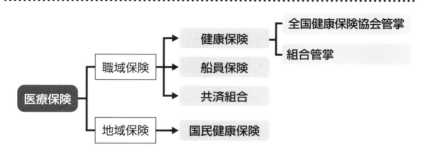

※ 表中の公的医療保険の他に、民間の各社が提供する医療保険がある

第1部 3

健康保険や労災保険の給付

業務外の事由は健康保険、業務上の事由は労災保険の対象になる

◆ 健康保険の給付

　社会保険の実務では、通常、労働者災害補償保険と雇用保険を労働保険と呼び、健康保険、厚生年金保険、介護保険などのことを社会保険と呼びます。健康保険と厚生年金保険は、給付の目的や内容が異なりますが、適用事業所など多くの部分で共通点があることから、健康保険と厚生年金保険の手続きを一緒に行うケースが多くあります。

　健康保険では、被保険者に扶養されている一定の親族（配偶者、子、弟妹など）などで、保険者に届け出た者を被扶養者といいます。被保

■ 健康保険の給付内容

種　　類	内　　　　容
療養の給付	病院や診療所などで受診する、診察・手術・入院などの現物給付
療養費	療養の給付が困難な場合などに支給される現金給付
家族療養費	家族などの被扶養者が病気やケガをした場合に被保険者に支給される診察や治療代などの給付
入院時食事療養費	入院時に行われる食事の提供
入院時生活療養費	入院する65歳以上の者の生活療養に要した費用の給付
保険外併用療養費	先進医療や特別の療養を受けた場合に支給される給付
訪問看護療養費	在宅で継続して療養を受ける状態にある者に対する給付
高額療養費	自己負担額が一定の基準額を超えた場合の給付
移送費	病気やケガで移動が困難な患者を医師の指示で移動させた場合
傷病手当金	業務外の病気やケガで働くことができなくなった場合の生活費
埋葬料	被保険者が業務外の事由で死亡した場合に支払われる給付
出産育児一時金	被保険者及びその被扶養者が出産をしたときに支給される一時金
出産手当金	産休の際、会社から給料が出ないときに支給される給付

険者と被扶養者が業務外でケガ・病気をした場合や死亡した場合、分娩した場合に健康保険の給付を受けることができます。被保険者だけでなく被扶養者の保障を行う点が健康保険の大きな特徴です。

◆ 労災保険の給付

労働者災害補償保険（労災保険）は、労働者やその遺族のために必要な保険給付を行う保険制度です。業務上の事由または通勤による労働者の負傷・疾病・障害または死亡に対して給付が行われます。パート・アルバイトなどの雇用形態は関係ななく、労働者として働いている者すべてに労災保険が適用されます。ただ、代表取締役などの会社の代表者は使用者であるため、原則として労災保険は適用されません。

事業主の支配下または管理下にあるときに、負傷や病気の原因となる事故が発生した場合を業務災害、会社までの通勤途中（往復）に、負傷や病気の原因となる事故が発生した場合を通勤災害といいます。業務災害と通勤災害で受けることができる給付内容はほとんど同じです。

■ 労災保険の給付内容

目　的	労働基準法の災害補償では十分な補償が行われない場合に国（政府）が管掌する労災保険に加入してもらい使用者の共同負担によって補償がより確実に行われるようにする	
対　象	業務災害と通勤災害	
業務災害（通勤災害）給付の種類	療養補償給付（療養給付）	病院に入院・通院した場合の費用
	休業補償給付（休業給付）	療養のために仕事をする事ができず給料をもらえない場合の補償
	障害補償給付（休業給付）	身体に障害がある場合に障害の程度に応じて補償
	遺族補償給付（遺族給付）	労災で死亡した場合に遺族に対して支払われるもの
	葬祭料（葬祭給付）	葬儀を行う人に対して支払われるもの
	傷病補償年金（傷病年金）	ケガや病気の場合に年金の形式で支給
	介護補償給付（介護給付）	介護を要する被災労働者に対して支払われるもの
	二次健康診断等給付	二次健康診断や特定保健指導を受ける労働者に支払われるもの

第1部 4

高額療養費・高額介護合算療養費

治療費が高額になったときの給付

◆ 高額療養費とは

　病院や診療所で医療サービスを受けた場合でも、医療費の一部については本人が負担するのが健康保険のしくみです。しかし、医学の著しい発展によって高い性能の治療具が開発されるなど、医療は日々高度化されています。

　そのため、長期入院や手術を受けた際の自己負担額が高額になることもあります。自己負担額が一定の基準額を超えた場合に被保険者に給付されるのが高額療養費です。

　高額療養費は、被保険者や被扶養者が同じ月に同じ病院などで支払った自己負担額が、高額療養費算定基準額（自己負担限度額）を超えた場合、その超えた部分の額が高額療養費として支給されます。高額療養費算定基準額は、所得が多いほど自己負担額が高くなるように設定されていますが、平成27年1月より70歳未満の方の所得区分が3区分から5区分に細分化されました。

　図（次ページ）の総医療費（療養に要した費用）とは、同じ月に同じ病院などで支払った医療費の総額です。「同じ月に同じ病院など」とは、暦月1か月内（1日から末日まで）に通院した同じ診療科であることが必要です。したがって、たとえ実日数30日以内であっても、暦月で2か月にまたがっている場合は「同じ月」とはいえません。

◆ 世帯合算と多数該当

　高額療養費には世帯合算という制度があります。

世帯合算は、同一世帯で、同一の月1か月間（暦月ごと）に2万1000円以上の自己負担額（70歳未満の場合）を支払った者が2人以上いるときに、それぞれを合算して自己負担額を超えた分が高額療養費として払い戻される制度です。世帯合算する場合もそれぞれの個人は同一医療機関で医療費を支払っていることが要件になります。

■ 高額療養費

● 1か月あたりの医療費の自己負担限度額（70歳未満の場合）

所得区分	自己負担限度額	多数該当
標準報酬月額 83万円以上の方	252,600円＋ (総医療費－842,000円)×1％	140,100円
標準報酬月額 53万円～79万円の方	167,400円＋ (総医療費－558,000円)×1％	93,000円
標準報酬月額 28万円～50万円の方	80,100円＋ (総医療費－267,000円)×1％	44,400円
標準報酬月額 26万円以下の方	57,600円	44,400円
低所得者 （被保険者が市町村民税 の非課税者等）	35,400円	24,600円

※区分アまたはイに該当する場合は、市町村民税が非課税であっても区分アまたはイとなる。

● 1か月あたりの医療費の自己負担限度額（70～74歳の場合）

被保険者の区分	医療費の負担限度額	
	外来（個人）	外来入院（世帯）
一定以上所得者	44,400円	80,100円＋(総医療費－267,000円)×1％ 〈44,400円〉
一般	12,000円	44,400円
低所得者2 （市区町村民税 非課税世帯）	8,000円	24,600円
低所得者1 （所得が一定水準 に満たない者）	8,000円	15,000円

※一定以上の所得者の同一世帯で1年間に3回以上高額療養費の支給を受けている場合の限度額は、〈　〉内の金額になる

また、高額療養費には「多数該当」という自己負担限度額を軽減させる制度があります。具体的には、同一世帯で１年間（直近12か月）に３回以上高額療養費の支給を受けている場合は、４回目以降の自己負担限度額が下がります。

◆ 高額介護合算療養費とは

　介護保険は１割の本人負担でサービスを提供してもらうことができます。ただ、医療費に加えて介護保険の費用を負担するとなると、高額の負担を伴うケースも生じます。

　そのため、毎年８月から１年間にかかった医療保険と介護保険の自己負担額の合計が一定の基準額（75歳以上の世帯で所得が一般の場合は56万円）を超える人に対してはその超える分（高額介護合算療養費）を支給する制度が用意されています。

　医療について高額療養費、介護について高額介護サービス費の制度が用意されていますが、介護サービス費の高額負担者は、医療費の高額負担者であることも多く、それぞれの制度の自己負担上限額を負担する場合、その合計額は大きな負担になります。

　このような場合に、自己負担を軽減することができるのが、高額医療・高額介護合算療養費制度です。この制度は、年額で限度額が設けられ、医療費と介護サービス費の自己負担額の合計が著しく高額になる場合、申請して認められるとその超過額が後から支給されます。

　対象になるのは、介護保険の受給者がいる被用者保険、国民健康保険、後期高齢者医療制度の医療保険各制度の世帯です。毎年８月１日からの１年間でその世帯が自己負担する医療費と介護サービス費の自己負担額の合計が、設定された自己負担限度額を超えた場合に支給されます。この自己負担限度額は、56万円が基本ベースとなっていますが、加入している医療保険の各制度や世帯所得によって細かく設定されています。なお、高額介護合算療養費の制度改正に伴い、平成27年

8月から、70歳未満の高額介護合算療養費の自己負担限度額については新しい基準額が適用されています（下図参照）。

■ 高額療養費の世帯合算の計算の手順

自己負担額	被保険者の負担金 15,000円	被扶養者の負担金 42,400円	被扶養者の負担金 50,200円
合算の有無	合算されない（21,000円未満のため）	合算される	合算される

42,400円 ＋ 50,200円 ＝ 92,600円

92,600円 － 算定基準額（区分あり）

世帯合算による高額療養費

■ 高額介護合算療養費の自己負担限度額

●70歳未満の場合

所得区分	平成27年7月まで	平成27年8月以降
標準報酬月額 83万円以上の方	基準額　176万円	基準額　212万円
標準報酬月額 53万円～79万円の方	135万円	141万円
標準報酬月額 28万円～50万円の方	67万円	67万円
標準報酬月額 26万円以下の方	63万円	60万円
低所得者（被保険者が市町村民税の非課税者等）	34万円	34万円

※なお、70～74歳の場合、上表と異なり、①現役並み所得者（標準報酬月額28万円で高齢受給者証の負担割合が3割の人、市町村民税の非課税者を含む）は67万円、②一般所得者（①および③以外の人）は56万円、③低所得者で被保険者が市町村民税の非課税者等である場合は31万円、被保険者とその扶養家族全員の所得がない場合は19万円となる。

第1部 5
高齢者医療制度

高齢者の医療を支える制度だが問題もある

◆ 高齢者医療確保法の制定

　65歳以上の人の公的医療保険については、平成20年4月から施行されている高齢者の医療の確保に関する法律（高齢者医療確保法）により、64歳以前の人とは異なる医療保険制度が適用されています。具体的には、65歳から74歳までの人を対象とした前期高齢者医療制度と、75歳以上（言語機能の著しい障害など一定の障害状態にある場合には65歳以上）の人を対象とした後期高齢者医療制度（長寿医療制度）が導入されています。

◆ 前期高齢者医療制度とは

　前期高齢者医療制度とは、65歳～74歳の人を対象とした医療保険制度です。

　前期高齢者医療制度は後期高齢者医療制度のように独立した制度ではなく、制度間の医療費負担の不均衡を調整するための制度です。したがって、65歳になったとしても、引き続き今まで加入していた健康保険や共済組合から療養の給付などを受けることができます。

　医療費の自己負担割合については、69歳まではそれまでと同様に3割ですが、70歳の誕生月の翌月からは原則として2割となり、1割引き下げられます。ただし、70～74歳の者であっても、一定以上の所得者（課税所得145万円以上の者）の場合には自己負担割合は3割です。

◆ 後期高齢者医療制度とは

　後期高齢者医療制度とは、75歳以上の人に対する独立した医療制度です。国民健康保険や職場の健康保険制度に加入している場合でも、75歳になると、それまで加入していた健康保険制度を脱退し、後期高齢者医療制度に加入します。75歳以上の人の医療費は医療費総額中で高い割合に相当するため、保険料を負担してもらうことで、医療費負担の公平化を保つことが、この制度が作られた目的です。

　後期高齢者医療制度に加入する高齢者は、原則として、若い世代よりも軽い1割負担で病院での医療を受けることができます。利用者負担の金額が高額になった場合、一定の限度額（月額）を超える額が払い戻されます。医療保険と介護保険の利用者負担の合計額が高い場合にも、一定の限度額（月額）を超える額が払い戻されます。

　後期高齢者医療制度については、平成20年4月に制度が開始した直後はその内容をめぐって批判が噴出し、制度そのものの廃止が真剣に議論されるほどでした。しかし、当面は、拠出金の負担方法を見直すなど、制度のあり方を検討しつつ、現行制度の手直しをしながら継続されると考えられています。

■ 高齢者の医療費の自己負担割合

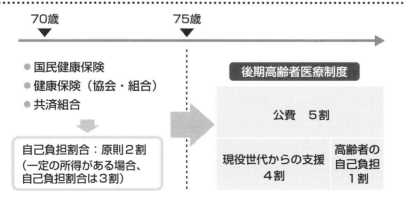

第1部 6 老人福祉施設と高齢者向けの住宅

さまざまなタイプの施設や住宅がある

◆ 公的機関や非営利団体が設置している老人福祉施設

老人ホームは、公的機関や非営利団体が設置している老人福祉施設と、民間の有料老人ホームに分けられます。

・特別養護老人ホーム

常時介護が必要なため、居宅で生活することが困難な者が入所する施設です。介護保険法上は介護老人福祉施設と呼ばれています。平成26年に行われた制度改正により、新規の入居者は原則として要介護3以上であることが要件になりました。小規模の特別養護老人ホームとして地域密着型介護老人福祉施設と呼ばれる施設もあります。

・養護老人ホーム

環境上の理由と経済的理由により、居宅において養護を受けることが難しい高齢者（65歳以上）が入所するのが養護老人ホームです。入所は、市区町村の措置に基づいて行われます。

養護老人ホームはおもに所得の低い人や虐待を受けている高齢者などを救済するための施設です。そのため、対象となる入居者は、市町村の入居措置を受けた者に限られます。

・軽費老人ホーム

原則として60歳以上の高齢者に無料または低額で、住居や食事など、日常生活に必要な便宜を提供する施設です。軽費老人ホームには、①食事サービスを受けられるA型と、②自炊が条件とされているB型、③介護が必要になった場合に入居したまま外部の介護サービスを受けることができるケアハウスの3つの形態があります。

A型は入居時の所得制限がありますが、B型とケアハウスには所得制限はありません。近年は、民間事業者の参入ができるようになったケアハウスが増加しています。

・**有料老人ホーム**

自らの意志で老後生活をより快適に過ごすための施設であり、老人福祉法の老人福祉施設とは異なります。申込みは直接施設に行い、利用負担については設置者との契約によります。入居対象者は施設によって異なりますが、おおむね60歳以上か65歳以上の高齢者です。居住の権利形態としては、「利用権方式」「建物賃貸借方式」「終身建物賃貸借方式」などがあります。また、サービス提供の形態としては、「住宅型」「健康型」「介護つき」といった分類があります。

◆ 老人福祉法に基づく施設と介護保険法上の施設

特別養護老人ホーム等は、老人福祉法に基づく「老人福祉施設」です。老人福祉施設は、必要な医療の提供にあたっては、すべて医療保険により給付が行われるしくみになっています。

養護老人ホーム、軽費老人ホームの他にも、老人デイサービスセンター、老人短期入所施設、特別養護老人ホーム、老人福祉センター、老人介護支援センターを、老人福祉施設として挙げることができます。

■ **老人ホームの分類**

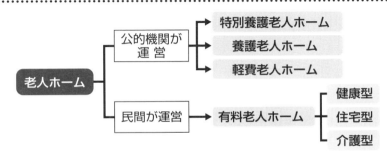

これに対して、類似した概念として、介護保険法上の「老人保健施設」と呼ばれるものがあります。

　介護保険制度の狙いは、要介護者が、住み慣れた家庭や地域の中で、自由に生活をすることができるように、必要な支援を行うことです。したがって、介護保険の被保険者が、介護保険を利用とする場合には、要介護状態にあることが必要になります。

　そして、介護保険制度の枠組みの中で、老人の被保険者が利用することができる制度が、老人保健施設です。老人保健施設は、介護保険法に基づいて設置されている施設であるため、老人保健施設を利用する老人が医療を受ける場合には、介護保険費により給付が行われます。

　なお、同様に、老人が利用することができる施設に、「療養型医療施設」と呼ばれるものがあります。これは、医療法に基づき許可された病院等を指しますが、日常的な医療サービスを受ける際に、老人福祉施設と同様に、介護保険費が用いられることが特徴です。

◆ 高齢者向けの住宅

　老人ホーム以外にも、サービス付き高齢者向け住宅、シルバーハウジング、グループリビング（グループハウス）など、さまざまな高齢者向けの住宅があります。サービス付き高齢者向け住宅とは、介護・医療と連携して高齢者を支援するサービスの提供が行われる住宅で、近年注目を集めています。

　また、シルバーハウジングとは、高齢者向けにバリアフリー設備を設けている公営の住宅をいいます。ライフサポートアドバイザーによる生活相談を受けることができるという特徴があります。そして、グループリビング（グループハウス）とは、高齢者が自発的に仲間を作って、同じ家でお互いに助け合って生活する暮らし方をいいます。食事の用意や掃除等を分担し、共同による合理的な生活様式を採用して、高齢者の自立を支援する目的があります。

◆ サービス付き高齢者向け住宅

　わが国では、現在高齢者が単身で暮らす世帯や、老夫婦2人のみが生活する世帯が増加しており、介護や孤独死など、さまざまな社会問題を生んでいます。そこで、単身や老夫婦のみの高齢者の増加を考慮して、介護と医療を連携させて、サービスを提供することが可能な住宅を積極的に増加させていくことが課題になりました。それが、サービス付き高齢者向け住宅です。

　サービス付き高齢者向け住宅は、高齢者の生活を支援することが目的ですから、バリアフリー構造を採用した賃貸住宅（バリアフリー賃貸住宅）の形式が採られることが多くあります。そして、高齢者に対する見守りサービスや生活相談サービスを行っていることが要件とされています。

　さらに、総合的に高齢者の生活を支えるという目的を果たすために、オプションサービスとして、食事のサービスが提供されています。あわせて、当該高齢者が、介護が必要な状態に至った場合にも、同じ住宅に居住していながら、適切な介護サービスを受けることができるように、外部の介護サービスを受けることができるという内容のサービスが、賃貸する住宅の標準オプションとして、追加されていることが多いようです。

■ サービス付き高齢者向け住宅の要件

身体状況	自立　／　要支援　／　要介護		
付帯サービス	緊急時対応	食事（オプション）	
面積	25㎡以上（原則）		
主体	民間企業	社会福祉法人	医療法人
根拠法	高齢者すまい法		

第1部 7

有料老人ホームへの入居とトラブル

契約の内容を理解して、必要な費用を把握する必要がある

◆ 有料老人ホームの利用形態

　有料老人ホームの利用形態は、さまざまな観点から分類することが可能です。まず、利用者が有料老人ホームに入居を望む目的から、住宅型・健康型・介護つきという分類をすることができます。「住宅型」とは、生活の場を求めると同時に、介護サービスを利用することを目的に有料老人ホームに入居する場合です。「健康型」とは、当分介護の必要がないと考えている利用者が、専ら住居の場を求めるために有料老人ホームに入居する場合です。「介護つき」では、施設あるいは外部の事業者による介護サービスを受けることができます。

　次に、入居要件からの分類として、利用者の身体的状況に応じて入居の可否が決定されることがあります。入居要件からの分類には、①自立型、②混合型、③介護専用型があります。①自立型とは、入居時に要介護や要支援状態にないことが入居要件になっている場合をいいます。②混合型とは、利用者が自立型のように健康な状態、または要介護・要支援の状態であっても入居可能であることをいいます。そして、③介護専用型とは、「入居要件として利用者が要介護認定1以上の状態でなければならない」と定められている場合や、「65歳以上」というように、利用者の年齢に制限を設けている場合を指します。

　さらに、契約方式に従った分類もあります。一般的な賃貸型住宅と同様に、月額の利用料を支払い、介護等については別途契約が必要な方式を、建物賃貸借方式といいます。これに対して、建物賃貸借契約および終身建物賃貸借契約以外の契約の形態で、居室に住む権利と生

活に必要な支援など、サービスの部分の契約が一体となっている利用権方式もあります。

　有料老人ホームに入居する際に必要になる費用として、おもに入居一時金と、月額利用料があります。その他に介護に必要な自己負担額や消耗品費、レクリエーションへの参加費等が必要です。

　入居一時金とは、施設に入居する権利を取得するための費用をいいます。金額や別途家賃の支払いが必要になるのかは施設ごとに異なり、また、短期で退所する場合には、一部返還される場合もあります。これに対して、月額利用額とは、一般の賃貸住宅の家賃に相当する金額を指し、一般に施設スタッフの人件費や、生活に必要な水道光熱費に充てられます。金額は施設ごとに、また地域によっても異なります。

◆ その他どんなトラブルが考えられるのか

　入居時に、トラブルが考えられるのは契約時です。実際に契約した後に、当初の説明と実際のサービスが大きく異なる場合等があります。契約時のトラブルを防ぐために、契約内容をしっかり理解して説明をよく聞き、わかりやすい契約書を作成して契約を行う必要があります。

■ 有料老人ホームにかかるおもな費用

項　目	費用の内容と注意点
入居申込金	部屋の予約の際に要求されることがあるが、不当に高額の場合には入居を再検討した方がよい。
入居一時金	家賃や共有部分の利用権を取得するための費用。1000万円を超えることもあるので途中で退去した場合の取扱いを聞いておくこと。
月額利用料	家賃・食費・管理費の３つをあわせたもの。光熱費や電話代の支払いが別途必要になるのかについて確認すること。
介護関連費用	介護保険の自己負担部分やオムツ代。介護保険のきかないサービスを受けた場合にはその費用。
個別のサービス料	老人ホーム内でのイベントやレクリエーションに参加する場合にかかる費用。

第1部 8

高齢者や障害者への虐待

地域で問題に取り組む姿勢が大事

◆ 障害者に対する虐待と障害者虐待防止法

　以前から、障害者福祉施設の内部で、障害者に対する虐待が行われているというケースがありました。

　障害者に対する虐待は、虐待を行った側が「虐待ではなく指導のつもりだった」と主張することも、虐待があまり表面化しない原因になっていました。また、障害者の中には、自分自身が虐待を受けていることを認識できていない場合がありますし、虐待を受けているという認識があったとしても外部に助けを求めるための手段をもっていない障害者もいます。このような問題を解決するために、平成23年に障害者虐待防止法が制定されました。

　障害者虐待防止法では、①正当な理由なく障害者に暴行を加えること、②障害者に対してわいせつな行為をすること、③障害者に対して言葉による暴力をふるうこと、④障害者を放置して衰弱させること、⑤障害者の財産を不当に処分してしまうこと、などが虐待に該当するとして禁止されています。このように、障害者虐待の類型について、身体的虐待、ネグレクト、心理的虐待、性的虐待、経済的虐待の5つに分類しています。

　なお、障害者に関する相談は障害者生活支援センターで受け付けていますが、虐待についての相談は、市町村障害者虐待防止センターや都道府県障害者権利擁護センターに窓口が設置されています。虐待行為が行われていることに気づいた者（福祉施設の職員など）は、これらの窓口に通報・届出をすることになります。

◆ 高齢者虐待と対策

　高齢者虐待とは、基本的に高齢者の人権を侵害したり、高齢者に不当な扱いをする行為を意味します。高齢者虐待は暴力的行為だけではなく、口頭によるものなど、広範囲に及びます。

　高齢者虐待の加害者の多くは、介護を行っている高齢者の家族や身近な人物であるケースが多く、とくに高齢者が認知症などの、自律性を欠く病気を患っている場合に虐待が起こる割合が高くなっています。

◆ 防止への取組みについて

　高齢者虐待の防止への取組みについて、高齢者虐待防止法では虐待の通報義務を定めています。その他、虐待された高齢者を施設へ入所させる措置もあります。

　ただ、被害者の高齢者はあまり外出することがなく、虐待があるという事実が外部に知られにくいことが、高齢者虐待の深刻な点です。そのため、高齢者虐待防止法は、被害者の生命に危険が及んだり緊急を要する場合に、市区町村が家庭に立ち入ることを認めています。

　被害者本人だけでなく、家族に対しても適切なサポートを行うことが大切だといえるでしょう。

■ 高齢者虐待に該当する行為

行　為	内　容
身体的虐待	殴る、蹴るなどの物理的痛みを伴う行為のこと。その他、不適切な薬の投与や身体の拘束も含む
心理的虐待	暴言や無視など、高齢者に孤立感や精神的な苦痛を与える行為のこと
性的虐待	高齢者に対して合意なく性的接触を行う行為や性的な悪戯を行うこと
経済的虐待	無断での高齢者の資産の横どりや財産の無断使用行為のこと
ネグレクト	食事を与えない、介護や世話をせずに長時間放置する、必要な介護サービスを受けさせないといった行為

第1部 9 介護保険制度

要介護・要支援者に必要なサービスが提供される公的社会保険制度

◆ 介護保険とは

　介護保険制度は、被保険者が、介護を必要とする状態になったときに必要なサービスが提供される公的社会保険制度です。

　介護保険のシステムを運用している機関を保険者といいます。具体的には市町村や特別区です。

　原則として40歳以上の人がなる被保険者は、第1号被保険者と第2号被保険者に分かれています。65歳以上の人が第1号被保険者で、健康保険や共済組合などの公的医療保険に加入している40～64歳の人が第2号被保険者です。介護保険制度では、被保険者が住んでいる市区町村がその被保険者の保険者になります。

　介護保険の場合、健康保険と異なり、誰にでも介護サービスが提供されるというわけではありません。事業者は、市区町村へ申請を行った申請者のうち、要介護・要支援の認定を受けた者に対してサービスを提供することになります。市区町村（正確には介護認定審査会）に介護サービスを受ける必要がないと判断された場合、要介護・要支援の認定を受けることができず、介護保険を利用したサービスを受けることはできません。

　認定を受けると、介護が必要な要介護状態にある場合には要介護1～5、要介護ほどではないが支援が必要な要支援状態にある場合には要支援1・2という区分にさらに分けられます。

　認定を受けた人が実際に受けることのできるサービスは、その区分によって異なりますが、大きく分けると介護給付と予防給付に分けられます。

◆ どんな手続きになっているのか

　介護サービスを提供する事業者も、利用者の行う申請の流れを知っておく必要があります。まず、認定を希望する本人、あるいは家族などが、市区町村の窓口で申請の手続きを行います。

　申請後、市区町村の介護保険を担当する職員が申請した家庭を訪問し、本人への質問などを行います。これを認定調査といいます。また、市区町村は介護保険を受ける本人の主治医に意見書の提出を求めます。

　認定調査の際に作成された認定調査票と主治医の意見書をもとにコンピュータによる分析が行われ、1次判定が出されます。

　1次判定では、要介護状態・要支援状態・非該当（要介護・要支援状態にないということ）のいずれかの判定がなされます。

　その後、介護認定審査会による審査が行われます。これを2次判定と言い、2次判定の結果が申請者のもとに通知されます。

■ 介護サービスを受けるまでの手続き

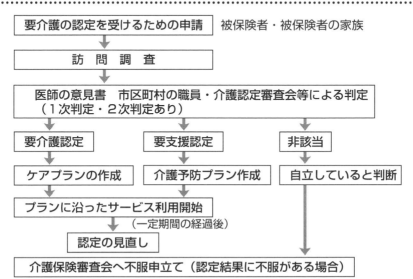

※ 要介護・要支援の認定を受けてもその内容に不服がある場合は不服申立てを行うことができる

第1部 10
介護保険制度の被保険者

65歳以上かどうかで2種類に分かれる

◆ 第1号被保険者とは

　65歳以上の人は、第1号被保険者となります。介護保険の保険者は市区町村ですから、65歳になった人は自分の住んでいる市区町村の第1号被保険者となります。第1号被保険者は、自分の住んでいる市区町村が定めている保険料を納めます。

　一定以上の年金を受給している人は、その年金から保険料が天引きされます。一定金額未満の年金受給者は、普通徴収（税金を天引きされるのではなく、自分自身で納付する方法）となります。したがって、一定金額以下の年金受給者は、直接市区町村に保険料を納めることになります。

　第1号被保険者が納める保険料は、各市区町村が所得に応じて段階的に設定した金額で、定額制です。第1号被保険者で介護保険の給付を受けることができるのは、要介護や要支援の認定を受けた人です。

　なお、40～64歳の間、第2号被保険者ではなく生活保護を受給していた人も、65歳になると介護保険制度の第1号被保険者になります。この場合、生活保護の生活扶助から保険料が支払われますが、実際に介護サービスを受ける場合には、生活保護による支援ではなく、介護保険制度の給付を受けることになります。

◆ 第2号被保険者とは

　第2号被保険者には、40～64歳で医療保険に加入している人とその被扶養者がなります。医療保険に加入している人やその被扶養者が

40歳になると、自分の住んでいる市区町村の第2被保険者になります。第2号被保険者は、第1号被保険者とは異なり、自分の加入する医療保険料の徴収時に介護保険料の分を上乗せされて徴収されます。

介護保険料の負担部分については、雇用者側と折半する形になります。医療保険の被扶養者も40歳以上になると第2号被保険者になりますが、介護保険料の負担はありません。

第2号被保険者で介護保険の給付を受けることができるのは、第1号被保険者とは異なり、特定疾病によって介護や支援が必要となった場合に限られます。特定疾病とは、筋萎縮性側索硬化症（ALS）、後縦靱帯骨化症、骨折を伴う骨粗鬆症、脊柱管狭窄症、末期ガン、初老期における認知症、脳血管疾患、閉塞性動脈硬化症、慢性閉塞性肺疾患など、介護保険法施行令2条に定められている疾病です。特定疾病に該当しない場合、第2号被保険者であっても、介護保険のサービスを受けることはできません。

■第1号被保険者と第2号被保険者

	第1号被保険者	第2号被保険者
対象者	65歳以上の人	40～64歳の医療保険加入者とその被扶養者
介護保険サービスを利用できる人	要介護・要支援認定を受けた人	特定疾病によって要介護・要支援状態になった人
保険料を徴収する機関	市区町村	医療保険者
保険料の納付方法	年金額が 一定以上：特別徴収 一定以下：普通徴収	介護保険料を上乗せされた状態の医療保険に納付
保険料の金額の定め方	所得段階で分けられた定額保険料(市区町村が設定)	＜各医療保険＞ 標準報酬×介護保険料率 ＜国民健康保険＞ 所得割・均等割等の人数費による按分

第1部 **11**

介護サービスの体系

居宅・施設・地域密着型のさまざまなサービスの提供が行われる

◆ 居宅（在宅）でのサービス

　要介護1～5の認定を受けた人は介護給付、要支援1～2の認定を受けた人は予防給付のサービスを受けることができます。サービスは大きく分けると居宅・施設・地域密着型サービスに分類できます。支援を受けるためのケアプランの作成については、居宅介護支援・介護予防支援のサービスを利用します。なお、要介護認定で「非該当」であっても地域支援事業のサービスを利用することは可能です。

・**訪問介護**

　支援を必要とする高齢者の自宅に訪問介護員（ホームヘルパー）が訪問し、必要なサービスを提供するサービスです。訪問介護には、身体介護と生活援助の2種類があります。身体介護には、トイレの利用解除や食事の介助などが挙げられます。一方、生活援助とは、掃除や洗濯など身近な世話を指します。

・**訪問入浴介護**

　数人の介護者、看護師などが要介護者や要支援者に対して入浴サービスを提供するサービスのことです。

・**訪問看護**

　医師の指示を受けた看護師や保健師などの医療従事者が行う医学的なケアを施すサービスです。業務内容としては、血圧測定や体温測定などによる状態観察、食事、排せつ、入浴などの日常生活のケア、服薬管理、褥瘡処置などの医療処置などが挙げられます。

・**訪問リハビリテーション**

理学療法士などが利用者の自宅を訪問してリハビリテーションを行うサービスです。

・居宅療養管理指導

療養が必要な人や家族の不安を軽減するサービスです。医師や歯科医師の指示を受けた薬剤師や管理栄養士、歯科衛生士、保健師、看護師などの専門職が療養に関する管理、指導などを行うことができるようになっています。

・通所介護（デイサービス）

日帰りの日常生活の訓練、食事や入浴の介護を施設で受けられるサービスです。通所介護は一般的にデイサービスと呼ばれ、在宅介護を必要とする人に広く利用されている介護サービスです。

・通所リハビリテーション（デイケアサービス）

病気やケガなどにより身体機能が低下した高齢者に、継続的にリハビリテーションを施し、機能回復あるいは維持を図ることを目的としたサービスです。

・短期入所生活介護と短期入所療養介護（ショートステイ）

短期入所生活介護および短期入所療養介護は、ショートステイと呼

■ 非該当・要介護・要支援の内容

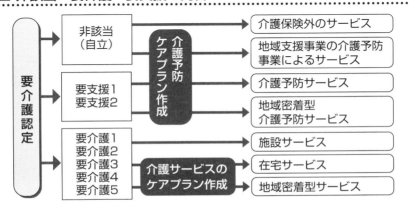

ばれるサービスです。介護が必要な高齢者を一時的に施設に受け入れ、短期入所生活介護の場合は食事や入浴、排せつ、就寝といった日常生活の支援を、短期入所療養介護の場合は医療的なケアを含めた日常生活の支援を行います。

・特定施設入居者生活介護

有料老人ホームなどのケアつきの住宅のうち、特定施設として認められている施設に入居していてサービスの提供を受ける場合です。後述する施設サービスには含まれない点に注意が必要です。

・福祉用具の貸出し・購入補助

一定の条件にあてはまる人に対して生活に必要な用具のレンタルや費用の援助を行うサービスです。

・住宅改修

介護の必要上、住宅を改修したような場合に、費用の補助を受けることができるサービスです。支給基準限度額は要支援・要介護に関わらず、定額の20万円までです。

◆ 施設でのサービス

介護保険施設は、原則として在宅で介護を受けることができない状態になった場合に利用が考えられるサービスです。介護保険施設には①指定介護老人福祉施設（特別養護老人ホーム）、②介護老人保健施設、③指定介護療養型医療施設の3種類があります。

指定介護老人福祉施設は、寝たきりになっていたり認知症が進んでいる状況の人など、在宅で生活することが難しい状態にある人を対象とした施設で、原則として「要介護3以上の高齢者」である人が対象です。介護老人保健施設は、医療的な視野から介護サービスを提供する一方で、機能訓練なども行い、入所している要介護者が自宅で生活できる状況をめざす施設サービスです。指定介護療養型医療施設は、介護サービスも提供する医療施設です。

◆ 地域密着型サービス

　地域に住む要介護者・要支援者に向けて、市町村の指定を受けた事業者が提供するサービスです。地域密着型サービスの目的は、支援を必要とする高齢者が住み慣れた地域で生活を続けられるようにする点にありあます。地域密着型サービスには、①小規模多機能型居宅介護、②認知症対応型通所介護（デイサービス）、③認知症対応型共同生活介護（グループホーム）、④夜間対応型訪問介護、⑤地域密着型特定施設入居者生活介護（小規模の介護専用型有料老人ホームなど）、⑥地域密着型介護老人福祉施設入所者生活介護（小規模の特別養護老人ホーム）、⑦定期巡回・随時対応型訪問介護看護、⑧複合型サービス、の８種類があります。このうち、要支援者は、①小規模多機能型居宅介護、②認知症対応型通所介護、③認知症対応型共同生活介護（要支援２のみ）のサービスが利用できます。

■ 介護給付の種類

	メニュー	
在宅サービス	訪問介護 訪問看護 居宅療養管理指導 通所リハビリテーション 短期入所療養介護 福祉用具貸与・特定福祉用具購入費支給 住宅改修	訪問入浴介護 訪問リハビリテーション 通所介護 短期入所生活介護 特定施設入居者生活介護
施設サービス	指定介護老人福祉施設 指定介護療養型医療施設	介護老人保健施設
地域密着型	夜間対応型訪問介護 認知症対応型共同生活介護 地域密着型介護老人福祉施設入所者生活介護 地域密着型特定施設入居者生活介護 小規模多機能型居宅介護 定期巡回・随時対応型訪問介護看護 複合型サービス	認知症対応型通所介護
ケアプラン	居宅介護支援（ケアプランの作成）	

※平成26年6月に成立した医療介護総合確保推進法により、介護予防訪問介護と介護予防通所介護は平成29年4月までに地域支援事業へ移行予定

第1部 12 地域支援事業

地域の実情をふまえて介護に関する事業を担当する

◆ 地域支援事業とはどんな事業なのか

　地域支援事業とは、介護保険制度のうち、全国一律の基準により行われる保険給付ではなく、市町村により行われる事業をいいます。要支援に認定された人や、要介護認定においては非該当と判定された人を対象に、介護予防や生活支援のためのサポートを行います。地域支援事業に対しても、国が行う保険給付と同様、介護保険料と公費が財源になりますが、①保険給付の対象から外れる、②要介護認定の非該当者等の支援の受け皿になっている、などの特徴があります。

◆ 地域支援事業の具体的内容

　地域支援事業として行われる事業は、これまでは、介護予防事業、包括的支援事業、任意事業に分類されてきました。しかし、平成26年の介護保険法改正により、従来、国により行われてきた予防給付としての訪問介護や通所介護が地域支援事業に移されるなど、大幅な再編が行われることになりました。現在、地域支援事業は、新しい介護予防・日常生活支援総合事業（かつての介護予防・日常生活支援総合事業と区別するために新しい総合事業とも呼ばれています）、包括的支援事業、そして、任意事業の3つに分類されています。

・介護予防・日常生活支援総合事業

　まず、新しい介護予防・日常生活支援総合事業とは、かつての介護予防事業や上記のように予防給付として行われていた訪問介護や通所介護が、全国一律の基準によるのではなく、地域（市町村）ごとに行う

独自の事業に変更されました。地域の社会的資源を活かして、訪問型・通所型サービスや、生活支援サービス、一般介護予防事業を行います。

・**包括的支援事業**

次に包括的支援事業とは、地域包括支援センターが行う事業を指します。具体的には、介護予防ケアマネジメント事業や総合相談事業など、高齢者が相談に訪れた場合に、相談に応じて適切なアドバイスを行います。また、介護に関する事業について、個人だけで対応するのではなく、地域がまとまって対処して行けるように、地域社会ネットワーク作りにも取り組みます。

・**任意事業**

任意事業とは、地域の実情を考慮して、介護費用を効率的に用いるために行う事業をいいます。たとえば、高齢者の介護を行っている家族や介護に関心のある人を対象に、知識や技術習得のための教室を開催することや、地域における認知症サポーターを募るなどの事業を行っています。

平成26年の介護保険法の改正により、これまで以上に市町村の実情に応じた運用が可能になることが期待される反面、市町村によってサービスに差が生まれることが懸念されています。市町村による適切な運用が望まれています。

■ **地域支援事業**

地域支援事業	介護予防事業	包括支援事業
	任意事業	介護予防・日常生活支援総合事業
		↑ 2017年4月までに移行
	要支援者に対する訪問介護・通所介護などの事業	

第1部 13
利用者の保険料と介護サービスの利用料金

平成26年の法改正で制度の見直しが行われている

◆ 利用者の負担する保険料

　介護保険制度を運用するための費用は、利用者となりうる被保険者と市区町村、都道府県、国で負担します。

　第1号被保険者の具体的な保険料は、国が定めた算定方法によって算出された基準額に対して各市区町村が調整し、最終的な金額が決定されます。したがって、第1号被保険者の保険料は、市区町村によって異なります。また、第1号被保険者が全員同じ保険料を負担しているわけではなく、所得に応じて段階的に設定されている保険料を負担する方式になっています。従来、第1号被保険者の負担する保険料は、市町村民税の課税状況や所得金額に応じて6段階に分かれていましたが、制度の見直しにより低所得者の保険料の見直しが強化され、平成27年度からは9段階になりました。

　第2号被保険者の保険料は、第1号被保険者のように国が算定方式を示して基準額を設定し、各市区町村が調整するといった方式ではありません。第2号被保険者の保険料は原則として被保険者が加入している医療保険とともに納める形式になっています。したがって、第2号被保険者の保険料について、国は第2号被保険者が加入している医療保険者ごとに負担総額を割り当てるという方法をとっています。

◆ 保険料の負担割合と負担を軽減する制度

　介護給付を受けるために認定を受けた利用者は、その認定の度合いによって受けられる給付額が異なります。このように、介護保険で利

用できるサービスの費用の上限を区分ごとに定めたものを支給限度額といいます。支給限度額を超えて利用した場合には、その超えた金額は全額自己負担になります。

介護保険制度が始まって以来、介護給付費・介護予防サービス費の利用者負担は一律で1割負担でした。しかし、平成27年8月からこの負担割合が変更され、所得が一定以上の人の自己負担割合が1割から2割に上がりました。合計所得金額が160万円以上（単身で年金収入のみの場合、280万円以上）の人が対象です。

このように、介護サービスの利用料の本人負担割合は原則として1割（一定所得者以上は2割）ということになりますが、負担額を軽減するため、在宅サービスや施設サービスの利用料の自己負担額が高額になってしまった場合に市区町村から払戻しを受けることができる高額介護サービス費という制度を利用することもできます。

また、施設を利用した場合などに生じる食費や居住費用（ホテルコスト）は原則として自己負担ですが、低所得者の負担軽減のため、補足給付という制度も用意されています。

■ 保険料の支払方法

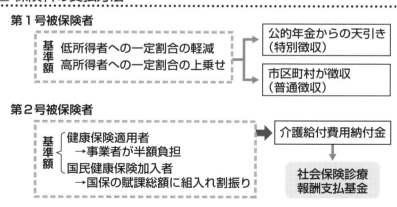

第1部 14

要介護認定

要支援1～2と、要介護1～5の区分けがある

◆ 要支援と要介護

　介護保険は、要支援あるいは要介護の認定を受けた人だけが、介護保険の給付を受けることができます。

　要支援状態とは、身体・精神上の障害により、入浴・排せつ・食事などの日常生活における基本的な動作の全部（あるいは一部）について、状態の軽減・悪化の防止のために支援を必要とすると見込まれる状態のことです。要支援状態には要支援1と要支援2があります。要介護状態とは、日常生活を送る上で必要となる基本的な動作をとるときに介護を必要とする状態です。要介護の場合には、介護が必要な状態の程度によって、要介護1から要介護5までの5段階に分かれています。

◆ 要介護認定等基準時間

　要支援、要介護の判断の際に基準となるのが要介護認定等基準時間です。介護や手助けに必要となる時間は、要介護認定等基準時間と呼ばれ、要介護認定の1次判定で推計されます。要介護認定等基準時間に算入される内容には、①直接生活介助、②間接生活介助、③問題行動関連介助、④機能訓練関連行為、⑤医療関連行為があります。

　①直接生活介助とは、入浴や排せつ、食事の介護などで、身体に直接ふれて行う介助のことです。②間接生活介助とは、衣服の洗濯や日用品の整理を行うといった日常生活を送る上で必要とされる世話のことです。③問題行動関連介助とは、徘徊や不潔行動といった行為への

対応のことで、徘徊に対しては探索を行い、不潔行動に対しては後始末をするといった対応を行うことになります。④機能訓練関連行為とは、身体機能の訓練やその補助のことで、嚥下訓練（飲み込む訓練）を実施したり歩行訓練の補助を行うことです。⑤医療関連行為とは、呼吸管理や褥瘡処置（床ずれへの処置）の実施といった診療の補助を行うことです。要介護認定等基準時間に要支援・要介護の分類は下図のとおりです。

■ 要支援・要介護状態

	要介護認定等基準時間
要支援1	25〜32分未満の状態 25〜32分未満に相当すると認められる状態
要支援2	32〜50分未満の状態 32〜50分未満に相当すると認められる状態
要介護1	32〜50分未満の状態 32〜50分未満に相当すると認められる状態 要支援2に比べ認知症の症状が重いために排泄や清潔保持、衣服の着脱といった行為の一部に介助が必要とされる
要介護2	50〜70分未満の状態 50〜70分未満に相当すると認められる状態 1日に1回は介護サービスが必要となる状態の人が認定される
要介護3	70〜90分未満の状態 70〜90分未満に相当すると認められる状態 1日に2回の介護サービスが必要になる程度の要介護状態
要介護4	90〜110分未満の状態 90〜110分未満に相当すると認められる状態 1日に2、3回の介護サービスが必要となる程度の要介護状態
要介護5	110分以上ある状態 110分以上に相当すると認められる状態 日常生活を送る上で必要な能力が全般的に著しく低下しており、1日に3、4回の介護サービスを受ける必要がある状態

※要介護認定等基準時間は、1日あたりに提供される介護サービス時間の合計がモデルとなっている。基準時間は1分間タイムスタディと呼ばれる方法で算出された時間をベースとしている。1分間タイムスタディとは、実際の介護福祉施設の職員と要介護者を48時間にわたって調査し、サービスの内容と提供にかかった時間を1分刻みに記録したデータを推計したものである。

第1部 15 介護保険の申請手続きとケアプランの作成

ケアプランに基づいてサービスを利用する

◆ 介護保険申請と訪問調査

　介護保険を利用する場合には、申請をしなければなりません。申請時に提出する申請書類には、申請者の主治医を記入する項目があります。必要事項を書いた申請書を提出してから30日以内に、訪問調査、主治医の意見書の提出、1次判定、2次判定という手続きを経て、最終的な要介護認定が行われます。

　訪問調査は認定調査票に書かれた内容に従って行われます。調査票は、概況調査、基本調査、特記事項に分かれており、調査する項目は全体で74項目あります。新規の申請については市区町村に委託されたケアマネジャーが訪問調査を行います。

　なお、要介護認定は、一度受ければそのままずっと有効というわけではありません。有効期間は12か月です。更新する場合、有効期間が切れる60日前から更新申請をすることができます。

◆ ケアプランの作成

　ケアプランとは、要支援者や要介護者の心身の状況や生活環境などをもとに、利用する介護サービスの内容などを決める計画のことです。ケアプランを立てるには専門的な知識が必要になります。このため、専門家によるアドバイスを受けるしくみが用意されています。こうしたしくみをケアマネジメント（居宅介護支援事業）といいます。

　要支援・要介護認定を受けた人の手続きは、①アセスメント（ケアプランを作成する際に行う課題分析のこと）、②ケアプラン作成、③

プランに沿った介護サービスの利用、④再アセスメント、といった流れになります。なお、介護サービスを利用するためには、要支援者や要介護者とサービスを提供する事業者との間で、ケアプランに基づき契約を結ぶことになります。

■ ケアプラン作成からサービス利用まで

```
            要介護・要支援認定
                  ↓
        要介護状態区分別の認定通知
                  ↓
            ケアプランについて
           ↙                    ↘
  ケアプランの作成を依頼する      ケアプランの
                                作成を依頼しない
                                      ↓
                                自分でケアプラン
                                  を作成する
                                      ↓ 届出
                                市区町村の窓口
```

ケアプランの作成を依頼する:
- 要支援者 → 予防給付ケアプラン作成依頼 → 地域包括支援センター
- 要介護者
  - 在宅サービス利用予定者 → 居宅サービス計画作成依頼 → 指定居宅介護支援事業者
  - 施設サービス利用予定者 → 施設介護サービス計画の作成依頼 → 入所先の施設（ケアマネジャー）

↓

アセスメント
（要支援者・要介護者の健康状態や日常生活の状況・家族環境などの把握・課題分析）

↓

意見交換
（事業者・要支援者・要介護者・本人の家族）

↓

ケアプラン作成

↓

利用者の承諾

↓

プランに沿ったサービスの提供 ←（市区町村の窓口より）

↓

再アセスメント

↓

ケアプラン作成

⋮

第1部 16

介護事業と介護報酬

サービスを提供した事業者に支払われる対価が介護報酬

◆ 事業者の種類

　介護保険制度では、利用者が自分でサービスを選択して、営利法人やNPO法人といった事業者と契約することになっています。介護保険制度上のサービスを提供する事業者は、一定の要件を備え、都道府県知事などの指定を受ける必要があります。指定を受けた事業者はその提供するサービスによって、指定居宅介護支援事業者、指定居宅サービス事業者、介護保険施設に分類することができます。

・指定居宅介護支援事業者

　指定居宅介護支援事業者は、在宅で支援を受ける利用者にサービスを提供することをメインとしており、具体的には、利用者である要介護者の依頼を受けて介護サービスの利用計画（ケアプラン）を作成する他、すでに提供しているサービスが利用者にあっているかどうかをチェックして、必要に応じてプランの調整を行います。ケアプランの作成をメインとして行うケアマネジャーは、指定居宅介護支援事業者の下で仕事を行っています。

・指定居宅サービス事業者

　指定居宅サービス事業者は、在宅の要介護者に対してケアプランに沿った居宅サービスを提供する事業者です。指定居宅サービス事業者は、その提供するサービス内容の種類に応じて細かく指定されます。

・介護保険施設

　介護保険施設については、事業者が施設サービスを提供します。具体的には、介護保険施設は、①心身の障害で在宅生活が困難な人の日

常生活を介護する指定介護老人福祉施設（特別養護老人ホーム）、②在宅への復帰を目標に心身の機能回復訓練を行う介護老人保健施設、③病状が回復期や安定期にある人に対して、長期間にわたって治療や介護サービスを行う指定介護療養型医療施設という３つの類型に分けられています。

　なお、事業者はいずれも業務管理体制を整備し、届出を行わなければなりません。整備すべき体制は、各事業者が運営する事業所等の数により異なり、責任者の選任や規程の整備が必要です。

◆ 介護報酬とは

　介護報酬とは、事業者が利用者に介護サービスを提供した場合に、保険者である市区町村から支払われるサービス費用のことです。介護報酬は訪問介護や訪問入浴介護などの介護サービスの費用に応じて定められており、各事業者の体制や、利用者の状況に応じて加算・減算されます。１単位は原則として10円と設定されているので、月ごとに集計したサービスの単位数の合計に10を乗じた金額が、その月に事業者が提供したサービスの対価ということになります。

■ 介護サービスの実施と介護報酬の支払い

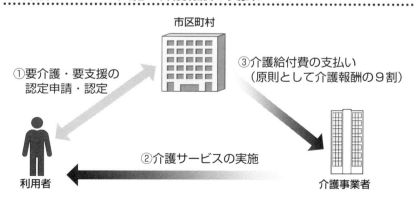

第1部 17 年金制度

加入する年金制度によって給付額が変わる

◆ 年金制度の構造と被保険者の種類

　公的年金は、3つの社会的なリスクをカバーするためにあります。具体的には、「老齢」「障害」「死亡」です。「死亡」は誰でも必ず直面するリスクです。「老齢」は長生きすれば必ず直面しますし、「障害」も誰もが直面する可能性のあるリスクです。これらのように誰もが直面する可能性のあるリスクをカバーする保険が公的年金です。

　公的年金の構造はよく家にたとえられます。公的年金の加入は義務ですので、一定の年齢以上の国民は1人に一軒の「年金の家」を持っていると考えられます。

　国民年金は平屋の家です。

　厚生年金は2階建ての家です。厚生年金の1階部分は国民年金と同じ作りになっていますが、この家の所有者は国民年金にさらに2階、3階部分を加えた金額の年金が支給されます。厚生年金保険の2階部分を厚生年金といいます。

　また、任意の制度として、国民年金の家の所有者は2階を建て増すことができます。これを国民年金基金といいます。一方、厚生年金の家の所有者は、3階を建て増すことができます。3階建てになれば、2階建てよりさらに多くの年金をもらうことができます。

　年金制度の2階部分について、従来は、おもに会社員を対象とする厚生年金と、公務員・私学教職員を対象とする共済年金に分かれていましたが、平成27年10月からは厚生年金に公務員と私学教職員も加入することになり、2階部分は厚生年金に一元化されています（もとも

と制度が異なっていた部分は原則として厚生年金に統一されます）。

◆ 物価スライド・マクロ経済スライド

　物価スライドとは、物価の変動に合わせて年金の支給額が変わるという制度です。物価が上昇しているのに年金の支給額が変わらないということになりますと、年金受給者の生活が苦しくなります。

　そのため、物価の変動により、生活設計に支障を生じさせないようにしたのが物価スライドという制度です。具体的には、物価が10％上がったら、年金支給額も10％上げるということになります。

　しかし、年金支給額が上昇すると、現役世代が負担する保険料も多く必要になります。少子高齢化などにより、将来の現役世代の保険料負担が重くなりすぎてしまいます。そこで、現役世代の人数の変化や平均余命の伸びに伴う給付費の増加に応じて給付水準を自動的に調整するしくみ「マクロ経済スライド」を平成16年に導入しました。物価が下落する環境下では使わないルールがあったため、今までは使われませんでしたが、平成27年4月より発動され、年金改定率が0.9％となり、実質的に年金額が減額されることになりました。

■ 3階建ての年金構造

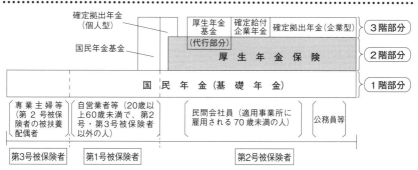

※公務員等に対する独自の制度として、以前は2階部分に共済年金、3階部分に職域部分が存在したが、平成27年10月以降は厚生年金保険に統一された

第1部 18

年金保険料の免除制度

収入が一定の基準以下であれば支払が減額・免除される

◆ 法定免除・申請免除とは

　年金保険料の納付に関して、給料から天引きされる会社員（第2号被保険者）には保険料が払えないという事態は発生しません。これに対して自分で保険料を納付する国民年金の第1号被保険者については、諸事情により保険料を払えないという事態が生じることがあり得ます。その場合に、保険料免除制度が利用できます。免除には法定免除と申請免除があります。

　法定免除とは自分から申し出なくても保険料が免除されることが法律で決まっている場合をいいます。障害年金をもらっている人や生活保護を受けている人が該当します。所得が少なくて保険料の支払いが困難な人が申請して認められると、保険料を免除されるという制度になっています。申請免除には、申請者の現状に応じて、①全額免除、②4分の3免除、③半額免除、④4分の1免除の4種類があります。

◆ 納付猶予制度もある

　一定期間保険料の納付が猶予されるしくみとして、国民年金法は、学生納付特例制度と若年者納付猶予制度の2つを用意しています。

　まず、学生納付特例制度とは、学制が在学中の保険料の納付が猶予される制度です。そして、若年者納付猶予制度は、経済的に苦しい若年者が将来不利益を被らないようにするために、30歳未満の人のため保険料の支払猶予制度です。

　申請をせず放置しておくと、受給金額が減少してしまうことになり

ます。学生納付特例、若年者納付猶予制度を利用した者が、就職などにより、保険料の納付が可能になった場合、納付猶予した分について10年前までさかのぼって納付することができます。

なお、納付猶予制度については、現在のところ対象者を30歳未満に限定していますが、平成28年7月からは対象者が「50歳未満」に引き上げられます。

◆ 追納制度

追納とは、国民年金保険料の免除・猶予を受けた期間分の保険料を後から納付し、老齢基礎年金の額を増やすことです。

追納の対象となる期間とは、過去10年分の保険料の納付免除期間です。具体的には、全額免除期間や半額免除期間などに加え、学生納付特例期間や若年者納付猶予期間も含まれます。

追納には、申込みが必要です。申込みを行った年度から4年度以前の期間の追納を行う場合は、追納額に一定額が加算されます。なお、追納の目的は老齢基礎年金の増額のため、すでに老齢基礎年金を受給している者は追納制度を利用することができません。

■ 年金保険料の免除制度

法定免除 ▶ 障害基礎年金を受給している人や生活保護の生活扶助を受けている人などが、法律上当然に保険料免除となる

申請免除 ▶ 所得が少なくて生活が困難な人などが、申請により保険料免除や猶予となる全額免除・半額免除・4分の3免除・4分の1免除・学生納付特例がある

	法定免除	申請免除				
	全額免除	全額免除	4分の3免除	半額免除	4分の1免除	学生納付特例
年金への反映（〜H21.3）	6分の2	6分の2	6分の3	6分の4	6分の5	なし
年金への反映（H21.4〜）	8分の4	8分の4	8分の5	8分の6	8分の7	なし
追納できる期間	10年以内					

第1部 **19**

老齢基礎年金

老後にもらえる給付である

◆ 老齢基礎年金の受給資格期間

　老後に年金を受給するためには原則として25年以上の加入期間が必要です。この期間を受給資格期間といいます。受給資格期間については法改正が行われ、消費税率10％引上げに合わせた平成29年4月に10年に短縮される予定ですが、ここでは25年を前提に説明します。

　原則として、受給資格期間の中で保険料を支払っている期間のみが計算の対象になりますが、保険料免除期間、合算対象期間もあわせて計算します。保険料免除期間とは、経済的な理由などで保険料が支払えず、保険料の支払いの全部または一部を免除された期間のことです。合算対象期間とは、昭和61年3月以前に、国民年金への加入が任意だった者（専業主婦など）で国民年金に加入しなかった期間などです。

　たとえば、保険料納付済期間が22年、合算対象期間が10年、未納期間が8年という人の場合、保険料納付済期間だけでは25年の受給資格要件を満たしていませんが、合算対象期間の10年間については受給資格期間としてカウントすることができるため、加入期間は32年間として計算され、年金をもらえることになります。

　老齢基礎年金の実際の支給額は計算式（次ページ）によって求めます。老齢基礎年金は、本来65歳から支給されます。希望によって60歳〜64歳の間で受給（繰り上げ支給）、66歳〜70歳の間で受給（繰り下げ支給）することもできます。繰り上げ支給の場合は減額され、繰り下げ支給の場合は増額されます。また、受給権取得日から5年経過した日（70歳到達日）より後に繰り下げ支給の申し出をした場合、翌

月分からの支給でしたが、平成26年4月以降は70歳にさかのぼって増額されて支給されます。減額や増額は終身続きますが、障害基礎年金や寡婦年金がもらえないといったデメリットもあります。

◆ 老齢基礎年金額の算出法

20歳から60歳までの40年間の保険料の納付状況が、「保険料納付済期間：18年、未納期間：4年、全額免除期間：12年（平成21年3月以前）、半額免除期間：6年（平成21年3月以前）」という人の老齢基礎年金の額を具体的に計算してみましょう。

保険料納付済期間が216か月（18年×12か月）、全額免除の期間が48か月（12年×12か月×1/3）、半額免除の期間が48か月（6年×12か月×4/6）で、未納期間の4年分については受給額に反映されませんので、合計312か月となり、受給額は以下のようになります。

78万100円×312/480＝50万7,065円

計算にあたって端数が生じますが、100円未満の端数については、50円未満は切り捨て、50円以上は100円に切り上げという処理をするため、50万7,100円になります。

■ 老齢年金の計算例

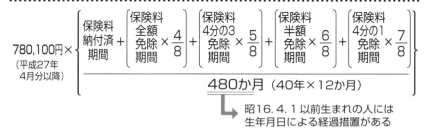

※1）学生特例納付は免除期間に含まれない
※2）国庫負担割合の引上げにより、平成21年3月以前に免除を受けた期間については、計算式に使用する数字を、全額免除期間：6分の2、4分の3免除期間：6分の3、半額免除期間：6分の4、4分の1免除期間：6分の5、に変えて計算する

第1部 20

老齢厚生年金

現役時代の給与額により受給できる年金額が決まる

◆ 支給開始時期や金額

　会社員はほとんどの場合、厚生年金に加入することになるので、老後は老齢基礎年金に加えて老齢厚生年金を受給することができます。

　正社員だけでなく、正社員の通常勤務に比べて4分の3以上の労働時間および勤務日数で働くパートやアルバイトも厚生年金の被保険者となります。さらに厚生年金法などの改正により、この「4分の3」の基準が、ⓐ週20時間以上、ⓑ月額賃金8万8000円以上（年収106万円以上）、ⓒ勤務期間1年以上を満たす労働者に緩和されます。制度が施行される平成28年10月以降は、厚生年金に加入できるパート・アルバイト労働者が増加することになります。

　老齢厚生年金は、65歳からの受給が原則となっていますが、以前60歳からの受給できていたため、経過措置として現在も60歳台前半から受給できる特別支給の老齢厚生年金もあります。

◆ 老齢厚生年金の金額

　60歳台前半でもらう特別支給の老齢厚生年金は、65歳からの老齢基礎年金に相当する部分（定額部分）については納付月数に応じて、65歳からの老齢厚生年金に相当する部分（報酬比例部分）については現役時代の報酬をもとに支給額が決められることになります。

① 定額部分

　実際に支給される定額部分の金額は以下の計算式で求めます。

　定額部分の金額＝1か月当たりの給付額（単価）×生年月日に応じ

た率×加入月数×スライド率（0.970：平成27年度の基準）

現役時代の収入の多寡は影響しません。生年月日に応じた率は、生年月日が昭和21年4月2日以降であれば「1」です。給付額は1,676円で、平成27年度のスライド率は0.970とされています。

② 報酬比例部分

報酬比例部分は、現役時代の給料が多いほど金額が増えるしくみになっています。報酬比例部分の算出方法を最もシンプルに表すと以下のようになります。

報酬比例部分の金額＝標準報酬月額×加入月数×乗率（×スライド率）

◆ 老齢厚生年金の受給額

65歳からの本来の厚生年金の受給額は前述の特別支給の老齢厚生年金報酬比例部分の計算式と同様です。65歳からもらえる本来の老齢厚生年金の支給額は老齢基礎年金と異なり、納めた保険料の額で決まります。つまり、現役時代に給料が高かった人ほどたくさん老齢厚生年金をもらえるしくみになっています。65歳になると、定額部分に代わり老齢基礎年金を受給することになりますが、老齢基礎年金は定額部分よりも金額が少なくなります。そこで、導入されたのが、経過的加算です。老齢基礎年金に経過的加算分の年金を加えて支給することで、年金の手取りを今までと同じにするわけです。

■ 老齢厚生年金のしくみ

第1部　図解でわかる！　社会保障・福祉制度

第1部 21

在職老齢年金

他に収入がある場合、年金額が減額されることもある

◆ 在職老齢年金とは

　年金受給者がまだ会社などで働いていて給与を得ている場合など、年金受給者に収入がある場合、その人の給与収入に応じて減額されます。これを在職老齢年金といいます。

　60歳代前半の在職老齢厚生年金のしくみは、①基本月額と総報酬月額相当額の合計額が28万円を超えているか、②総報酬月額相当額が47万円を超えているかをもとに判断します。基本月額とは、受給している老齢厚生年金額（加給年金を除く）を12で割った月額換算した額のことです。総報酬月額相当額とは、年金受給者が勤務先から受け取る賃金と過去1年間に受け取った賞与の合計額を12で割った額のことです。

　65歳以上の人が老齢厚生年金を受給しながら会社勤めをする場合も受け取る賃金の額に応じて老齢厚生年金の額が減額されます。ただし、調整のしくみは60歳台前半の在職老齢年金とは異なり、基本月額と総報酬月額相当額との合計が47万円を超える場合に、その超えた分の半額に相当する年金額の支給が停止されます。

　厚生年金の被保険者は原則として70歳未満の者ですが、70歳を過ぎても厚生年金が適用される事業所に雇用され、健康保険の被保険者となっている場合には同様のしくみで年金額が調整されます。

　「65歳以降」の在職老齢年金については給与収入がある場合に支給が停止されるのは老齢厚生年金だけであり、老齢基礎年金の方は全額が支給されます。60歳台前半の在職老齢年金と異なり、その人が受け取る年金の全額が支給停止されるということはありません。

◆ 在職老齢年金が減額・不支給になる場合

　年金の受給が可能になった後も働く意思がある場合、年金とともに、雇用保険の基本手当を受給することができる人がいます。しかし、同時に年金を受給できると二重の保護になってしまいますので、両方受給できる者については、原則として、雇用保険の基本手当をもらっている間は老齢厚生年金がストップするというしくみになっています。

　60〜65歳未満の人が、60歳時点より給料が下がり、60歳時点と比較して75％未満の条件で働く場合、高年齢雇用継続基本給付金または高年齢再就職給付金を受給することができます。これらの給付金が支給される場合も特別支給の老齢厚生年金は調整が行われ、年金の方を減額します。

　また働いている以上、在職老齢年金のしくみも適用され、まず在職老齢年金のしくみで減額する年金額を決め、その減額された年金額についてさらに高年齢雇用継続基本給付金と調整します。

■ 60歳台前半の老齢厚生年金のしくみ

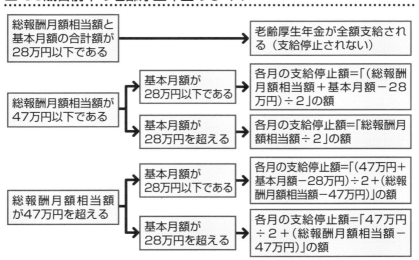

第1部 22

障害給付

初診日に保険料を滞納していると受給できない

◆ 障害基礎年金とは

　障害年金は、病気やケガで障害を負った人に対して給付される年金です。国民年金の加入者が障害を負った場合の給付を障害基礎年金といいます。厚生年金加入者の場合は、障害厚生年金といいます。厚生年金加入者の場合、老齢給付と同じく、障害基礎年金と障害厚生年金の両方を受給することができます。

　障害基礎年金は、次の３つの要件をすべて満たしている場合に支給されます。

① 病気やケガで診察を最初に受けた日（初診日）に国民年金に加入しているまたは過去に国民年金の加入者であった60歳から65歳の人で、日本国内に在住している

② 初診日から１年６か月を経過した日または治癒した日（障害認定日）に障害等級が１級または２級に該当する

③ 初診日の前日に以下の保険料納付要件を満たしている

・初診日の月の前々月までに国民年金の加入者であったときは、全加入期間のうち、保険料の納付期間と免除期間が３分の２以上を占める

　これらの条件を噛み砕いて説明しますと、障害基礎年金をもらえる人は、国民年金の加入者か、老齢基礎年金をまだ受け取っていない60～65歳の人で、一定の条件の下で障害等級が１級か２級と認定され、さらに国民年金の保険料の滞納が３分の１未満の人ということになります。

　③の滞納に関する規定では、特例として初診日が平成28年３月31日

以前の場合、初診日の月の前々月までの直近1年間に保険料の滞納がなければ受給できることになっています。ただし、いずれの場合も初診日が基準になりますので、病気やケガで診察を受けて、障害が残りそうだということで慌てて滞納分を払いに行っても、時すでに遅しで、給付対象にはなりません。日頃から保険料はしっかりと払うようにしなければなりません。ただし、例外として20歳前の病気やケガで障害が残った場合は、年金加入者ではないので、20歳になった時点で受給対象となります。この場合は保険料の納付は問われません。

障害年金を受け取れるかどうかの基準を見ると、「初診日」が重要であることがわかります。3つの条件のすべてに初診日という言葉があるからです。

障害年金を受け取るには、障害等級が1級または2級と認定されなければなりません。認定には等級を認定する基準と、その等級をいつの時点で認定するかというルールがあります。

等級を認定する基準には、政令で定められた「障害等級表」と「障害認定基準」という客観指標があります（障害等級表の等級は、障害のある者が持っている障害手帳に記載されている等級とは別個のものです）。いつの時点で認定するかというと②の障害認定日になります。

「治癒した」とは、一般的なイメージで言う「治る」ということとは違い、障害の原因になる病気やケガの治療行為が終わることです。

■ 障害の程度

重い障害 （1級障害）	やや重い障害 （2級障害）	やや軽い障害 （3級障害）	軽い障害 （一時金）
常時介護を要する人	常時ではないが随時介護を要する人	労働が著しく制限を受ける人	聴力や視力、言語に障害があるなど生活に制限を受ける人
1級障害基礎年金 1級障害厚生年金	2級障害基礎年金 2級障害厚生年金	3級障害厚生年金	障害手当金

「完治した」という意味ではありません。

　障害基礎年金は、加入期間の長短に関係なく障害の等級によって定額が支給されます。支給額については一定期間ごとに見直しが行われており、平成27年度の基準からは、1級が年額97万5100円（2級の125％にあたる）、2級が年額78万100円（老齢基礎年金の満額と同額）です。それに加えて18歳未満の子（または一定の障害をもつ20歳未満の子）がいる場合は、子1人につき22万4500円（3人目からは7万4,800円）が加算されます。

◆ 障害厚生年金について

　障害基礎年金は、障害が最も重い障害等級1級か、次に重い2級でないと支給されないのに対し、障害厚生年金には1級と2級の他、3級と障害手当金があります（障害手当金は一時金であるため、年金と総称して、「障害給付」と呼ばれることもあります）。そのため、障害等級1級、2級に該当せず、障害基礎年金を受給できない人であっても、3級の障害厚生年金や障害手当金を受給できることが可能です。障害厚生年金の支給額は、老齢厚生年金の額が基準になります。最も重い1級の場合、報酬比例の年金額に1.25を乗じた額となります。2級および3級の場合は、報酬比例の年金額と同額となります。また、1級2級の場合は受給権が発生した当時、その者により生計を維持していた65歳未満の配偶者がいる場合は加給年金額22万4,500円が加算されます。3級の場合は加給年金はありませんが、58万5,100円が最低保障額として定められています。

◆ 障害手当金について

　病気やケガで初めて医師の診療を受けた日（初診日）において被保険者であった者が、その初診日から起算して5年を経過する日までの間にその病気やケガが治った日に、障害等級3級よりやや軽い障害が

残った場合に、年金ではなく、一時金として支給されます。

ただし、障害手当金を受給してしまうと、その後に障害の程度が悪化しても同一の障害について障害給付を受給できなくなる場合もあります。そのため、障害手当金の受給は慎重に行うことが必要です。

障害手当金の支給額は、報酬比例の年金額の２倍相当額です。ただし、最低保障額（平成27年度は117万200円）も定められています。

障害手当金の額には物価スライドは適用されませんが、本来の２級の障害基礎年金の額の４分の３に２を乗じて得た額に満たないときは、最低保障額を見直します。

■ 障害給付の受給額

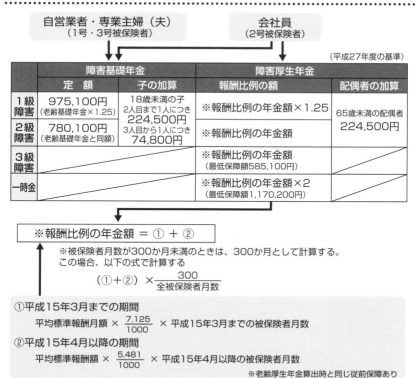

第1部 23

遺族年金給付

基礎年金と厚生年金では遺族の範囲が異なる

◆ 遺族基礎年金を受給できる遺族と受給金額

　公的年金の加入者、老齢年金、障害年金の受給者が死亡したとき、残された家族に対して支給されるのが遺族給付です。先立った人の家族の生活を保障することが目的です。

　遺族給付の中でも中心的な役割を果たすのが、年金形式で支給される遺族年金です。遺族年金を受給するためには以下の3つの要件を満たすことが必要です。

① **死亡したのがいつか**

　まず、遺族年金を受給するためには、死亡した人が図（次ページ）の要件1を満たしていなければなりません。

② **一定の遺族がいること**

　遺族基礎年金を受給できる遺族は、被保険者または被保険者であった者の死亡の当時、その者によって生計を維持されていた「子のいる配偶者」または「子」です。子どもがいない場合、配偶者は受給できないことになります。「子」とは、18歳未満の子、もしくは1、2級障害がある20歳未満の子のことを意味します。遺族基礎年金には働き手である夫を失った家庭を支援する意味合いがあったため、従来は、夫は受給者に含まれませんでしたが、法改正により平成26年4月以降は父子家庭も受給対象に含まれています。

③ **きちんと納めていること**

　保険料納付要件は、死亡日の前日において、死亡日の月の前々月までの保険料を納めるべき期間のうち、保険料納付済期間と保険料免除

期間の合計が3分の2以上あることです。

ただし、障害等級1、2級の障害厚生年金の受給者、老齢年金の受給者または受給資格を満たしているものは、納付要件を満たしているものとして扱われます。また、平成28年3月31日までは、特例として、死亡日の月の前々月までの1年間に滞納がなければ受給することができます。つまり、死亡した人が生前にきちんと保険料を納めていないと、遺族は遺族年金を受け取れないことになります。

遺族年金の受給要件として、前述した要件の他に、受給権者の経済力があります。遺族に十分な収入があるのであれば年金の受給を認め

■ 遺族給付を受給するための要件

要件1

死亡したのがいつか	遺族基礎年金	遺族厚生年金
	・国民年金に加入中 ・60歳以上65歳未満で日本在住 ・老齢基礎年金受給権者 ・老齢基礎年金の受給資格期間を満たす	・厚生年金に加入中 ・厚生年金に加入中に初診日があった傷病が原因で5年以内に死亡 ・障害厚生年金の1・2級の受給権者 ・老齢厚生年金受給権者 ・老齢厚生年金の受給資格期間を満たす

要件2

遺族の範囲 (生計維持関係にあること)	遺族基礎年金		遺族厚生年金		
	※子または子のある妻のみ	死亡当時の年齢	※遺族厚生年金には優先順位がある		死亡当時の年齢
	子のいる妻	18歳未満の子のいる妻	1位	配偶者	(妻の場合)年齢は問わない (夫の場合)55歳以上
	子	18歳未満		子	18歳未満
	年収850万円未満であること		2位	父母	55歳以上
			3位	孫	18歳未満
			4位	祖父母	55歳以上

※表中の「18歳未満」は18歳に達して最初の3月末日までをいう。また20歳未満で1・2級の障害の子も含む
※表中の「55歳以上」は55歳から59歳までは支給停止。60歳からの受給となる

要件3

死亡者が保険料納付要件を満たしているか (障害給付の要件と同じ)	遺族基礎年金・遺族厚生年金とも
	・死亡日前日の保険料を納めるべき期間のうち、保険料納付済期間と保険料免除期間の合計が3分の2以上あること ・平成28年3月31日までは、死亡日の月の前々月までの1年間に滞納がないこと

※老齢年金受給権者、受給資格期間を満たしていた人の死亡の場合は上記要件は問わない

なくてもよいからです。具体的には、前年の年収が850万円（所得では655万5,000円）未満だったことが必要です。遺族基礎年金の金額は、「本体部分」と「子ども扶養のための加算」部分で構成されます。具体的な金額は、図（次ページ）のとおりです。

◆ 遺族厚生年金を受給できる遺族と受給金額

遺族厚生年金が支給される遺族の範囲は遺族基礎年金よりも広範です。ただ、決められた優先順位の最先順位の人にだけ支給され、上位の権利者が受給した場合は、下位の権利者は受給権が消滅します。

このように、遺族厚生年金の方が受給できるケースが広いため、遺族基礎年金はもらえないが、遺族厚生年金はもらえるというケースもあります。なお、夫婦関係の実態があれば、法律上の婚姻関係にない内縁の妻でも受給が認められます。

遺族厚生年金の金額については、本人の死亡時期によって計算の仕方が異なります。本人が老齢厚生年金の受給中、もしくは老齢厚生年金の受給資格を得た後に死亡した場合には、加入していた期間の実期間をもとに年金額を計算します（これを長期要件といいます）。

これに対して、死亡した本人が、①厚生年金の被保険者（現役の会社員）、②厚生年金の被保険者であった者で、被保険者期間中に初診日のある傷病で初診日から5年以内に死亡した、③障害等級1級または2級の障害厚生年金の受給権者であった場合には、加入月数が1か月以上あれば、加入月数を300か月（25年）あったとみなして計算します（短期要件といいます）。また、遺族厚生年金は、「報酬比例」というしくみがとられており、死亡した人が支払っていた保険料が多いほど、遺族厚生年金の金額も多くなります。

◆ 中高齢寡婦加算と経過的寡婦加算

会社員の妻が、夫が死亡したときに40歳以上65歳未満の場合、子

どもがいなくても、「2階部分」の他に厚生年金から給付があります。これを中高齢寡婦加算といいます。子のいない妻は遺族基礎年金を受け取ることができないため、通常は2階部分である遺族厚生年金しか受け取ることができないはずですが、それでは受給金額が少なくなってしまうケースも多かったため、このような制度を作ったのです。中高齢寡婦加算の加算額は58万5100円（平成27年度の基準）です。

　中高齢寡婦加算を受給している妻は、65歳になると自身の老齢基礎年金の支給が開始されるため、それまで支給されていた中高齢寡婦加算の受給権が消滅します。しかし、昭和31年4月1日以前生まれの妻については、中高齢寡婦加算にかえて経過的寡婦加算が支給されます。経過的寡婦加算の加算額は、妻の生年月日によって決まり、昭和2年4月1日までに生まれた人は58万5100円受給できますが、一定の年齢ごとに減額し、昭和31年4月2日以降生まれの人はゼロです。

■ 遺族基礎年金と遺族厚生年金の受給金額

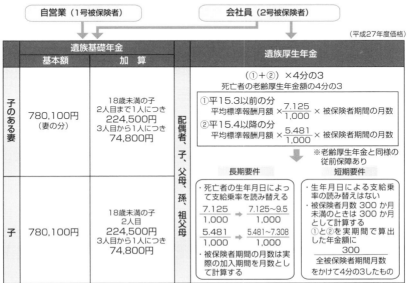

第1部 24

年金の受給手続き

年金は自分で進んで申請しなければ受け取ることはできない

◆ 老齢・障害・遺族年金の裁定請求

　年金は受給要件がそろっても請求手続きをしなければ、いつまでたってももらうことはできません。年金の請求手続きを裁定請求といいます。それぞれの年金の種類に応じて、裁定請求の手続きを見ていきましょう。

　老齢年金に関しては、請求手続きに必要な裁定請求書は、通常、受給年齢（原則65歳）の3か月前に日本年金機構から送られてきます。他の必要書類とあわせて、裁定請求を行うことになります。

　障害年金の請求手続きは、原則として、初診日から1年6か月を経過した日（障害認定日）の障害の状態を判断するため、その障害認定日以降に裁定請求することになります。ただし、初診日から1年6か月を経過する前に治ゆしたとき（症状が固定し、治療の効果が期待できない状態となったとき）は、そのときに裁定請求ができます。また、初診日から1年6か月経過後の障害認定日には障害年金を受けるほどの状態ではなかったものが、その後悪化して障害等級に該当する程度になったときは、65歳の誕生日前日までであれば、そのときに裁定請求することができます。

　そして、遺族年金は、死亡した夫が国民年金だけに加入していたときは「子のいる妻」または「子」だけが、遺族基礎年金の支給を裁定請求できます。もっとも、遺族厚生年金の場合には、子のない妻、夫、父母、孫、祖父母なども受給権者となることができるという違いがあります。

年金裁定請求後、2、3か月ほどで年金証書、裁定通知書が送付されます。年金は偶数月の15日に前月までの2か月分ずつ指定の口座に振り込まれます。その後、毎年現況届が送付されます。提出を怠ると年金が一時的に支給停止されます。

◆ 準備する書類など

　裁定は所定の書類だけでなく、いくつもの添付書類が必要です。事前に何が必要かを確認し、スムーズに手続きが進められるように準備しましょう。請求手続きに必要な裁定請求書は、通常、日本年金機構から送付されますが、添付書類のうち、戸籍謄本や住民票は受給権が発生した日以降に取得したものを準備する必要があります。また、雇用保険に加入している人は、添付書類に雇用保険被保険者証があります。なお、場合によっては他にも添付書類が必要になることがあります。

■ 年金受給の流れ

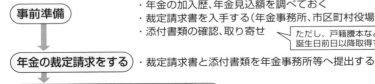

事前準備	・年金の加入歴、年金見込額を調べておく ・裁定請求書を入手する（年金事務所、市区町村役場など） ・添付書類の確認、取り寄せ　※ただし、戸籍謄本などは誕生日前日以降取得する
年金の裁定請求をする	・裁定請求書と添付書類を年金事務所等へ提出する
年金証書・裁定通知書が送付される	
年金が支給される	・指定した金融機関の口座に振り込まれる 　以後は、偶数月の15日に、前2か月分が入金される
毎年の誕生日	・以前は全員に現況届が送付されていたが、現在は、住基ネットが利用されているので住基ネットで確認できない人にだけ現況届が送付される
毎年6月頃	・年金振込通知書が送付される
毎年11月頃	・「公的年金等の受給者の扶養親族等申告書」が送付される
65歳になるとき	・「国民年金・厚生年金保険老齢給付裁定請求書」というハガキが送付される（65歳前から厚生年金を受給中の場合に送付される）

第1部 25
障害者福祉と障害者総合支援法

障害者総合支援法のサービスが重要な役割を果たしている

◆ 障害者総合支援法のサービス

　障害者の生活支援や保護を目的とした法律には、障害者基本法、身体障害者福祉法、精神障害者福祉法、知的障害者福祉法、発達障害者支援法、障害者虐待防止法、障害者優先調達推進法、障害者雇用促進法など、さまざまなものがあります。

　障害者に対する支援で最も中心的な法律は障害者総合支援法です。障害者総合支援法は障害者の日常生活を総合的に支援するための各種制度について規定しています。

　障害者総合支援法が定める障害者への福祉サービスは、自立支援給付と、地域生活支援事業に大きく分けられます。

・自立支援事業

　自立支援給付とは、在宅で利用するサービス、通所で利用するサービス、入所施設サービスなど、個々の障害のある人々の障害程度、社会活動や介護者、居住等の状況などをふまえ、個別に支給されるサービスのことです。障害者福祉サービスにおいて中心的な役割を果たしているのが介護給付費と訓練等給付費です。介護給付費や訓練等給付費は、サービスの給付を希望する人が市区町村に申請し、支給することが妥当であると市区町村から認定されると、サービスを受ける本人が都道府県の指定した事業者の中から選んだ事業者と契約を結び、サービスを利用することになります。

・地域生活支援事業

　地域生活支援事業とは、障害者をとりまく地域の地理的な条件や社

会資源の状況および地域に居住する障害者の人数や障害程度などに応じて、必要な支援を柔軟に行う事業です。地域生活支援事業の実施主体は基本的に市区町村ですが、広域的なサポートや人材育成など、一部は都道府県が主体になります。

◆ 障害福祉サービスの給付の対象者

障害福祉サービスの給付の対象者は、身体障害者福祉法・知的障害者福祉法・精神保健福祉法・発達障害者支援法で規定されている18歳以上の者と、児童福祉法で規定されている障害児です。また、関節リウマチ・肝内結石症・メニエール病など、332疾病の難病患者も含まれます。

■ 障害者に対する市区町村・都道府県の支援

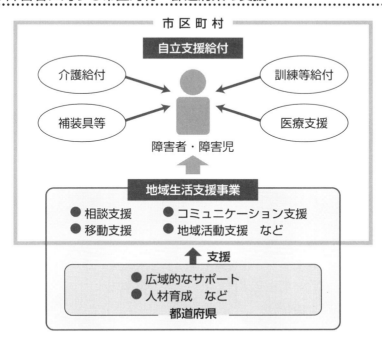

第1部 26
障害福祉サービスの利用方法

状況に応じたサービスを利用できる

◆ 介護給付・訓練等給付・地域生活支援事業に基づくサービス

　障害者総合支援法によって受けられるサービスは、サービスの利用の仕方によって居宅における生活支援、日中活動、居住支援、相談等支援、医療支援、補装具等支援のカテゴリに分けることができます。実際には、利用者は、これらのサービスの中から必要なものを組み合わせて利用することになります。たとえば、日中は療養介護を利用して夜間は施設入所支援を利用するといった具合です。

　それぞれ、介護給付や訓練等給付、地域生活支援事業などから支援が行われることになります。

◆ 居宅における生活支援について

　居宅における生活支援とは、障害者が住みなれた家庭で日常生活を送れるように支援するサービスです。

・居宅介護（介護給付）

　障害をもつ人が住んでいる居宅において受けることのできるサービスで、身体介護、家事援助、通院等介助、通院等乗降介助の4種類があります。

・重度訪問介護（介護給付）

　より重い症状をもつ障害者に対するサービスで、重度の肢体不自由者であって常に介護を必要としている人が対象です。

・同行援護（介護給付）

　視覚に障害がある方の外出に同行して、移動に必要な情報の提供や、

移動の援護、外出する際に必要となる援助など、外出・移動に関連した支援を行うサービスです。

・行動援護（介護給付）

行動する上で著しい困難がある知的障害者や精神障害者に対し、行動する際に生じ得る危険を回避するために、必要な援助を行うサービスです。

・重度障害者等包括支援（介護給付）

四肢の麻痺および寝たきりの状態にある者などに、日常生活上必要なさまざまなサービスを複合的に行います。

・短期入所（介護給付）

自宅で生活する障害者が、施設に短期間入所した際に受けることができる介護や支援です。ショートステイとも呼ばれます。

・移動支援事業（地域生活支援事業）

介護給付による個別の給付で対応できない複数名の移動や、突発的に必要が生じた場合の移動支援を行うサービスです。

・日中一時支援事業（地域生活支援事業）

一時的に支援が必要となった人に、社会適応訓練、見守り、日中活動の提供、送迎などのサービスを行います。

・コミュニケーション支援事業（地域生活支援事業）

手話通訳や要約筆記者の派遣、手話通訳の設置支援などを行います。

■ 介護給付と訓練等給付に含まれるサービス

介護給付
- 居宅介護
- 重度訪問介護
- 同行援護
- 行動援護
- 療養介護
- 生活介護
- 短期入所
- 重度障害者等包括支援
- 施設入所支援

訓練等給付
- 自立訓練（機能訓練・生活訓練）
- 就労移行支援
- 就労継続支援
- 共同生活援助

◆ 日中活動について

　日中活動は、入所施設などで昼間の活動を支援するサービスです。
　介護給付による支援には、療養介護（長期入院をする難病患者などが病院で医療的ケアと介護を受けられるサービス）と生活介護（昼間、施設に通う利用者に介護や創作的活動等の機会を提供するサービス）があります。訓練等給付による支援には、①自立訓練（病院や施設を退院した人が地域社会で自立した生活を営むことができるようにするための、身体機能の訓練や生活能力の維持・向上のためのサービス）、②就労移行支援（一般企業への就労が可能な障害者に対して、一定期間、就労に必要な訓練を行うサービス）、③就労継続支援（一般企業に就労するのが困難な障害者に対して、能力や知識の向上を目的とした訓練を行うサービス）があります。
　また、地域生活支援事業による支援として、地域活動支援センター事業による支援があります。

◆ 居住支援について

　居住支援とは入所施設などで、夜間に居住する場を提供するサービスです。介護給付による支援として、施設に入所する人に対して入浴や排せつ、食事などの介護を行う施設入所支援があります。
　訓練等給付によるものとして、共同生活援助（地域の中で障害者が集まって共同で生活する場を設け、サービス管理責任者や世話人を配置して生活面の支援をするサービス。グループホーム）が行われます。地域生活支援事業による支援で夜間の居住支援に関するものには、福祉ホームによる日常生活の支援や入居後の相談支援を行う居住サポート事業があります。

◆ 相談等支援について

　地域生活支援事業による支援として、市区町村と都道府県により行

われます。市区町村が障害のある人やその保護者のさまざまな相談に応じ、必要な情報の提供や助言を行います。市区町村自ら行う場合と市区町村から委託を受けた業者によって行われる場合があります。市区町村の枠を超えた相談支援は都道府県によって行われます。また、サービス利用計画の作成を行う計画相談支援や、地域移行支援、地域定着支援などの地域相談支援も相談支援のひとつです。

◆ 医療支援について

医療支援には、障害の軽減を図り、日常生活や社会生活において自立するために必要な医療を提供する自立支援医療と、療養介護医療（医療の他に介護を受けている場合に、医療費の部分について支給されるサービス）とがあります。

◆ 補装具等支援について

障害者は、義肢や車椅子など（補装具）について、市区町村に申請することによって費用の給付を受けることができます。また、補装具のサービスの他に、重度の障害がある人は、地域生活支援事業により、市区町村から日常生活に必要な用具の給付を受けることができます（日常生活用具給付）。

■ 支援事業について

市町村の支援事業	都道府県の支援事業
・相談支援 ・市町村に基幹相談支援センターを設置 ・成年後見制度利用支援事業 ・地域活動支援センター ・日常生活用具の給付 ・移動支援 ・手話通訳などコミュニケーション支援 など	・相談支援体制整備事業 ・相談支援事業 ・福祉ホーム事業 ・情報支援事業 ・障害者ＩＴ総合推進事業 など

第1部 27

障害福祉サービスの利用料金

自己負担を軽減するためのさまざまな措置が実施されている

◆ 利用者の負担額は最大でも利用料の1割

　障害福祉サービスを利用する場合、利用者は一定の利用料を負担します。この負担額については、利用者や世帯の所得を考慮して料金を決定する、応能負担の原則に基づいて決定します。

　具体的には、市区町村は、障害福祉サービスの種類ごとに指定障害福祉サービスなどに通常要する費用につき、厚生労働大臣が定める基準により算定した費用の額から、家計の負担能力その他の事情を考慮して政令で定められた額を控除した額について、介護給付費または訓練等給付費を支給するとされています。ただし、家計の負担能力が高い人は高額の負担であっても、全額を自己負担しなければならないというわけではなく、利用者の負担額は最大でも利用料の1割です。

◆ 自己負担を軽減するためのさまざまな措置がある

　応能負担の原則に基づいて自己負担額が決まることになりますが、利用者負担をさらに軽減するためのさまざまな措置が実施されています。所得別の上限額の制限や、高額障害福祉サービス費、食費などの減免措置（補足給付）、家賃助成など、利用するサービスに応じた負担軽減措置があります。

・上限額の設定

　サービスの利用料の負担が重くなり過ぎないようにするために、障害者が負担する障害福祉サービスの利用費は、世帯に応じて上限額が設定されています。①生活保護を受給している世帯、②低所得世帯

（市町村民税非課税世帯）、③一般1（市町村民税課税世帯のうち、世帯収入が概ね600万円以下の世帯）、④一般2（①～③以外の者）、の4種類に分けて、上限額が設定されています。図のように、生活保護世帯と低所得世帯については、自己負担はありません。一般の世帯についても自己負担の上限は月額3万7200円とされています。

・医療型個別減免（障害者の場合）

医療型入所施設や療養介護を利用する場合、医療型の個別減免措置として医療費と食費が減免されます。

医療型個別減免措置が適用される対象者は、市町村民税非課税（低所得）者で、療養介護などの療養を行うサービスを利用している人や施設に入所している人です。定率負担、医療費、食事療養費を合算した利用者負担の上限額が、収入や必要な生活費などを考慮して設定され、それを超える部分は免除されます。

また、20歳以上の入所者の場合、少なくとも2万5000円が手元に残るように、利用者負担額が減免されます。

・高額障害福祉サービス費

障害福祉サービスを利用する人が同一世帯に複数いる場合には、個人個人ではなく、世帯全体で合算された金額が利用者負担の上限と比較されます。同じ世帯で、障害福祉サービスを受ける者が複数いる場

■ 利用者負担の上限額（障害者の場合）

世帯の状況	負担上限額（月額）
生活保護受給世帯	0円
市町村民税非課税世帯（世帯収入が概ね300万円以下）（低所得）	0円
市町村民税課税世帯のうち、世帯収入が概ね600万円以下の世帯（一般1）	9,300円 ※
上記以外（一般2）	3万7200円

※ 入所施設利用者（20歳以上）、グループホームの利用者については3万7200円

合などには、世帯として支払う費用の額が大きくなってしまいます。そのため、そのような世帯の負担を軽減するために高額障害福祉サービス費が支給されます。

・**生活保護への移行防止**

各種負担軽減策を講じても、実費負担のために生活保護の対象となる場合、実費負担を生活保護の対象とならない額まで引き下げます。

◆ 補足給付

基本的に食費や光熱費は実費負担です。通所施設を利用する場合には、食費については実費を自己負担します。入所施設を利用する場合、食費だけでなく個室利用料や医療費も自己負担することになります。サービスの利用料は最大1割とされていますので、利用者は最大1割の利用料と食費・光熱費（実費負担）を支払うことになります。

もっとも、食費・光熱費を実費で負担しなければならないとすると、それぞれの世帯の事情によっては、経済的負担が過大なものになってしまう可能性があります。そのため、年齢などに応じて最低限のお金が手元に残るように、食費や光熱費の一部について特定障害者特別給付費が支給されます。特定障害者特別給付費は補足給付と呼ばれることもあります。

20歳以上の施設入所者への補足給付は、低所得の人を対象に、食費や住居費以外の「その他の生活費」が一定額残るように、食費や住居費に負担限度額を設定します。その他、生活費の額は2万5000円（障害基礎年金1級受給者の場合は2万8000円）と決められています。食費・光熱水費の負担限度額は、必要経費等控除後の収入からその他生活費を差し引いて算出します。

ただし、就労により得た収入については、2万4000円までは収入として認定しません。つまり、就労収入が2万4000円までは食費等の負担は生じないことになります。また、2万4000円を超えた場合でも、

超える額については、超える額の30％は収入として認定しません。

通所施設利用者についても、食費などの負担を軽減するための措置が実施されています。低所得、一般１（所得割16万円未満、グループホーム利用者を含む）の世帯の場合、食材料費のみの負担となり、実際にかかる額のおおよそ３分の１の負担となります（月22日利用の場合、約5100円程度と想定されています）。

なお、食材料費については、施設ごとに額が設定されます。

◆ グループホーム利用者への家賃助成

グループホームの利用者が負担する家賃を対象に、利用者１人あたり月額１万円を上限に補足給付が行われます。対象者は、生活保護世帯、区市町村民税非課税（低所得）世帯に該当する利用者です。

■ 利用者負担に関する配慮措置

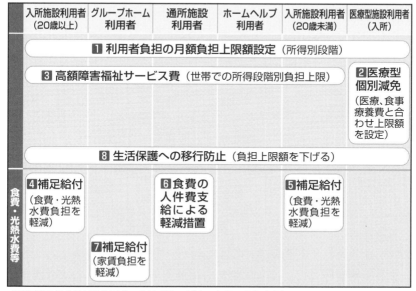

※平成26年４月からケアホームはグループホームに一本化された。

第1部 28
障害支援区分と障害福祉サービスの利用手続き

申請後、障害支援区分の認定を受け、サービスを利用する

◆ 障害者福祉サービス

　障害者福祉サービスを利用したい場合は、居住地の市区町村に申請します。相談支援事業者に申請代行を依頼することも可能です。障害者福祉サービスの申請を受けた市区町村は、障害者の心身の状態を把握し、サービスが必要かどうかの認定調査を行います。市区町村は、障害者の状況、居住の場所、障害の程度、市町村審査会の意見などを総合考慮して、支給決定案を作成します。この際、利用者の保護者に対して、利用者に対してどのようなサービスを行うのがよいのか聴取が行われます。

　認定調査は2段階に分かれています。コンピュータによって行われる1次認定調査と、市町村審査会によって行われる2次認定調査です。2次認定調査まで通ると、障害支援区分の認定が決定します。

　障害支援区分とは、身体障害者や知的障害者、精神障害者、難病患者等の障害の多様な特性、その他の心身の状態に応じて、必要とされる標準的な支援の度合いを総合的に示す区分です。

　障害支援区分の決定は、1次判定と2次判定を経て行われます。1次判定では、認定調査項目（80項目）の結果および医師意見書（24項目）の一部項目をふまえ、判定ソフトを活用したコンピュータ処理が行われます。認定調査項目は、移動や動作等に関する項目、日常生活等に関する項目、行動障害に関する項目、意思疎通に関する項目などです。医師意見書は、麻痺、関節の拘縮、生活障害評価などが調査項目になっています。2次判定では、審査会において、1次判定の結果

をもとに、1次では把握できない申請者固有の状況等に関する特記事項および医師意見書（1次判定で評価した項目を除く）」の内容を総合的に考慮した審査判定がなされます。障害支援区分は、非該当および区分1～6の7段階です。この7段階の判定結果によって、居宅介護や同行援護、短期入所（ショートステイ）など、利用できる障害福祉サービスの上限金額や利用時間などが決まります。

◆ 支給決定

支援区分認定が終わると、市区町村による勘案事項調査が行われます。勘案事項調査に通ると、支給を受ける障害者に対し、サービスの利用意向の調査が行われます。なお、訓練等給付のサービスについては、支給の要否を判断するために、一定期間サービスを利用することができます（暫定支給決定）。

障害者のサービス利用意向の確認がとれると、審査会の意見をもとに、支給の要否を決定します。このようなプロセスを経て、障害福祉サービスが支給されるかどうかが決定されます。支給が決定した障害者には、障害福祉サービス受給者証が交付されます。

■ **サービスの利用手続き**

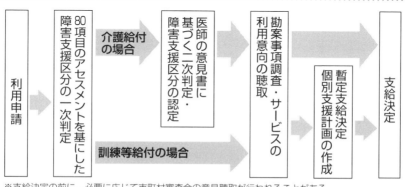

※支給決定の前に、必要に応じて市町村審査会の意見聴取が行われることがある

第1部 29
施設・障害福祉サービス事業の運営と報酬

サービスを提供した事業者には報酬が支払われる

◆ 事業者の種類

事業者には以下の種類があります。

① **指定障害福祉サービス事業者**

居宅介護などの障害福祉サービスを提供する事業者のことです。障害福祉サービス事業を実施する場合には、事前に指定機関である都道府県や市町村に対して、事業所の指定申請が必要になります。

② **指定障害者支援施設**

障害者に対して、施設入所支援を行うとともに、施設入所支援以外の施設障害福祉サービスを行う施設のことです（ただし、のぞみの園や児童福祉施設は障害者支援施設は除きます）。

③ **指定障害児通所支援事業者**

児童発達支援、医療型児童発達支援、放課後等デイサービスおよび保育所等訪問支援を行う事業者のことです。

④ **指定障害児入所施設**

障害児に対して、日常生活の世話や、社会生活で必要な技能・知識の教育を行う施設です。施設には医療型と福祉型があります。

⑤ **指定障害児相談支援事業者**

障害児の心身の状況、環境、サービスの利用に関する意向などをふまえてサービスの利用計画（障害児支援利用計画）およびその案を作成する事業です。

⑥ **指定特定相談支援事業者**

基本相談支援（必要な情報の提供や助言）と計画相談支援（サービ

ス利用支援）の両方を行う事業者のことです。

⑦　指定一般相談支援事業者

　基本相談支援と地域相談支援（地域移行支援と地域定着支援のこと）の両方を行う事業者のことです。地域移行支援を行う事業者を指定地域移行支援事業者、地域定着支援を行う事業者を指定地域定着支援事業者といいます。

◆ 障害福祉サービスと事業者への報酬

　障害者総合支援法に基づく障害福祉サービスを提供した事業者は、サービス提供の対価として報酬を受け取ることになります。原則としてサービスごとに定められている単位数に、10円を基本として地域ごとに設定されている単価を掛けた金額が総費用額になります。

　このうち、サービスを利用した障害者が負担する能力に応じて自己負担する分（最大で1割）を除いた金額が介護給付費または訓練等給付費として支給されることになります。

　サービスの提供方法によっては、加算や減算が行われます。たとえば、喀痰の吸引体制を整えている事業者などは加算の対象になり、配置されている栄養士が非常勤の場合には減算の対象になります。

■ 事業者の種類

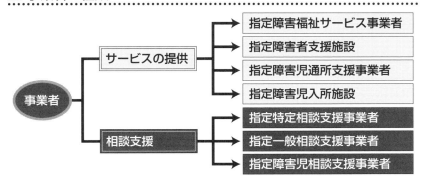

第1部 30
精神障害者のための医療支援

精神福祉法がさまざまな入院制度を整備している

◆ 精神保健福祉法に定められている

　精神障害者に対して、医療機関において適切な形で、医療を受ける機会を保障する必要があります。通常の入院医療は、医師が本人に十分説明をし、本人の同意を得て行うものです。しかし、精神障害者は、自分自身の症状を的確に自覚できない場合や、病状によっては、自己や他人を傷つけてしまうおそれがあります。そこで、精神保健および精神障害者福祉に関する法律（精神保健福祉法）は、精神障害者の入院について特別なルールを定めています。

◆ どんな制度があるのか

　精神保健福祉法は、精神障害者が医療機関で適切な医療を受けることができるように、①任意入院、②措置入院、③緊急措置入院、④医療保護入院、⑤応急入院という制度を設けています。

　①任意入院とは、障害者本人が医師の説明を受け、同意した上での入院のことです。精神科病院の管理者は、本人が退院を申し出た場合には、原則として退院させなければなりません。

　②措置入院は、精神障害者等について通報・届出の義務を負う、警察官、検察官、保護観察所長、矯正施設長の届出などに基づく入院をいいます。2人以上の精神保健指定医が入院すべきと診断し、都道府県知事の権限で、精神科病院や指定病院に入院させることができます。

　③緊急措置入院は、措置入院の手続きをする時間の猶予がない場合、精神保健指定医1人の診断で、72時間以内の入院が可能になる制度で

す。そして、④医療保護入院は、本人が入院に同意しなくても、家族等のうちいずれかの者が同意すると入院させることができる制度をいいます。かつては、精神障害者の家族が保護者となり、治療を受けさせる義務や財産上の利益を保護する義務を負っていましたが、保護者が高齢化している場合など負担が大きいケースも多いため、現在では保護者制度は廃止されています。この場合、精神科病院の管理者は10日以内に、その者の症状などを同意者の同意書とともに、保健所長を経て都道府県知事に届け出る必要があります。そして、⑤応急入院とは、精神保健指定医が即座の入院が必要と診断しても、家族等の同意を得る時間の猶予がなく、本人も同意しない場合に、72時間以内の入院をさせることができる制度をいいます。この場合、精神科病院の管理者は、直ちに応急入院の理由などを、保健所長を経て都道府県知事に届け出なければなりません。

また、精神保健指定医が「直ちに入院させないと著しく支障がある」と診断すると、本人の同意がなくても応急入院や医療保護入院をさせるため本人を移送できる制度もあります。なお、本人の同意を得られない入院や面会・外出・行動の制限をする場合に、患者の人権を保護するために、「精神医療審査会」が各都道府県に設けられています。

■ 精神障害者の入院形態

第1部 31

生活保護制度

国民の生存権の保障を具体化したセーフティーネット

◆ 生活保護とは

　生活保護は、世帯の生活が苦しくなったとき、国が最低限度の生活ができるように保障し、その自立を助ける制度です。最低限度以下の生活に陥ることがないように支援するのではなく（防貧）、最低限度以下の生活に陥った人を救済（救貧）する制度です。一定の基準にしたがって定められた要件を満たす場合、生活費や医療費などについて保護を受けることができます。

　生活保護は原則として個人ではなく、生計を同一にしている世帯ごとに受給が行われます。

　生活保護の支給額を決定するにあたって基準となる概念が生活保護基準です。生活保護基準は、国民が健康で文化的な最低限度の生活を営むことができる水準です。生活保護基準とは、その世帯の人数や年齢などによって決められており、生活保護基準から最低生活費（水道光熱費や家賃、食費など、生活に必要となる最低限の費用）を算定します。生活保護基準の金額は市区町村によって異なり、物価の高い地域では基準額も高めに設定されています。なお、最近では平成27年4月に基準額が見直されています（第71次改定）。

　世帯の収入認定額と生活保護基準で定められている最低生活費を比較して、申請世帯が生活保護の受給対象となるかどうかが判断されます。収入認定額が生活保護基準額より少ない場合は、生活保護が支給され、支給額は原則として最低生活費から収入認定額を差し引いた金額になります。

働いて得た収入はもちろん、仕送りや年金も収入として扱われます。実際は、一世帯に入ってきた収入から社会保険料（給料から天引きされる場合はこの限りではありません）などの必要経費を控除した金額が収入として認定されます。生活保護を受給した後でも、これらの認定された収入がある場合は、生活保護費は収入認定額を差し引かれた分だけが支給されることになります。

◆3親等内の親族には扶養義務がある

生活保護を受給できるかどうかの大きな境になる審査項目の1つが、扶養義務のある親族からの援助です。扶養義務のある親族による援助が期待できる場は、生活保護を受けられないか、または受けられたとしても減額支給されることになります。

扶養義務のある親族とは、3親等内の親族のことです。このうち、申請者の親、配偶者、子供、兄弟姉妹といった人は法律上扶養義務があることが明記されていることから、絶対的扶養義務者といわれ、生活保護を申請した場合に、まず、援助できないかが問われます。また、絶対的扶養義務者以外の3親等以内の親族（祖父母や叔父叔母など）については、過去や現在において申請者やその家族を援助している場合など、特別な事情がある場合には扶養義務を負います。この場合に扶養義務を負う人のことを相対的扶養義務者といいます。

■ 支給額

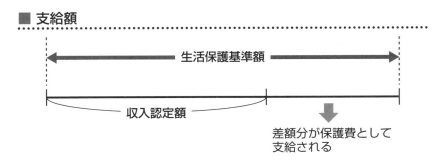

第1部 32

生活保護申請手続き

福祉事務所で手続きを行う

◆ 資力調査などを経て保護の決定が行われる

　生活保護の申請をすることができるのは、原則として本人または家族（配偶者や子、両親などの扶養義務者）です。本人に緊急の病気・ケガといった事態が生じ、自ら福祉事務所を訪問することができないようなケースでは、福祉事務所の職権によって保護が行われることがあります。

　生活保護の申請は、住民票のある市区町村を管轄する福祉事務所で行います。生活保護の申請の際には、保護申請書を作成・提出します。その他、福祉事務所の判断により、資産申告書や給与明細書、就労状況申告書などを提出することになります。また、本人の収入調査の際、福祉事務所が財産調査を行うこともあるため、調査についての同意書への署名を求められることもあります。

　生活保護の受給が行われるかどうかの決定は、申請から14日以内に通知されます。ただし、生活保護の調査は扶養義務者に対して申請者を扶養することができないか確認をとる必要もあるため、決定の通知が遅れる場合もあります。

　生活保護の受給が決まった後は、原則として申請の日の分から支給されます。

　なお、受給決定後、世帯の合算収入が増えたり、最低生活費が下がった場合には、生活保護の停止や廃止が行われる場合もあります。一時的に保護が必要でない状態となったような場合には保護の停止がなされます。

■ 生活保護申請から決定までの流れ

福祉事務所に行く	● 市区町村役場や福祉事務所に行き、生活に困っていることを伝える
面接相談	● 相談担当者（ケースワーカーなど）により面接相談が行われる ● 現在の生活状況や、収入や資産の状況などを伝え、他に利用できる制度はないか、今後の生活をどうしたらよいかなどを話し合う
申請受付	● 生活保護を申請するしか方法がないと判断されたときには、保護の申請をすることになる
資力調査 （ミーンズテスト）	● 申請に基づいて、ケースワーカーが世帯の収入や資産、扶養義務者から援助が受けられるかどうかなどを調査する
保護の要否判定	● 調査に基づいて、申請者に保護が必要かどうかの判定を行う
保護の決定	●「生活保護を適用する必要がある」と判定されたときは、福祉事務所で生活保護の適用が決定される。「保護は必要ない」と判定されたときは、申請却下の決定が行われる 判定に不満があるときには通知を受け取った日から60日以内に知事に対して審査請求の申立てをすることができる
生活保護費の受給	● 生活保護が決定されると、通常は窓口に来所するように指示され、その場で第1回目の保護費が渡される ● 保護受給中は定期的に担当のケースワーカーの家庭訪問がある
受給後の生活	● 生活の維持向上に努める

第1部 33
生活保護の内容

8つの扶助がある

◆ 級地により生活扶助基準額が異なる

　生活保護には8つの扶助があります。扶助は居宅で、金銭給付で行うのが基本ですが、介護扶助および医療扶助は、指定医療機関、指定介護施設などに委託して行う現物給付を原則としています。また、居宅での金銭給付によってでは保護することが難しい場合には、保護施設への入所という方法がとられることもあります。

　支給額は原則として最低生活費から収入認定額を差し引いた金額です。最低生活費の基準は物価や消費水準の違いによって、いくつかの段階に分けられており、その段階ごとに最低生活費が定められています。

　この段階のことを級地といいます。級地は所在地により1級地－1、1級地－2、2級地－1、2級地－2、3級地－1、3級地－2の6区分に分けられています。級地により生活扶助基準額が異なります。

◆ 生活扶助の額はどのように決まるのか

　生活扶助は一般的な生活費として認められるものです。生活扶助は第1類と第2類の2つからなります。第1類は世帯員全員について年齢に該当する基準額を合算し、扶助費として認定します。これに対して、第2類は該当する世帯人員の金額が扶助費として認定されます。生活保護基準額表の第1類・第2類表から算出した額に、妊婦、産婦、母子、障害、児童養育といった加算が加えられます。

　その他の生活扶助として、入学や入院など一時的にまとまった出費が必要になるときに支給される一時扶助、年末年始にかけて保護を受

ける者について居宅保護・入所保護のため12月に支給される一時金扶助である、期末一時扶助があります。

◆ その他の扶助の概要

その他の扶助の概要は以下のとおりです。

・住宅扶助

住宅扶助は家賃、地代などに必要な費用の扶助です。原則として金銭による給付ですが、必要がある場合には現物給付によることもあります。生活保護では、日々の生活費の他、家賃も扶助してもらえます。

・教育扶助

教育扶助とは、義務教育（小学校、中学校）に必要な費用（給食代、学級費を含む）の扶助です。なお、子どもの小学校または中学校の入学時に入学準備のため費用が必要な場合、入学準備金が支給されます。

・医療扶助

生活保護世帯に該当することになった場合、それ以後、医療機関の窓口で支払う医療費はすべて医療扶助から支払われることになります。このため、自己負担なしで必要な治療を受けることができます。

■ おもな地域の級地区分

級地区分	地域
1級地-1	東京都……区の存する地域、八王子市、立川市他 神奈川県…横浜市、川崎市、鎌倉市他 愛知県……名古屋市　　　京都府……京都市 大阪府……大阪市、堺市他　兵庫県……神戸市、尼崎市他 埼玉県……川口市、さいたま市
1級地-2	宮城県……仙台市　　北海道……札幌市、江別市 福岡県……北九州市、福岡市
2級地-1	青森県……青森市　　新潟県……新潟市　　熊本県……熊本市
2級地-2	茨城県……日立市、土浦市他　　愛知県……東海市、豊川市他 福岡県……大牟田市他
3級地-1	岩手県……宮古市、花巻市他　　山口県……萩市、光市他
3級地-2	それ以外の市町村

※級地区分については、平成27年4月1日現在のものを掲載

・介護扶助

　生活保護の受給者が、介護保険による市区町村の認定を受けて一定の介護サービスを利用している場合は、介護扶助が認定され、介護保険の自己負担分である1割が介護扶助として生活保護から負担されます。介護扶助は介護サービスなどの現物給付が原則ですが、必要な場合には、金銭による給付がなされることもあります。

・出産扶助

　出産扶助は、困窮のため最低限度の生活を維持することのできない者ついて、分べんの介助、分べん前および分べん後の処置、脱脂綿、ガーゼその他の衛生材料について行われる援助です。

・生業扶助

　生業扶助は、困窮のため最低限度の生活を維持することのできない者やそのおそれのある者に対して、生業に必要な資金、生業に必要な技能の修得、就労のために必要なものについて行われる援助です。

　生業扶助は大きく分けると生業費、技能修得費、就職支度費に分けることができます。

・葬祭扶助

　葬祭扶助は、葬祭に伴い必要となる検案、死体の運搬、火葬・埋葬、納骨などの経費を補てんするものとして支給されます。

■ 生活保護の種類

生活扶助	食べ物、衣類、光熱費など日常の暮らしの費用
住宅扶助	家賃、地代などにかかる費用
教育扶助	義務教育(給食費、学級費、教材費などを含む)に必要な費用
介護扶助	介護に必要な費用
医療扶助	医療にかかる費用(メガネ、コルセットなどを含む)
出産扶助	出産に必要な費用
生業扶助	自立に必要な技能を習得するための費用
葬祭扶助	葬祭にかかる費用

◆ 勤労控除などの控除がある。

生活保護を受給している人が就労によって収入を得ると、保護費が減額されます。ただ、就労によって得た収入の額の全額が減額されるのではなく、「勤労控除」という制度があり、その分は収入額から控除されます。勤労控除の目的は、就労によって得られた収入の一部を手元に残すことで保護受給者が「働き損」と感じることなく、早期に就労し、自立して保護を脱却できるように支援することです。就労収入についての収入認定は以下のように算定します。

収入認定額＝就労収入－（基礎控除＋各種控除＋必要経費等）

■ 扶助の全体像

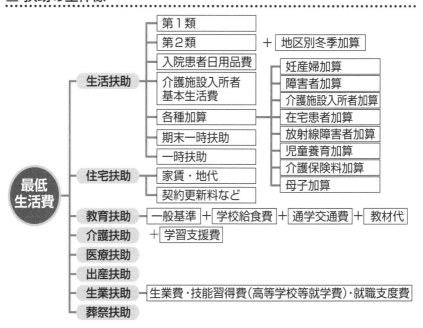

※厚生労働省社会・援護局保護課「生活保護制度の概要等について」(平成25年10月4日)を基に作成

第1部 34

生活困窮者自立支援法

生活保護の状態になることを防ぐために各種支援が行われる

◆ どんな支援を行っているのか

　生活困窮者自立支援法は、生活保護制度の見直しおよび生活困窮者対策に総合的に取り組む法律として、平成25年12月に公布され、平成27年4月から施行されています。「生活困窮者」とは、「現に経済的に困窮し、最低限度の生活を維持することができなくなるおそれのある者」です（2条）。つまり、今は生活保護を受けるほどの状態ではないものの、いつその状態に陥ってもおかしくない人が対象になります。

　生活困窮者自立支援法は、生活困窮者に対し以下のような自立支援に関する措置を講ずることで、生活困窮者の自立の促進を図ることを目的とする法律です。

・生活困窮者自立相談支援事業

　生活困窮者の抱えている課題に対するアセスメント（評価）を行い、それぞれが自立に向けて必要としている支援の種類や内容、進め方などについて記載した計画を作成します。

・住居確保給付金の支給

　職を失うことによってまず負担になるのが、住居費です。そこで、月収や同居親族分も含めた資産内容、就職活動をしているかどうか、といった支給要件を判断した上で、要件を満たす者に対して家賃相当額の住居確保給付金を支給します。これにより、生活の土台である住居環境を整えた上で、安心して就職に向けた活動を行うことが可能になります。

・就労準備支援事業、就労訓練事業

就労準備支援事業は、集団での活動が困難などの事情で就労が難しい人などに対し、生活訓練や社会訓練、技術習得訓練などを行うことにより、就労のための基礎的な能力を形成することを目的とした事業です。

　就労訓練事業とは、何らかの事情ですぐに継続して就労することができない生活困窮者に対し、就労訓練の場を設け、就労に必要な知識や技術を習得する機会を提供する事業です。

・家計相談支援事業

　家計の管理についての支援です。具体的には、①家計の管理に関する相談を受ける、②必要な情報の提供や助言をする、③支出の節約に関する指導や必要な資金の貸付あっせんを行う、といったことが挙げられています。

・学習支援事業等

　生活困窮者が養育する児童生徒は、経済的あるいは精神的な事情によって学習が遅れたり進学の機会を失ったりするなど、学習面での問題を抱えていることが多いのが現状です。このため、養育相談や学習機会の提供、学生ボランティアなどによる学習支援が行われます。

・一時生活支援事業

　住居がなく、一定水準以下の収入しか得られていない人などに対して、宿泊場所の供与や衣食の供与といった緊急の保護を行う事業です。

■ 生活困窮者対策と生活困窮者自立支援法の支援

第1部

雇用保険のしくみと給付

失業した場合に、生活の安定を保障する保険

◆ どんな給付が受けられるのか

　雇用保険は、おもに失業した労働者を対象に、新たな就職先が見つかるまでの期間の、生活費等を国が保障する制度です。そのため、雇用保険としての給付は、失業等給付と呼ばれています。失業等給付には、求職者給付、早期に再就職先が決定した人などに支給される就職促進給付、雇用継続給付、資格や特技の取得のための教育訓練給付があります。雇用保険の中心である求職者給付と就職促進給付は失業者向けの給付といえます。これに対して、雇用継続給付や教育訓練給付は、失業予防としての意味合いが強い給付です。

◆ 雇用保険の被保険者の種類

　雇用保険を受給できるには、雇用保険に加入している事業所で、一定期間働いた人です。多くは、週の所定労働時間が20時間以上で、31日以上雇用されることが見込まれる一般被保険者です。ここにパートなども含まれます。その他にも、同一事業所に65歳に達する前後において継続的に雇用されている者を対象とする高年齢継続被保険者、季節的業務に従事する雇用期間が4か月以内（または週の所定労働時間が30時間未満）の短期雇用特例被保険者、そして、日々雇い入れられる者や30日以内の短期で雇用される日雇労働被保険者という分類があります。とくに求職者給付は、それぞれの区分に応じて、所定の被保険者期間を満たすことで、給付を受けることができます。

■ 失業等給付の種類

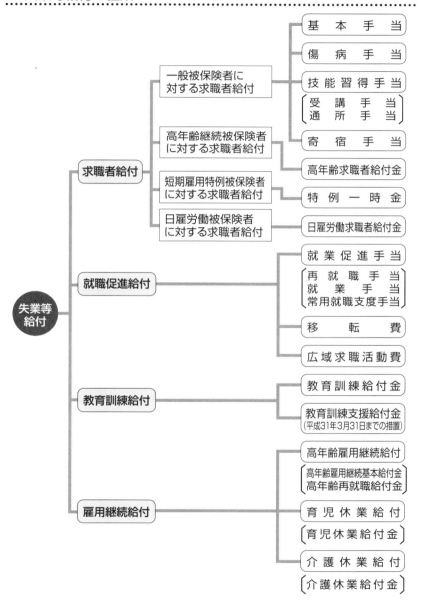

第1部 36

失業手当の受給手続き

失業手当の給付にはハローワークで所定の手続を行う必要がある

◆ 基本手当とは

　雇用保険の失業給付の主たるものは、求職者給付ですが、ここで支給される失業手当の基礎となる金額が、基本手当と呼ばれています。以下では、一般被保険者を念頭に置いて、基本手当の額について見ていきます。高年齢継続被保険者については、別途定められた事項を考慮して、基本手当の金額が決定されています。

　基本手当は賃金日額に基づいて算出されます。賃金日額とは、離職前6か月間に支払われた賃金の1日当たりに換算した金額を指します。したがって、離職前6か月に支給された賃金の総額を6か月間の日数（180日）で除して算出します（離職前6か月間の賃金の総額÷180）。

　そして、算出した賃金日額と給付率の積によって、基本手当の額が決定されます。給付率は、0.5から0.8の間の数字です。したがって、失業手当は、一般に離職前の賃金の5割から8割の金額が支給されるといわれますが、それは、給付率として掛けられる数が0.5から0.8であることに由来しています。

　給付率は、受給者の年齢が関係しています。つまり、受給者の年齢が若い場合には、一般に受給率は高く決定されることが多いようです。なぜなら、若い世代の人の方が、扶養する家族の人数等を考慮しても、生活費として必要になる金額は多いため、失業した場合にも、保障が必要になる金額も高額であると考えられるためです。また、離職前の賃金の多少に応じても、給付率は異なってきます。これは離職前に低所得であった人が、基本手当に掛けられる給付率が低く算定され、失

業手当として受け取る金額が低額に落ち込んでしまうことを防ぐ目的です。したがって、低所得であった人の給付率を高くして、高所得であった人の給付率を低くすることで、保障の格差を縮める努力が行われています。これにより、失業者の生活を支えるという雇用保険の目的を果たすことができます。

◆ 特定受給資格者・特定理由離職者は給付日数が多い

求職者給付は、基本手当の金額だけではなく、受給日数も人によって異なっています。受給日数は、受給者の年齢、被保険者期間の長さ、そして、離職理由を考慮して決定します。

定年退職や、自己の意思によって離職した者を、一般受給資格者といいますが、一般受給資格者の受給期間は、90日から150日の間で決

■ 基本手当の受給日数

●一般受給資格者の給付日数

離職時等の年齢 \ 被保険者であった期間	1年未満	1年以上5年未満	5年以上10年未満	10年以上20年未満	20年以上
全年齢共通	—	90日	90日	120日	150日

●特定受給資格者および特定理由離職者の給付日数

離職時等の年齢 \ 被保険者であった期間	1年未満	1年以上5年未満	5年以上10年未満	10年以上20年未満	20年以上
30歳未満	90日	90日	120日	180日	—
30歳以上35歳未満	90日	90日	180日	210日	240日
35歳以上45歳未満	90日	90日	180日	240日	270日
45歳以上60歳未満	90日	180日	240日	270日	330日
60歳以上65歳未満	90日	150日	180日	210日	240日

●特定受給資格者が障害者などの就職困難者である場合

離職時等の年齢 \ 被保険者であった期間	1年未満	1年以上
45歳未満	150日	300日
45歳以上65歳未満	150日	360日

定されます。

　一般受給資格者の受給日数よりも、長い受給期間が認められている者に、特定受給資格者と、特定理由離職者がいます。

　まず、特定受給資格者とは、事業が倒産、縮小・廃止のために離職した者や、解雇によって離職した人を指します。この場合には、一般受給資格者のように、自己の意思とは関係なく、離職しなければならなかったわけですから、それだけ保護の必要性が大きいといえます。そこで、年齢と被保険者期間を考慮して、90日から330日という長期の受給期間が認められています。

　そして、特定理由離職者とは、期間の定めがある労働契約が更新されなかったために離職した場合や、その他やむを得ない事情によりやむを得ずに離職を余儀なくされた者をいいます。ここでいうやむを得ない事情とは、心身の障害・疾病、妊娠・出産、病気の両親の不要のための離職等が挙げられています。これは、後に受給手続きのところで取り上げます、給付制限の有無を判断する際の「正当な理由」と同様の判断が行われることになります。特定理由離職者として認められれば、特定受給資格者と同様の期間、つまり90日から330日の間が受給期間として認められます。

◆ 基本手当の受給手続きの流れ

　失業手当として給付される基本手当は、具体的にどのよな手続きを経て支給されるのでしょうか。受給を望む者は、まずハローワークを訪れる必要があります。そこで、離職した会社から受け取った離職票を提出して、求職の申込みを行うことが第一歩です。あわせて、住所や年齢が確認できる書類等を提出することで、受給資格の有無について審査を受けることになります。

　なお、受給資格が認められても、そこから7日間（待期期間）は基本手当の給付を受けることができないと規定されています。そして、

待期期間経過後に、実際の支給が開始されることになりますが、受給者は、以後、4週間に一度ハローワークに出向いて、失業状態の認定を受けて、これが認められると基本手当が支給されます。

また、自己都合で離職した者は、待期期間が経過した後も直ちに基本手当の支給を受けることができません。自己都合の離職の場合、ある程度、後の生活費等の見通しを立てて離職に及んでいると考えられるため、給付制限として3か月の期間を経た後に、支給が開始されます。もっとも、自己都合により離職した場合であっても、給付制限がかからない場合もあります。それは、自己都合の離職について「正当な理由」がある場合です。正当な理由の有無は、心身の故障の有無などが挙げられますが、正当な理由があると認められることは、つまり、前述の特定理由離職者として認められることを意味します。したがって、特定理由離職者は、給付制限に関係なく、待期期間経過の翌日に、基本手当の支給を受けることができます。

■ 基本手当が支給されるまでの流れ

●支給までの流れ（給付制限のない場合）

●支給までの流れ（給付制限がある場合）

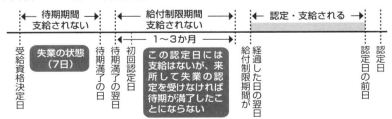

第1部 37

成年後見制度

判断能力が不十分な人の財産管理と身上監護をするための制度

◆ 成年後見制度とは

　成年後見制度とは、知的障害や認知症など、精神上の障害（身体上の障害は含まれない）が理由で判断能力が不十分な人が経済的な不利益を受けることがないように、支援してもらえる人（成年後見人等）を選任する制度です。

　成年後見制度は、判断能力が不十分な人を支援するだけでなく、その人が1人でできる能力を活用すること、他者から干渉されずに自分のことは自分で決定できるようにすること（自己決定権の尊重）を理念としています。そして、障害のある人が、家庭や地域で問題なく生活することができるような社会を作ること（ノーマライゼーション）をめざしています。たとえば、認知症のお年寄りが悪徳業者にだまされて、自分には必要のない高価な商品を購入してしまった場合でも、お年寄りが成年後見制度を利用していれば、その契約を取り消すことができます（本人の支援）。他方、そのお年寄りがスーパーで日用品を買う場合には、成年後見人等に代わりに買ってもらう、または、同意を得るという必要もなく、自分で自由に買うことができます（本人の自己決定権の尊重）。

◆ 後見とは

　精神上の障害のために判断能力のない状態が常である者を保護する制度が後見です。後見制度において、本人を支援する人を成年後見人といい、成年後見人の支援を受ける本人を成年被後見人といいます。

成年後見人は、日常生活に関する行為以外のすべての法律行為（契約、取消、解除など）を本人にかわって行う代理権を持っています。また、成年被後見人が自分に不利益な法律行為を行った場合などにそれを取り消すことができる取消権も持っています。実際に成年被後見人を支援するために行う職務内容である後見事務には、大きく２つの職務内容にわけることができます。財産管理と身上監護です。

　財産管理とは、成年被後見人の財産を維持、または、処分する職務です。成年後見人には財産管理を包括的に行う権限が与えられていま

■ 後見・保佐・補助

		補助	保佐	後見
名称	本人	被補助人	被保佐人	成年被後見人
	保護者	補助人	保佐人	成年後見人
	監督人	補助監督人	保佐監督人	成年後見監督人
要件	対象者	精神上の障害により判断能力の不十分な者		
	判断能力の程度	不十分	著しく不十分	常に判断能力を欠く
	鑑定の要否	原則として不要	原則として必要	原則として必要
開始手続	申立者	本人、配偶者、四親等内の親族、他の類型の保護者・監督人、検察官、任意後見を受任した者、任意後見人、任意後見監督人、市区町村長		
	本人の同意	必　要	不　要	不　要
保護者の責務と権限	一般的義務	本人の意思を尊重するとともに、本人の心身の状態および生活の状況に配慮する		
	具体的職務	同意権・取消権の範囲における本人の生活、療養看護および財産に関する事務		本人の生活、療養看護および財産に関する事務
	同意権の付与される範囲	申立ての範囲内で家庭裁判所が定める「特定の法律行為」について	原則として民法13条1項所定の行為について	
	取消権の付与される範囲	同上	同上	日常生活に関する行為を除くすべての行為について
	代理権の付与される範囲	申立ての範囲内で家庭裁判所が定める「特定の法律行為」について		財産に関するすべての法律行為について

す。成年後見人の財産管理に関する権限は非常に重要で強力です。財産管理には、成年後見人になるとすぐに着手しなければならない職務もあります。財産目録の作成と成年被後見人の生活や療養・看護、財産管理に必要になると予想される金額の算定です。

　また、成年被後見人の財産の把握だけでなく、本人が暮らしていくのに必要な費用や支出状況を把握することも財産管理に含まれます。

　身上監護は、成年被後見人の生活や健康管理に配慮することです。たとえば、介護サービスを利用するような場合に成年後見人が行う仕事は身上監護に含まれます。

◆ 保佐とは

　保佐制度で本人を支援する人を保佐人といいます。保佐人の支援を受ける判断能力が著しく不十分である本人を被保佐人といいます。

　保佐人は、日常生活に関する行為以外の法律行為のうち、法律で定められている重要な行為についての同意権と取消権を持っており、本人に代わって行う代理権は原則として持っていません。

　ただし、保佐の場合には、被保佐人の同意を得て保佐開始の申立てとは別に、代理権についても申立てを行うことができます。代理権付与の申立てを行った場合には、代理権付与の審判によって代理権を持つこともできます。代理権申立ての対象となる法律行為は、日常生活に関する行為以外の法律行為の中から本人しか行うことのできない法律行為を除いたものになります。もっとも、遺言などは本人のみが行うことができる行為として、代理の対象になりません。

　保佐人の職務は、具体的には、後見の場合と同様に、財産管理と身上監護という２つの内容に分けられます。

◆ 補助とは

　補助制度を通して本人を支援する人を補助人といいます。支援を受

ける判断能力が不十分な本人のことを被補助人といいます。

　補助人は、補助開始の審判が下されただけでは、何の権限も持っていません。補助人に与える権限の種類と範囲については、本人の意思が尊重され、別途家庭裁判所に申立てを行った上で、審判が下されます。この審判で認められた内容が補助人に与えられる権限と範囲となり、以降の補助人の職務はすべてこの審判の内容をもとに行われます。

　他の類型と同様、補助人の職務の対象となるのは、被補助人の日常生活に関する行為以外の法律行為です。このうち、補助人に同意権と取消権を与える場合には、法律で定められている重要な行為の中から特定の行為を選んで申し立てます。補助人に代理権を与える場合、保佐人と同様、対象となる法律行為を選び、代理権付与の申立てを行います。職務は成年後見や保佐と同様に財産管理と身上監護の２つがあります。

■ 重要な行為

重要な行為

- ①不動産やその他の重要な財産の売買・担保の設定（重要な財産とは、たとえば、自動車や貴金属などの目に見える物の他、株式や著作権、特許権・商標権などの実体は目に見えないが、重要な価値を持つ権利など）
- ②借金をしたり、他人の保証をすること
- ③元本の領収や利用行為（不動産や金銭の貸付行為、預貯金の出し入れ、弁済金の受領、貸している不動産の返還を受けることなど）
- ④訴訟を行うこと
- ⑤贈与・和解・仲裁契約を結ぶこと
- ⑥相続の承認や放棄を行ったり遺産分割を行うこと
- ⑦贈与や遺言により与えられる財産（遺贈）の受け取りを拒絶すること、負担つきの贈与や遺贈を受けること
- ⑧建物について、新築・改築・増築することや大修繕を行うこと
- ⑨民法で定める期間（山林は10年、その他の土地は5年、建物は3年、土地建物以外の動産は6か月）をこえて賃貸借をすること

第1部 38

法定後見の申立て

本人または関係者が家庭裁判所に対して申立てをする

◆ 申立手続きの流れ

本人の判断能力が不十分であるなどの理由から法定後見制度を利用する場合、家庭裁判所に後見等開始の審判の申立てを行います。

申立当日に、裁判所書記官が申立書および申立関係書類の点検を行い、家庭裁判所調査官あるいは参与員は申立人と成年後見人等の候補者から事実関係を確認します。後見や保佐の場合には、本人の精神状況についての医師等による精神鑑定が行われます。可能な場合には家庭裁判所で本人調査を行い、本人の意向を確認します。本人が出向くことができない場合、本人の所に家庭裁判所調査官が出向きます。

家庭裁判所は、鑑定・親族への意向照会・本人調査の結果から、内容について検討、判断します（審理）。審理を経て、審判をした家庭裁判所は、その審判内容を申立人と成年後見人等に送ります（審判書の送付）。審判では、申立書に書かれている成年後見人等の候補者がそのまま選任されることが多くあります。ただ、場合によっては候補者ではなく法律などの専門家が選任されることもあります。

審判が確定すると、法定後見が開始され、法務局に法定後見開始の事実についての登記がなされます。

なお、法定後見開始の申立ては、本人の他に、本人の配偶者や四親等以内の親族、検察官、市区町村長が行うことができます。

◆ 準備する書類や申立費用

申立書には本人の状況をはじめとする申立ての概要を記します。後

見の場合には「後見開始申立書」、保佐の場合には「保佐開始申立書」、補助の場合には「補助開始申立書」を作成します。

　添付種類には、たとえば、申立事情説明書、後見人等候補者事情説明書、財産目録、親族関係図などがあります。各家庭裁判所で用紙が用意されています。本人に関する書類としては、戸籍謄本・住民票・登記事項証明書（成年後見登記についてのもの）・診断書が必要です。成年後見人等の候補者がいる場合には、候補者の戸籍謄本・住民票が必要です。この他、家庭裁判所の判断の際に参考となりそうな資料の添付が必要になることもあります。たとえば、介護保険の保険証や障害者手帳、年金手帳などです。また、本人の財産状況の判断に有効なものとしては、前述した財産目録の他に、預金通帳や不動産評価証明書、不動産登記事項証明書、株券などが考えられます。

■ 申立手続きの流れ

1．申立て（本人の住所地にある家庭裁判所に対して行う）
- 申立てができるのは、本人、配偶者、四親等以内の親族、検察官、任意後見人、任意後見監督人、市区町村長など。

2．審判手続き（調査 → 鑑定・診断 → 審問の順に行う）
- 家庭裁判所調査官が、本人の精神状態、生活状態、資産状況、申立理由、本人の意向、成年後見人等候補者の適格性などを調査する。家庭裁判所は、市区町村などの行政、金融機関などに必要な調査報告を求めることもある。
- 鑑定は裁判所から依頼された鑑定人、診断は申立権者が依頼した医師が行う。鑑定や診断の結果は、本人の意思能力や障害の程度がどれくらいか、能力が回復する可能性があるかどうかなどを判断する重要な資料となる。
- 本人の精神的な障害の程度、状況を確認し、援助の必要性を判断するために、家事審判官が直接本人に会って意見を聴く。審問は必要に応じて数回にわたって行われることもある。

3．審判（家庭裁判所の判断の結果が示される）
- 申し立てられた類型やそれに伴う同意・取消権、代理権を成年後見人等に付与することが適切かどうか、家庭裁判所の判断の結果が出される。誰を成年後見人等にするかも決定する。

4．告知・通知（審判の結果が関係者に伝えられる）

5．登記（法務局に後見等の内容が登記される）

第1部 39

任意後見制度

判断能力が衰える前に支援内容を決めておく制度

◆ 任意後見制度とは

　任意後見制度とは、将来、自分の判断能力が衰えたときのために、受けることを希望する支援の内容や、支援をしてもらえる任意後見人（任意後見受任者）を決めておき、あらかじめ公正証書による契約をしておく制度です。支援内容とは、不動産の売買などの財産管理や介護サービス利用時の手続きと契約などです。任意後見人（任意後見受任者）などが家庭裁判所に任意後見監督人選任の申立てを行うと、実際に任意後見が開始されます。

　任意後見契約とは、任意後見が開始される前に、支援する人と本人の間で、将来の後見事務についてあらかじめ取り決めておく契約のことです。任意後見の契約書は、本人と任意後見受任者が公証役場に出向いて、公正証書で作成します。そして、公証人が管轄の法務局に任意後見契約の登記を嘱託します。

　本人と任意後見受任者の間で任意後見契約を結んだだけでは、効力は発生せず、任意後見監督人が選任されたときに、任意後見受任者は任意後見人となり、実際に契約の効力が発生します。

　任意後見契約にはいくつかの利用パターンがあります。1つ目は、判断能力が十分な時に将来に備えて任意後見契約を結んでおくパターンです（将来型）。2つ目は、判断能力が十分なうちは委任契約で財産管理を委任し、判断能力が不十分になった場合に任意後見を開始するようにしておくパターンです（移行型）。3つ目は、任意後見契約を結んですぐに任意後見監督人選任の申立てを行うようなケースです。

本人に判断能力がある場合で、それが低下し始めた段階で本人が気づいて、任意後見契約を締結します（即効型）。

■ 任意後見制度の流れ

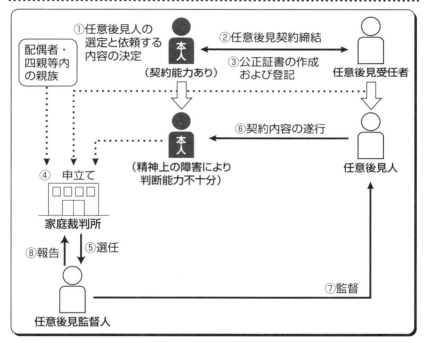

① 将来自己の判断能力が不十分になったとき、誰にどのような後見を受けたいかを決定します。
② 本人は自己が選定した任意後見人と、任意後見契約を締結します。
③ 任意後見契約の際には公証人に依頼して公正証書を作成する必要があります。公証人は東京法務局に登記の嘱託を行います。
④ 本人が精神上の障害により判断能力が十分でない状況となった時、本人、配偶者、四親等内の親族または任意後見受任者が家庭裁判所に任意後見監督人の選任を申し立てます。
⑤ 家庭裁判所が任意後見監督人を選任します。
⑥ 任意後見監督人が選任されるとともに、任意後見受任者は任意後見人となり、契約によってあらかじめ本人から委任された業務を遂行します。
⑦ 任意後見監督人は任意後見人の監督を行います。
⑧ 任意後見監督人は任意後見人の後見事務について、定期的に家庭裁判所に対して報告を行います。必要な場合には、任意後見人の解任を請求することもできます。

結婚・出産支援のための社会保険・税制上の制度

平成27年度税制改正で贈与税がかからない制度が導入された

◆ 社会保険上の支援

社会保険上の制度としては出産育児一時金と出産手当金が重要です。

・出産育児一時金

被保険者またはその被扶養者である家族が妊娠4か月以後（妊娠85日以後）に出産したときに、一児につき42万円が支給されます（双児以上の場合は42万円×人数分）。ただし、出産した医療機関等が産科医療補償制度に加入していない場合は、一児につき39万円の支給になります。

・出産手当金

被保険者が出産のため会社を休み、賃金（報酬）を受けられないときは、出産日（出産予定日より遅れた場合は予定日）以前42日（多胎妊娠のときは98日）から出産日後56日までの期間、欠勤1日につき標準報酬日額の3分の2が支給されます。

◆ 税制の優遇

平成27年度の税制改正により、結婚・子育て資金の贈与税の非課税措置という制度が創設されました。20歳以上50歳未満の個人が、その直系尊属にあたる人（自分の両親や祖父母など）から、結婚・子育ての支払いに充てるための資金の贈与を受けた場合、1000万円までは贈与税が課されないという制度です。

結婚の資金とは、結婚に際して支出する婚礼や結婚披露のための費用、新居に要する費用、引っ越しに要する費用などです。一方、子育

ての資金とは、妊娠・出産に要する費用、子の医療費や保育料などです。1000万円までは贈与税が課されない制度ですが、結婚費用としては300万円が限度とされています。

非課税制度が適用されるのは、平成27年4月1日から平成31年3月31日までに金銭等を拠出し、信託銀行等に信託された場合です。

■ 出産手当金が支給される期間

●予定日に出産、または予定日より前に出産した場合

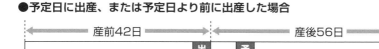

●予定日より遅れて出産した場合

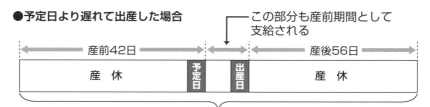

■ 結婚・子育て資金の一括贈与に関する贈与税の非課税措置制度

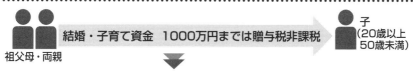

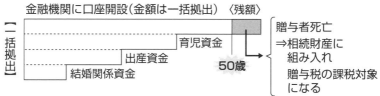

第1部 41 育児休業と労働時間の配慮

子の養育をする労働者のサポート制度

◆ 育児休業とは

　少子化対策の一環として、労働者が育児と仕事の両立ができるように育児休業制度が定められています。育児休業期間中は労働者の就労義務が免除され、事業主には賃金支払義務がなくなります。

　原則として1歳未満の子を養育しており、雇用期間が1年以上で、子の1歳到達日以降も退職の予定がない労働者は、事業主に申し出ることで男女を問わず育児休業を取得することができます。期間は原則として「出生～子の1歳到達日」までの1年ですが、保育所に空きがない場合は1歳6か月まで延長できます。

　また、男性の育児休業の取得を推進するための制度として「パパ・ママ育休プラス制度」があります。これは、両親がともに育児休業をとる場合、育児休業期間を1歳2か月到達日まで延長できる制度です。

　なお、子が1歳（1歳6か月）に達したときや休業中に産前産後、介護、新たな育児休業が始まった場合は、育児休業は終了します。

◆ 育児休業給付金とは

　育児休業給付金は、育児休業中の経済的負担を軽減するための給付です。雇用保険の被保険者で、育児休業開始日前の2年間に勤務日が11日以上ある月が12か月以上ある労働者が、事業主に対して育児休業の開始日・終了日を申し出た場合に支給対象になります。そして、支給対象者が就業日数や賃金に関する支給要件を満たした場合、育児休業給付金が支給されます。

育児休業給付金の支給対象期間は「産後休業の経過日の翌日から子が満1歳となる日の前日まで」です。なお、パパ・ママ育休プラス制度を利用する場合は、1歳2か月に達する日の前日までに支給対象期間が延長されます。

　支給額は、原則として休業開始時賃金日額（育児休業開始前の6か月間の賃金÷180）の50％ですが、平成26年4月1日以降に開始した育児休業については、育児休業開始後180日目までは67％です。

◆ 育児時間・看護休暇

　育児時間や看護休暇は、ともに子の養育をしながら働く労働者が取得することが認められている育児のための時間です。

　育児時間とは、生後満1年に満たない子を養育する女性が、通常の休憩時間の他に、1日2回、最低30分ずつ（労働時間が1日4時間以内のパートの場合は、1日1回、最低30分）、授乳などに費やす育児のための時間を請求できる制度です。原則として事業主には、育児時間中の賃金の支給義務はありません。

　一方、看護休暇とは、小学校就学前の子を養育する労働者が申し出ることで、1年度につき5日（小学校就学前の子が2人以上いる場合には10日）を限度に、病気やケガの子の世話のために取得できる制度です。

■ 父母ともに育児休業を取得する場合

子の看護には、予防接種や健康診断も含まれています。事業主は看護休暇の申し出を拒絶できず、年次有給休暇で代替させることもできません。なお、育児時間は看護休暇と異なり、女性のみが取得することのできる権利です。

◆ 子が3歳到達までの期間の労働時間の配慮

事業主は3歳までの子を持つ労働者に対して、仕事と子育てが両立できるよう、①短時間勤務制度（1日あたり原則6時間勤務）、②所定外労働（残業など）の免除、③法定時間外労働の制限、④看護休暇、⑤深夜業の制限、の措置をとることが義務づけられています。

短時間勤務制度においては、日雇い労働者や1日6時間以下勤務の労働者は対象外です。また、継続雇用1年未満または所定労働日数が1週間に2日以下の労働者や、業務の性質・体制の都合上、短時間勤務制度の適用が困難な労働者の場合は、労使協定により対象外にできます。

ただし、業務の性質・体制の都合を理由に労使協定により対象外とする場合は、育児休業制度に順ずる措置、始業・終業時刻の変更、フレックスタイム制などのいずれかの措置をとることが、事業主に義務付けられています。

所定外労働は、労働者から請求があった場合に免除されます。ただし、所定外労働を免除することで業務の正常な運営を妨げる場合は、事業主は請求を拒否することができます。また、日雇い労働者は対象外、継続雇用1年未満、所定労働日数が1週間に2日以下の労働者は、労使協定により対象外にすることができます。

なお、法定時間外労働とは、1か月で24時間、1年で150時間を越える時間外労働のことです。労働者は事業主に対して、1か月前までに、制限を求める期間（1か月以上1年以内の連続する期間）を明示して請求する必要があります。また、この請求には回数制限がないた

め、適用期間内であれば何度でも時間外労働の制限を請求することができます。また、事業主は3歳までの子を持つ労働者に対して、①フレックスタイム制、始業・終業時刻の繰り上げ・繰り下げ、託児施設の設置や託児施設に準ずる便宜の供与、④育児休業制度に準ずる措置、を行うように努めなければなりません。

なお、事業主は、労働時間の配慮の申し出や取得を理由として、労働者に対して解雇など不利益な取扱いをすることは認められません。

◆ 子が小学校就学までの期間の労働時間の配慮

事業主は、小学校就学前の子どもを養育する労働者が仕事と子育ての両立ができるよう、労働者が申し出または請求を行った場合は、①法定時間外労働（月24時間・年間150時間）の制限、②看護休暇、③深夜業の制限、の措置を取ることが義務づけられています。

なお、上記の措置は、子が3歳到達までの期間から引き続き適用されています。

■ 子育てをする労働者に対する企業側の対応

	内容・企業の対応
育児休業制度	原則として子が1歳になるまで。子の小学校就学まで育児休業に準じる措置についての努力義務
所定労働時間の短縮	子が3歳までは義務、子の小学校就学まで努力義務
所定外労働の制限	子が3歳までは義務、子の小学校就学まで努力義務
子の看護休暇	子の小学校就学まで義務
時間外労働の制限	子の小学校就学まで義務
深夜業の免除	子の小学校就学まで義務
始業時刻変更などの措置	子の小学校就学まで努力義務

第1部 42

介護休業と労働時間の配慮

家族の介護をする労働者のサポート制度

◆ 介護休業とは

　労働者が、要介護状態にある家族を介護することが必要な場合に、事業主に申し出ることによって介護休業制度を利用することができます。事業主は、申し出を受けた場合は原則として拒否や期間の変更をすることはできず、介護休業を取得したことを理由に解雇や就業制限などの不利益な扱いをすることも禁じられています。なお、介護休業期間中は、事業主に賃金を支払う義務はありません。

　介護休業は、ケガや病気、加齢などの事情で2週間以上にわたり常時介護を必要とする要介護状態にある対象家族を介護する労働者が取得できます。対象家族とは、配偶者または事実婚関係者、父母および子、養父母、養子、配偶者の父母、労働者が同居し扶養している祖父母、兄弟姉妹および孫をいいます。

　介護休業の申し出は、原則として対象家族1人につき「要介護状態に至るごとに1回のみ」行うことができます。ただし、同じ対象家族でも別の要素で要介護の認定を受けた場合は、改めて取得ができます。

　いったん介護休業を申し出た場合でも、介護休業開始予定日の前日までは休業の申し出を撤回することができます。撤回後の取扱いは、最初の1回は同じ対象家族についての介護休業の申し出が可能な一方、再度撤回した上での申し出の場合は、事業主に拒否する権限が認められています。また、終了予定日の繰下げも1回のみ認められています。

　介護休業を取得する場合、労働者が休業開始予定日の2週間前までに申し出ます。その際には、労働者と対象家族との続柄、介護を必要

とする理由、休業期間などの規定内容を通知します。申し出を受けた事業主は、介護休業の申し出受諾、介護休業開始・終了予定日、休業申し出を拒む場合は詳細を記載した書面を交付しなければなりません。

◆ 介護休業給付金とは

介護休業給付金は、介護休業中の経済的負担を軽減するための給付です。雇用保険の被保険者で、介護休業開始日前の2年間に勤務日が11日以上ある月が12か月以上ある労働者が、事業主に対して介護休業の開始日・終了日を申し出た場合に支給対象になります。また、期間雇用者でも、休業開始時に同会社で1年以上の継続雇用があり、休業予定日から93日を超えて雇用継続される見込みがあれば支給対象です。

そして、支給対象者が就業日数や賃金に関する支給要件を満たした場合、介護休業給付金が支給されます。

介護休業給付金の支給対象期間は「1人の家族につき介護休業開始日から最長3か月（93日）間」です。原則は1人の介護につき1回の

■ 介護休業のしくみ

内容	労働者が、要介護状態にある家族を介護することが必要な場合に、事業主に申し出ることによって休業期間を得ることができる制度
取得対象者	2週間以上にわたって常時介護を必要とする「要介護状態」にある対象家族を介護する労働者
取得できない労働者	・日雇労働者は取得できない ・継続して雇用された期間が1年未満の者、介護休業の申し出後93日以内に雇用関係が終了することが明らかな者、1週間の所定労働日数が2日以下の者は労使協定で対象外にできる
取得手続き	原則として、休業開始予定日の2週間前の日までに申し出る
取得回数	原則として対象家族1人につき、要介護状態に至るごとに1回のみ、行うことができる

受給ですが、1回目の休業終了日が3か月（93日）の期間より早い場合、1回目と合算して93日目になるまでは2回目以降も介護休業給付を受給できます。支給額は、原則として休業開始時賃金日額（介護休業開始前の6か月間の賃金÷180）の40％で、1か月あたりの支給上限額は170,400円です。介護休業給付金の支給期間中に事業主から賃金が支払われている場合は、支給額が変わります。

◆ 介護休暇とは

　介護休暇とは、1年度につき要介護状態の対象家族が1人であれば5日間、2人以上であれば10日間の介護休暇を取得することができる制度です。介護休暇は要介護者1人につき1回と限られているため、利用は長期間の介護が必要な場合に限られてしまいます。一方、介護休暇制度であれば、ヘルパーが急用で来られない場合など、短期間の介護が必要になったときも休暇を取得することができます。

　介護休暇を取得できるのは、要介護状態にある対象家族を介護もしくは世話する労働者です。「世話」には、通院の付き添いや対象家族が受ける介護サービスに必要な手続きの代行などが含まれます。

◆ 介護のための労働時間の配慮

　要介護状態にある対象家族を介護している労働者に対し、以下のような勤務時間の制限があります。労働者が請求した場合、事業者は、事業の正常な運営を妨げる場合を除き、拒否することはできません。
・時間の制限（1か月について24時間、1年について150時間を超える労働で、1回の請求につき1か月以上1年以内が認められます）
・深夜業の制限（午後10時から午前5時までの労働で、1回の請求につき1か月以上6か月以内が認められます）

　制限の請求は、制限開始予定日の1か月前までに、①請求年月日、②請求する労働者の氏名、③対象家族と労働者との続柄（対象家族が

祖父母、兄弟姉妹、孫である場合は、同居し、かつ扶養している事実)、④対象家族が要介護状態にある事実、⑤制限期間の開始・終了予定日の事項を書面に記載しなければなりません。

なお、制限の期間は、以下の場合に終了します。
・制限期間の終了日
・対象家族の死亡または親族関係の消滅
・労働者自身のケガや病気により、介護ができない場合
・労働者自身が産前産後休業、育児休業、介護休業を取得した場合

その他、事業主が、要介護状態の対象家族を介護する労働者に対して転勤命令などをする場合、労働者の転勤による影響を考慮し、短時間勤務の制度を設ける、フレックスタイム制度を設ける、時差出勤制度(始業・終業の時刻の繰り上げ・繰り下げ)、労働者に変わる介護サービスに必要な費用の助成といった配慮を行わなければなりません。

また、事業主は、介護休業・介護休暇・時間外労働の制限・深夜業の制限の申し出や取得をしたことを理由に、労働者に対して解雇その他不利益な取扱いをすることは認められません。

■ 介護のための勤務時間短縮措置

時間外労働の制限	要介護状態にある対象家族を介護している労働者が請求した場合、事業者は、事業の正常な運営を妨げる場合を除き、制限時間を超えて労働時間を延長することができない
深夜業の制限	要介護状態にある対象家族を介護している労働者が請求した場合、事業者は、事業の正常な運営を妨げる場合を除き、深夜業(午後10時から午前5時までの労働)をさせることはできない
勤務時間短縮措置の導入	・連続する93日以上の期間について、労働者が就業しつつ対象家族を介護することが容易になるような勤務時間措置をとらなければならない ・家族が要介護状態になくても、家族を介護する労働者について勤務時間短縮措置を採るように努力しなければならない

第1部 43
児童手当・児童扶養手当・子育て世帯臨時特例給付金

平成27年度も子育て世帯臨時特例給付金が支給される

◆ 児童手当の概要

　子育てにかかる費用の負担を少しでも軽減するために支給されているのが児童手当です。児童手当の支給対象となるのは、0歳から中学校卒業まで（0歳から15歳になった後の最初の3月31日まで）の児童です。支給金額（月額）は以下のとおりです。

0歳～3歳未満：1万5000円（一律）
3歳～小学校修了前：1万円（第3子以降は1万5000円）
中学生：1万円（一律）

　2月分～5月分については毎年6月、6月分～9月分については毎年10月、10月分～1月分は毎年2月に支払われます。

◆ 児童扶養手当

　子どもをかかえて離婚した夫や妻、養育者は、児童扶養手当を受給することができます。児童扶養手当は、かつては母子家庭のみを支給対象としていましたが、現在は父子家庭も支給対象とされています。対象者や手当額は図（次ページ）のとおりです。

　母子家庭の場合、20歳未満の子どもを扶養する母子家庭の母親に貸し付ける母子福祉資金という低利の融資制度を利用することもできます。また、日常生活における自立支援として、子育て短期支援事業など各種制度を利用できる可能性もあります。

◆ 子育て世帯臨時特例給付金

　消費税率の引上げに伴う、子育て世帯の負担を緩和するために定められた臨時的な給付金です。もともと、平成26年4月から消費税率が8％へ引き上げられたことに伴う1回限りの給付とされていましたが、平成27年度も平成27年6月分の児童手当の受給者を対象として、1回限り3000円の子育て世帯臨時特例給付金が支給されます。

　昨年度の1万円と比べると受給額が減少したことになりますが、本年度は、要件を満たす場合、昨年度と異なり低所得者を対象としている臨時福祉給付金（支給対象者1人につき6000円）と子育て世帯臨時特例給付金を併給することが認められます。児童関係の給付にはさまざまな種類があるため、受給できる手当の内容や金額について役所等に問い合わせてみるとよいでしょう。

■ 児童扶養手当

対象者	次のいずれかの状態にある児童（18歳になった日以降の最初の3月31日まで、中度以上の障害がある場合は20歳未満）を養育している母、父または養育者に支給される。 ① 父母が婚姻を解消（離婚など）した子ども ② 父または母が死亡した子ども ③ 父または母が一定程度の障害の状態にある子ども ④ 父または母が生死不明の子ども ⑤ 父または母が1年以上遺棄している子ども ⑥ 父または母が裁判所からのＤＶ保護命令を受けた子ども ⑦ 父または母が1年以上拘禁されている子ども ⑧ 婚姻によらないで生まれた子ども ⑨ 棄児などで父母がいるかいないかが明らかでない子ども
手当額 （平成27年度の基準）	・全部支給：4万2000円 ・一部支給：4万1990円～9,910円 ※父母、養育者の所得（扶養親族の数によって異なる）によっては支給制限の対象になる なお、児童2人以上の場合は、2人目に月額5,000円、3人目以降は月額3,000円が加算される。
支給方法	4月・8月・12月に、その前月までの分が受給者の口座に振り込まれる

第1部 44

児童虐待と対策

早期発見と適格な措置をとることが重要

◆ 児童虐待の種類と児童虐待の対策

　児童虐待防止法では、保護者（親権者、未成年後見人、その他の者で児童を現に監護する者）が表（次ページ）に記載した行為を行うことを「児童虐待」と定義しています（2条）。

　児童虐待は、児童の心身の成長を著しく阻害するだけでなく、場合によっては生命についても危険にさらす重大な行為ですから、できるだけ早く発見し、対処することが望まれます。保護者が虐待を自覚し、悩んでいるのであれば、自ら市区町村の窓口や児童相談所全国共通ダイヤル（189）などに相談をすることもできるでしょう。

　しかし、虐待を自覚していない場合、自ら連絡をすることは全く期待できません。このような事情もあって、児童虐待防止法では、学校、児童福祉施設、病院などの関係機関に対し、児童虐待の早期発見に努めることを義務付けています（5条）。

　また、親族や友人、近隣在住者などが児童虐待を受けたと思われる児童を発見した場合には、直接または地域の児童委員などを介して市区町村、都道府県が設置する福祉事務所もしくは児童相談所に通告しなければなりません。

◆ 児童虐待防止対策の強化

　児童相談所とは、子どもの抱えるさまざまな問題の相談に乗り、その解決のために各種対応をするために設けられた機関です。各都道府県は、最低でも1か所の児童相談所を設置しなければなりません（児

童福祉法12条)。複数の児童相談所を置き、そのうちの1か所に中央児童相談所としての機能を持たせているところもあります。

児童虐待防止法の施行後も、児童虐待防止対策を強化するための制度の見直しが行われています。具体的には、虐待通告を受けた場合に児童相談所などが行う安全確認が義務化され、保護者に対して出頭を要求する制度も導入されています。

また、児童福祉司の充実、施設を退所して就職する児童に対しての施設長による身元保証制度の創設といった対策もとられています。子の緊急時には、親の意向よりも児童相談所長や児童養護施設の施設長などの権限を優先して必要な措置が行われる可能性があります。

父や母による親権の行使が困難あるいは不適当であるために子の利益が害されるときは、親権停止の審判により父または母について、最長2年間の範囲で親権が停止される可能性があります。

児童虐待を防止するためには、幅広く情報を収集した上で、関係機関が児童の安全を最優先に考えて行動することが大切だといえます。

■ 児童虐待防止法が定める児童虐待の種類

類 型	内 容
身体的虐待	児童の身体に外傷が生じ、あるいは生じるおそれのある暴行(親などが冬に外に締め出す行為、縄などにより一室に拘束する行為等)を加えること
性的虐待	児童にわいせつな行為をすること、あるいは児童にわいせつな行為をさせること
ネグレクト (育児放棄・監護放棄)	著しい減食、あるいは長時間の放置など、保護者としての監護を著しく怠ること
心理的虐待	児童に対する著しい暴言や拒絶的な対応、あるいは児童と同居する家族に対するDVなどにより、児童に著しい心理的外傷を与えるような言動を行うこと

※DV(ドメスティック・バイオレンス):同居関係にある配偶者や親戚などの家族から受ける家庭内暴力のこと

第1部 45

子ども・子育て支援新制度

3つの区分の認定に応じて幼稚園や保育園の利用手続きを行う

◆ 従来の問題点と子ども・子育て支援新制度の概要

　子ども・子育て支援新制度とは、平成27年4月から始まった子育て中の家庭の支援を目的とする制度です。従来、都市部に人口が集中するために幼稚園や保育園に入れない待機児童が増加していることや、少子化が進んでいる地域で、保育施設が少なく子どもを預ける事ができないことなど、子育てに関する社会保障制度の不足が問題とされてきました。これを解消するために導入されたのが、子ども、子育て支援新制度です。具体的には、認定こども園、幼稚園、保育所を通じた共通の給付（施設型給付）および小規模保育等への給付（地域型保育給付）を創設し、放課後児童クラブなど、地域の実情に応じた子ども・子育て支援の充実をめざしています。

　制度の導入にあたり、今までの幼稚園・保育所の利用手続きとの一番大きな違いは支給認定制度が導入されることです。支給認定制度とは、支給認定申請書に子供を幼稚園、保育園に預ける理由、保育が必要な時間等を記載することで、地方自治体が保育の必要性を、満3歳以上で幼稚園を希望する子ども（1号）、満3歳以上で保育の必要がある子ども（2号）、3歳未満の保育の必要のある子ども（3号）の3つに分類します。ここから、2号、3号の保育が必要な子どもについては、「保育標準時間（11時間まで保育を受けられる）」および「保育短時間（8時間まで保育を受けられる）」の分類に分けられます。これにより、合計で5つに分類され、子どもが利用する保育施設が認定されます。

現在、子どもを保育施設に預けている人も、この認定を受けなければなりません（一部、幼稚園には例外あり）。

　子ども・子育て支援新制度による保護者の費用負担は、従来の幼稚園、保育園にかかる費用を水準として設定されており、新制度になったからといって、高額になるというわけではありません。費用の実質負担額は、従来と同様に幼稚園と保育園で異なり、またそこから親の所得によって費用が違ってきます。そして、保育園については、「保育標準時間」と「保育短時間」の分類により、費用負担額が異なります。たとえば、所得が高い家庭で、子どもが「保育標準時間」に分類されると、原則として費用負担額は大きくなります。

■ 子ども・子育て支援制度

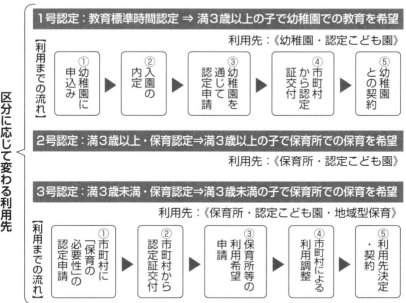

第1部 46

マイナンバー制度

マイナンバーを提示することで、容易に年金や社会福祉サービスを受けることが可能になる

◆ マイナンバー制度とは

　マイナンバー制度とは、社会保障や租税等に関する手続きにおいて、個人・法人に対して通知される、個人番号・法人番号を利用する制度です。マイナンバー制度により、1つの行政サービスを受ける際に必要な書類などについて、個々に割り当てられたマイナンバーを利用して一元的に準備を行うことが可能になります。国民は複雑な手続きを経ずに、容易に行政サービスを利用することができます。

　マイナンバーには、個人番号と法人番号の2種類があります。個人番号は、数字のみで構成される12桁の番号であり、住民登録が行われているすべての人を対象に割り当てられます。一方、法人番号は商業登記法に基づく会社法人等番号12桁の前に、1桁の検査用数字を加えた数字のみで構成される13桁の番号です。

　制度自体は2016年1月より実施されますが、それに先立ち、2015年10月に個人番号が決定され、各自治体より委託を受けた地方公共団体情報システム機構による「通知カード」が送付されます。

　通知カードには、個人番号と生年月日・性別・氏名・住所（基本4情報）が記載されています。顔写真などがついているわけではないため、運転免許証などのように身分証明書として利用することはできません。

◆ 制度の導入で事務作業に生じる影響

　マイナンバー制度の適用は、社会保障・租税の分野からスタートします。租税分野に関しては、たとえば、源泉徴収関係書類を作成する

時にマイナンバーを知らせることで、必要な手続きを行うことができます。

その他、被控除等の申告や財産形成非課税住宅貯蓄申告書などの作成時にも、マイナンバーの提示が必要です。

年金保険、医療保険、介護保険、雇用保険、社会福祉などから成る社会保障の分野は、個人の生活にとって非常に重要な制度であり、マイナンバー制度の導入による影響を大きく受けます。

とくに、国民にとって重要性が高い年金保険を中心に、マイナンバー制度に対応した準備が必要です。現在、年金に関する業務では基礎年金番号が用いられていますが、マイナンバー制度に対応するため「個人番号管理システム」の構築が進められています。なお、年金対象者すべてに対してマイナンバーが付番されますが、これには住民票コードの貼付が前提となります。したがって、制度自体の運用開始時期と、年金業務におけるマイナンバーの導入開始時期には、多少のズレが生じることになります。

また、社会福祉の分野では、生活保護の受給や児童手当金の支給を受ける場合に、マイナンバーの提示が必要です。

■ 番号の利用範囲

現在想定されている個人番号の利用範囲		
社会保障分野	年金	資格取得・確認、給付の際に利用する （例）国民年金、厚生年金など
	雇用	雇用保険の資格取得、給付などに利用する （例）失業給付、雇用安定などハローワーク事業など
	医療・福祉	保険料の徴収手続・医療保険の給付などに利用する （例）生活保護の決定事務、健康保険の給付に関する事務
租税分野		所得税の確定申告書など 源泉徴収票の作成事務など
災害・その他の分野		災害発生時の本人確認手段として用いられる 要支援者に対する預金の引出等のために用いられる

Column

高齢者に対する雇用保険の給付

　雇用保険では65歳より前と65歳以降で被保険者の概念を区別しており、受給できる給付も異なります。

　まず、60歳から64歳までの間に離職した場合、「一般被保険者」として扱われます。雇用保険の一般被保険者であった者が離職し、失業した場合に国から支給される手当が基本手当（失業手当）です。一方、65歳以降に退職すると高年齢継続被保険者扱いになり、失業等給付の種類は基本手当ではなく高年齢求職者給付金という一時金に変わります。65歳以上の高年齢継続被保険者が失業した場合は、受給できる金額は、65歳前の基本手当に比べて少なくなり、基本手当に代えて基本手当の50日分（被保険者として雇用された期間が1年未満のときは30日分）の給付金が一括で支給されます。

　受給資格は、原則として離職の日以前1年間に、被保険者期間が6か月以上あることが必要です。高年齢求職者給付金を受ける手続きは、基本手当のときと同じです。給付金の受給期間は1年と決められています。求職の申込みの手続きが遅れた場合、失業認定日から受給期限までの日数分しか支給されません。

　この他、労働の意欲と能力のある60歳以上65歳未満の者の雇用の継続と再就職を援助・促進していくことを目的とした高年齢雇用継続給付もあります。高年齢雇用継続給付には、①高年齢雇用継続基本給付金と、②高年齢再就職給付金の2つの給付があります。高年齢雇用継続基本給付金が支給されるのは、60歳以上65歳未満の一般被保険者です。被保険者の60歳以降の賃金が60歳時の賃金よりも一定程度低下したときに支給されます。高年齢再就職給付金は、雇用保険の基本手当を受給していた60歳以上65歳未満の受給資格者が、基本手当の支給日数を100日以上残して再就職した場合に支給される給付です。支給要件と支給額は、高年齢雇用継続基本給付金と同じです。

第2部

用語解説編

あ

■IADL（あいえーでぃーえる）

　ADLよりも少し高度な生活動作のことで、「手段的日常生活動作」ともいいます。交通機関の利用や服薬管理、金銭管理などの行為がこれにあたります。ADLやIADLがどの程度できるかを見ることによって、その人の自立生活能力やどの程度介護が必要かといったことを図ります。

■愛の手帳（あいのてちょう）

　→療育手帳

■アセスメント（あせすめんと）

　事前評価、初期評価のことです。介護保険制度においては、おもにケアプラン作成の前段階に行われる課題分析のことをいいます。ADL（日常生活動作）、IADL（手段的日常生活動作）、健康状態、居住環境、家庭環境などを調査し、また、利用者の意向を確認することによって、各利用者の生活課題を明確にすることを目的として行われます。この作業によって、各利用者のニーズに対し、適切に応じたケアプランの作成が可能になります。

い

■育児・介護休業法（いくじ・かいごきゅうぎょうほう）

　育児や介護のために仕事を辞めずにすむように、対象労働者が希望する場合に休業させることを義務付けた法律です。正式名は、「育児休業、介護休業等育児又は家族介護を行う労働者の福祉に関する法律」です。
　育児休業制度は、仕事と育児の両立を目的に設けられました。この制度により、労働者は一定期間、育児のために仕事を休み、その間の生活保障として育児休業給付金の受給ができます。
　介護休業制度は、家族介護の必要性が高まったことで設けられました。労働者の家族が負傷や病気などで介護が必要になった場合、その家族を介護するために介護休業をすることができ、介護休業給付金の受給ができます。平成21年の改正で、短時間勤務制度や所定外労働の免除、子の看護休暇の拡充といった育児期間中の働き方に関する制度や、パパ・ママ育休プラスの創設をはじめとした父親も子育てができる制度の実現、短期間の介護休暇制度が創設されました。

■育児学級（いくじがっきゅう）

　おもに地方自治体が主催している、父親や母親を対象にした育児教室のことです。実際に参加しているのは父親よりも母親の方が多いようです。育児において母親は孤立しがちな傾向にあります。最初は楽しかった子育ても、しだいに楽しくなくなり、相談する相手さえもいない状況になる場合もあります。そんな母親の不安やストレスを少しでもやわらげることを目的とし、育児教室が開催されています。

■育児休業（いくじきゅうぎょう）

　労働者が、子を養育するために取得する育児・介護休業法に基づく休業のことです。母親だけでなく、父親も取得できます。原則として、子の出生から「子どもが１歳に達する日（民法の規定により、１歳の誕生日の前日）まで」の１年間が育児休業期間となります。ただし、保育所（児童福祉法に定める保育所）に入所できないなど、特別な事情がある場合には、子どもが１歳６

か月に達するまでを限度に育児休業を延長することが認められています。近年は、育児に積極的な男性を「イクメン」と呼ぶなど、父親の育児への参加が注目されており、育児・介護休業法もパパ・ママ育休プラスといった制度を用意しています。

■ 育児休業給付金（いくじきゅうぎょうきゅうふきん）

　雇用保険における給付制度です。育児休業中の被保険者に対し、給料の一定額が生活保障として支給されます。少子化や女性の社会進出への対応策として、育児休業の取得や休業後の職場復帰を支援するために設けられました。

　育児休業給付は、雇用保険における一般被保険者が1歳（パパ・ママ育休プラスの場合は1歳2か月、支給対象期間の延長理由がある場合は1歳6か月）未満の子を養育するために育児休業を取得した場合に支給されます。1か月当たりの支給額は原則として、休業開始時賃金日額の67％（休業開始から半年経過後は50％）相当額です。

■ 育児時間（いくじじかん）

　生後1年に達しない生児を育てる女性労働者が授乳その他のために休憩とは別枠で与えられる時間を育児時間といいます。生後1年に達しない生児を育てる女性労働者は、1日2回各々少なくとも30分、育児のための時間を請求することができます（労働基準法67条）。このような労働者は、育児休業を取得することも可能ですが、産後休暇後は働きながら育児をしたいという労働者もいます。そのような労働者が育児をしやすくするための規定です。育児時間は、「少なくとも30分」とされており、30分以上与えることも、2回分をまとめて60分とすることも可能です。なお、育児休業は、男性労働者も請求することができますが、育児時間について法律が規定しているのは女性労働者のみです。

■ 育児相談（いくじそうだん）

　子を持つ親に対して専門家が育児に関する悩みの相談に応じ、適切な助言や指導を行うことです。地域医療機関や保健センターなどで行われ、保健師による体重測定や育児相談、助産師による母乳相談、栄養士による食事や栄養面での相談などが行われます。親の産後うつや育児ノイローゼを防止するために設けられた制度で、親同士が交流をすることもできるので、身近な相談相手がいない場合に活用できます。

■ 意思疎通支援事業（いしそつうしえんじぎょう）

　障害者と障害のない人の意思疎通を支援するための事業です。障害者自立支援法のコミュニケーション支援事業では、手話を用いることができる者や、筆記を行うことができる者を障害者の下に派遣することが事業内容でした。しかし、平成23年の障害者基本法改正で手話が言語に位置付けられたことなどを背景として、平成24年に成立した障害者総合支援法においてはコミュニケーションという双方向の支援だけでなく、一方通行の意思伝達も支援の対象になりました。聴覚、言語機能、音声機能、視覚機能の障害者だけでなく、失語症、高次脳機能障害、知的・発達障害者、ALSなどの難病患者も対象になり、意思疎通を支援する手段も手話通訳や要約筆記に限られず、盲ろう者への触手話や指点字、視覚障害者への代読や代筆、重度身の体障害者に対するコミュニケーションボードによる意

思の伝達など幅広く解釈できるように改正されています。

■**移送（いそう）**

精神保健指定医によって、「直ちに入院させないと著しく支障がある」と診断された場合に、本人の同意がなくても応急入院や医療保護入院をさせるため本人を移送することができる制度です。家族等の同意が得られる場合には、移送は家族等の同意を得た上で行われますが、緊急時で家族等の同意を得ることができない場合、家族等の同意がなくても移送の措置がとられることがあります。

■**遺族基礎年金（いぞくきそねんきん）**

国民年金の被保険者または老齢基礎年金の受給権者等が死亡した場合、その遺族に対して支給される年金です。

死亡した国民年金の被保険者や老齢基礎年金の受給権者等によって生計を維持されていた「子のある配偶者」または「子」に支給されます。ここでいう「子」とは、18歳に達した日以後最初の3月31日までの間にあるか、20歳未満で障害等級第1級または第2級に該当する障害の状態にある場合に限られ、事実上の子は含まれません。

死亡当時、要件に該当する子がおり、配偶者がすでに死亡しているという場合でも、支給が行われます。逆に上記要件に該当する子がいない配偶者には支給されません。

■**遺族給付（いぞくきゅうふ）**

被保険者（要件を満たす元被保険者）が死亡した場合、その遺族に支給される給付をいいます。厚生年金の遺族給付には、遺族基礎年金、遺族厚生年金があります。遺族基礎年金と、遺族厚生年金の両方の受給要件を満たしていれば、同時に受給をすることができます。

遺族基礎年金・遺族厚生年金の受給要件は、ⓐ死亡日に被保険者（60～64歳の元被保険者）で保険料納付要件を満たしている、ⓑ死亡日に老齢基礎年金を受給中（受給資格あり）のどちらかを満たすことです。

保険料納付要件とは、死亡日の前々月までの間の「保険料納付済期間＋免除期間」が、被保険者期間の3分の2以上であることをいいます。受給対象となる遺族は、遺族基礎年金の場合は配偶者または子、遺族厚生年金の場合は配偶者、子に加え、父母、孫、祖父母と、基礎年金に比べると対象の幅が広くなっています。

■**遺族厚生年金（いぞくこうせいねんきん）**

厚生年金保険の被保険者または老齢厚生年金の受給権者等が死亡した場合、一定の遺族に支給される年金です。

支給要件は、ⓐ厚生年金保険の被保険者、ⓑ厚生年金保険の資格喪失後に発症した傷病の初診日から5年経っていない状態、ⓒ障害等級第1級または第2級に該当する障害厚生年金の受給権者、ⓓ老齢厚生年金の受給権者等、のいずれかに該当する者が死亡した場合です。この要件に該当した死亡者によって生計を維持されていた配偶者、子、父母、孫、祖父母に支給されます。ただし、妻は年齢に関係なく支給されますが、夫、父母、祖父母の場合は55歳以上であること、子、孫の場合は、未婚で、18歳に達した日以後最初の3月31日までの間にあるか、20歳未満で障害等級第1級または第2級に該当する障害の状態にある場合に限られます。

■遺族補償給付（いぞくほしょうきゅうふ）

労災保険に基づく給付のひとつです。労働者が業務中に死亡した場合、その遺族に対して支払われます。遺族補償給付には、遺族補償年金と遺族補償一時金の2種類があります。

遺族補償年金は、労働者の死亡当時その収入によって生計を維持されていた一定の範囲の遺族に支給されます。「一定の範囲の遺族」とは、妻、夫、父母、祖父母、兄弟姉妹です。妻以外はそれぞれ年齢条件を満たしているか障害等級5級以上の障害のある場合に限られます。続柄、年齢、障害の有無により、支払われる優先順位が変わります。60歳未満の夫・父母・祖父母で障害のない場合は、60歳に到達するまで年金は支給停止されます。また、遺族補償一時金は、上記の年金受給権者がいない場合に一定の範囲の遺族に対して給付基礎日額の1000日分が支給されます。

なお、通勤中に死亡した場合は、遺族年金、遺族一時金という給付が行われます。遺族補償給付と遺族給付を総称して遺族（補償）給付と表現する場合もあります。

■1次判定（いちじはんてい）

介護保険制度において、要介護度を判定するために最初に行われる判定です。要介護認定の申請を受けると、市区町村の調査員が申請者の下に赴いて訪問調査を行います。申請を受け付けた市区町村では、申請者の主治医が書いた意見書とともに、この訪問調査を経て作成された認定調査票をもとにして、1次判定を出します。この1次判定は、コンピュータで自動的に処理されます。

■一時扶助（いちじふじょ）

入学や入院など、一時的にまとまった出費が必要になったときに支給されるのが、一時扶助です。生活扶助という制度として支給されています。一時扶助は、一般的には金銭が給付されることが多いようですが、現物給付が行われることもあります。なお、生活扶助には、他に期末一時扶助という制度もあります。

■一部負担金（いちぶふたんきん）

疾病などで病院にかかった際、窓口で支払う医療費の自己負担分のことです。

一部負担金の割合は、年齢や所得に応じて決められています。たとえば、義務教育就学前までは2割、義務教育就学後70歳未満の人は3割です。70〜74歳の場合でも、現役並みの所得を得ている場合は若い人と同じく3割負担です。それ以外の、所得の少ない人の場合は、特例として1割負担とされていました。しかし、平成26年4月以降に70歳を迎える人の場合は、段階的に負担割合が2割に引き上げられています。

なお、75歳以上の後期高齢者医療制度対象者の場合は、現役並みの所得者は3割負担、それ以外の人は1割負担です。

■医療型児童発達支援（いりょうがたじどうはったつしえん）

児童福祉法に基づいて行われる、肢体に不自由がある児童などに対して、発達の支援や治療を行うサービスです。地域の医療型児童発達支援センターや指定の医療機関で行われます。障害をもつ児童が、地域に密着した場所で支援を受けることができるように設置されました。対象者は、身体障害、知的障害、精神障害のある児童で、発達障害の児童も含まれます。また、障害者

手帳の所有は問われず、児童相談所や保健センターもしくは医者にその必要性を認められた児童も対象に含まれます。

■医療関連行為（いりょうかんれんこうい）

呼吸管理や褥瘡処置（床ずれへの処置）の実施、尿道カテーテルの管理、浣腸や座薬の挿入などといった診療の補助を行うことです。要介護認定の1次判定において、コンピュータ（1次判定ソフト）が要介護認定等基準時間を算出する際の行為区分（8つの行為区分）のひとつです。

■医療施設（いりょうしせつ）

医療法で定義された医療サービスを提供する施設をいいます。日本の医療施設は病院と診療所の2つに分類され、入院用ベッドの数が20以上の医療施設は病院と呼ばれています。全国に存在する8540の病院のうち、7474施設が一般病院、1066施設が精神科病院となっています（厚生労働省「平成25年医療施設（動態）調査・病院報告の概況」より）。一方、入院用ベッドの数が0から19までの医療施設が診療所と呼ばれています。前述の統計によると、一般診療所は全国に10万528施設、歯科診療所は6万8701施設存在しています。

■医療ソーシャルワーカー（いりょうそーしゃるわーかー）

病院などの医療機関で、患者やその家族が抱える経済的、社会的な課題についての相談を受け付け、円滑に社会復帰できるよう支援する社会福祉の専門職です。MSWという略称が使われています。

■医療扶助（いりょうふじょ）

困窮のため最低限度の生活を維持することのできない者に対する生活保護制度において、医療の提供を行うことです。生活保護世帯に該当することになった場合は、医療機関の窓口で支払う医療費は、自己負担なしですべて医療扶助から支払われます。

国民健康保険の加入者の場合は、いったん保険制度から脱退し、保険証を返還します。その代わりに「医療券」を交付してもらい、それを提示して治療などを受けます。なお、1か月以上の長期にわたり病院などへ入院する場合は、入院患者に対して日用品費が支給されます。

■医療保険（いりょうほけん）

本人（被保険者）やその家族に病気・ケガ・死亡・出産といった事態が生じた場合に保険者が一定の給付や金銭の支給を行う制度です。日本の場合、個人で契約して加入する私的医療保険の他に、日本の全国民が医療保険に加入することができる公的医療保険制度が整えられています（国民皆保険）。

日本の公的医療保険制度には、労災保険、健康保険、船員保険、共済組合、後期高齢者医療制度などがあり、職業や年齢に従って利用できる医療保険制度を活用することになります。日本の医療保険は、職域保険（被用者保険）と地域保険に分類できます。職域保険は、ⓐ健康保険（健保）、ⓑ船員保険、ⓒ共済組合があります。地域保険には国民健康保険があります。

■医療保護入院（いりょうほごにゅういん）

本人が症状を自覚できず、入院に同意しない場合、家族等のうちいずれかの者の同意によって入院させることができる制度で

す。医療保護入院の措置を採ったときは、精神科病院の管理者は、10日以内にその者の症状などを当該入院について同意をした者の同意書を添え、最寄りの保健所長を経て都道府県知事に届け出ることが必要です。

■ **インフォームド・コンセント（いんふぉーむど・こんせんと）**

病気等の治療において、医師等が患者本人や家族に対し、病名や病状、治療の内容などについて十分な説明を行い、患者側が同意の上で治療を開始することをいいます。医師が一方的に治療方針を決めるのではなく、患者が自分の意思で治療を選択する権利があるという考え方で、日本では1990年頃から普及し始めたといわれています。

う

■ **上乗せサービス（うわのせさーびす）**

国が定めた介護保険の給付限度額を超えて、サービスを追加利用できるように市区町村（保険者）が独自に設定することをいいます。訪問介護の回数を増やす、老人ホームで国の基準以上の職員を配置する、などがこれにあたります。

■ **運動器の機能向上サービス（うんどうきのきのうこうじょうさーびす）**

加齢に伴い運動器の機能が低下した高齢者に対し、ストレッチングや有酸素運動など、安全かつ無理のない運動を生活に採り入れるための訪問型・通所型サービスです。予防給付で選択的サービスとして提供されるサービスのひとつです。

運動器の機能向上サービスは、最初に3か月間分の運動器の機能向上計画が立てられ、1か月ごとに状況を見直し、修正など

を行います。期間満了時に状況を再検討し、改善されていなければ継続してサービスを提供します。この計画は、理学療法士や作業療法士、言語聴覚士、看護職員、介護職員などの専門家がチームを組んで作成します。

え

■ **栄養改善サービス（えいようかいぜんさーびす）**

管理栄養士や看護職員、介護職員などがチームを組んで栄養ケア計画を作成して、要支援者の栄養状態を3か月ごとに評価する介護保険制度上のサービスです。予防給付の選択的サービスのひとつです。計画に沿った栄養改善サービスが提供されても、改善が見られない場合には、そのままサービスが継続して提供されます。

■ **ADL（えーでぃーえる）**

日常生活を送る際に行う基本的な動作のことをいいます。たとえば食事や排泄、入浴、移動などに必要な動作がこれにあたります。ADLは、日常生活における自立度や介護の必要度を評価する際の尺度になります。また、買い物、掃除、服薬管理、金銭管理など、ADLよりも高度な生活動作のことをIADL（手段的日常生活動作）といいます。

■ **MSW（えむえすだぶりゅー）**

「Medical Social Worker」の略。
→医療ソーシャルワーカー

お

■ **応益負担（おうえきふたん）**

福祉サービスなどを受ける際に本人が負

担する費用の額をその利用者が受けたサービスの量に応じて決定するしくみのことをいいます。たとえば、「サービス費用の1割を負担する」という場合は、応益負担です。サービス費用に一定の率を掛けて負担額が決定されるため、定率負担ともいいます。これに対し、利用者の所得に応じて本人の負担する費用を決定することは応能負担といいます。2010（平成22）年の障害者自立支援法改正において、障害福祉サービスの費用負担は、応益負担から応能負担へと変更されました。現在の障害者総合支援法も応能負担を採用しています。

■応急入院（おうきゅうにゅういん）

すぐに入院が必要であると精神保健指定医によって診断され、家族等の同意を得る時間の猶予がなく、本人も同意しない場合、72時間以内の入院をさせることができる精神保健福祉法上の制度です。応急入院の措置をとった精神科病院の管理者は、直ちに当該措置を採った理由などを最寄りの保健所長を経て都道府県知事に届け出ることが必要です。

■応能負担（おうのうふたん）

利用者や世帯の所得を考慮して料金を決定することをいいます。障害福祉サービスを利用する場合、利用者は応能負担の原則に基づいて決定された利用料を負担します。市区町村は、障害福祉サービスの種類ごとに指定障害福祉サービスなどに通常要する費用につき、厚生労働大臣が定める基準により算定した費用の額から、家計の負担能力その他の事情を考慮して政令で定められた額を控除した額について、介護給付費または訓練等給付費を支給するとされています。家計の負担能力が高い人は高額の負担であっても、全額を自己負担しなければならないわけではなく、利用者の負担額は最大でも利用料の1割とされています。

■ＯＴ（おーてぃー）

「Occupational Therapist」の略。
→作業療法士

か

■介護休業給付（かいごきゅうぎょうきゅうふ）

雇用保険の被保険者が家族などの介護をするために、休業した場合に給付金が支給される制度です。介護休業とは、病気やケガなどにより、2週間以上にわたり常時介護を必要とする状態にある家族を介護するために、事業主に申し出て休業することです。原則として休業開始時賃金日額に支給日数を乗じた額の40％の金額が支給されます。介護休業を取得した労働者に対して、会社から80％未満の賃金しか支払われない場合に、減額された賃金を補てんするために介護休業給付が支給されます。なお、給与の支給単位期間における就業している日数が10日以下でなければ支給されません。

■介護給付費（かいごきゅうふひ）

自立支援給付のひとつで障害福祉サービスを受けるために必要な費用を支給する制度です。介護給付は日常生活に必要な介護の支援を提供するサービスで、障害の程度によってその対象者が決定されます。居宅介護、重度訪問介護、同行援護、行動援護、療養介護、生活介護、短期入所、施設入所支援、重度障害者等包括支援を利用した場合に介護給付費が支払われます。申請した者の支給が決定されていない期間に上記の

サービスを受けた場合は、障害者総合支援法に基づき特例介護給付費が支給されることになっています。なお、以前は、介護給付の1つとして障害支援区分2以上の人をおもな対象とした共同生活介護（ケアホーム）というサービスがありましたが、サービスの内容について訓練等給付の共同生活援助と共通する部分があったため、平成26年4月から共同生活援助に一本化されています。

■介護サービス情報の公表（かいごさーびすじょうほうのこうひょう）

利用者やその家族が、介護サービスや事業所・施設を各々で比較・検討し、各個人に適したサービスを選ぶことができるよう、都道府県が一定の情報を提供する制度のことです。介護サービス情報は、インターネット上の「介護サービス情報公開システム」を使用することで、いつでも誰でも閲覧することが可能です。また、検索機能や画面表示についての工夫、公表情報の充実など、事業者の負担を軽減し、利用者にとってわかりやすい公表システムにするための見直しが適宜行われています。

■介護認定審査会（かいごにんていしんさかい）

要介護認定の申請を受けた市区町村が、要介護度を認定する際に、審査・判定を行う機関のことです。市区町村が設置し、5人の委員で構成されています。介護認定審査会のおもな業務は、要介護度認定の審査や要介護1相当の人を要支援・要介護に振り分けることです。審査は、訪問調査で作成された認定調査票と申請者の主治医が作成した意見書をもとに行います。審査では、1次判定の結果の妥当性を検討し、最終的に変更するかどうかを決定します。

■介護福祉士（かいごふくしし）

「介護福祉士」の名称を用い、介護に関する専門的な知識と技術をもって対象者に対し、介護を行う人のことです。介護福祉士の資格を得るためには、ⓐ厚生労働大臣が指定した養成学校を卒業する、ⓑ3年以上介護等の業務に従事した者等が介護福祉士国家試験に合格する、という方法があります。ただし、平成27年度からは、ⓐに該当する人であっても介護福祉士国家試験の受験が義務付けられています。

■介護扶助（かいごふじょ）

生活保護を受給している人が、必要な介護に関するサービスを受けることができるように、受けたサービスに係る費用が、生活保護により扶助される制度をいいます。支給方法には、金銭給付と現物給付の2つがありますが、介護扶助は現物給付に分類されます。介護扶助は、生活保護受給者に対して、直接金銭が支給されるのではなく、必要な費用が、直接介護事業者に支払われるしくみを採っています。そのため、生活保護受給者は、介護に必要な過大な経済的負担を負うことなく、原則として介護保険の給付対象になる介護サービスと同等の内容の介護を受けることができます。

介護扶助の対象者は、以下の者です。
ⓐ　65歳以上の生活保護受給者（第1号被保険者）
ⓑ　40歳以上65歳未満の医療保険に加入している生活保護受給者（第2号被保険者）
ⓒ　40歳以上65歳未満の医療保険に未加入の生活保護受給者

介護扶助の範囲は、介護保険とほぼ同じで、居宅介護、福祉用具、住宅改修、施設

介護などがあります。生活保護からの給付負担は、ⓐ、ⓑが1割、ⓒが10割となっています。

■**介護報酬（かいごほうしゅう）**
　事業者が利用者に介護サービスを提供した場合に、保険者である市区町村から支払われるサービス費用のことです。介護報酬は訪問介護や訪問入浴介護などの介護サービスの費用に応じて定められており、各事業者の体制や、利用者の状況に応じて加算・減算されます。介護保険では、サービスの単価を単位と呼ばれる指標で設定しています。厚生労働省の告示により、1単位は原則として10円と設定されているので、月ごとに集計したサービスの単位数の合計に10を乗じた金額が、その月に事業者が提供したサービスの対価ということになります。たとえば、訪問介護のうち、20分以上30分未満の身体介護については、介護報酬が245単位とされています（平成27年度の介護報酬）。このサービスを1か月に4回提供したとすると、245単位×10円×4回より、9,800円が、事業者の受け取ることができる介護報酬ということになります。介護保険は費用の1割（一定以上所得がある人は2割）をサービスの利用者が負担するしくみになっていますので、サービスの対価のうち1割を利用者が負担し、残りの9割を市区町村から受け取ることになります。

■**介護報酬改定（かいごほうしゅうかいてい）**
　介護報酬は、原則として3年ごとに見直しが行われます。これを介護報酬改定といいます。最近では平成26年度に消費税率の引上げに伴う例外的な見直しが行われました。また、平成27年度には原則的な3年ごとの見直しが行われています。

■**介護保険（かいごほけん）**
　介護を必要としている高齢者などに対して、必要な保険給付を行うことをいいます。介護保険について規定している介護保険法は、老人福祉と老人保健に分かれていた高齢者の介護に関する制度を統一し、利用者にとって公平で利用しやすい制度を作ることを目的として、平成12年4月から施行されました。
　介護保険制度は、サービスの提供が利用者全体に公平に行きわたり、かつ効率的に運用できるように工夫されています。たとえば、サービスを利用するためには市区町村の認定を受けることが必要とされています。認定は、どの程度の介護や支援を必要とするかという観点から判断されるもので、要介護認定と要支援認定の2種類があります。要介護認定は介護を必要とする度合いによって5段階に分かれて認定されます。要支援認定は2段階に分かれて認定されます。このように、介護保険制度では、介護サービスが必要であると認定された人だけがサービスを利用できます。
　また、介護保険制度では、利用者自身が受けるサービスを選ぶことになっています。サービスの提供者も行政だけでなく民間の事業者に拡大されており、提供されるサービスも多様で良質なものとなるように工夫されています。

■**介護保険事業計画（かいごほけんじぎょうけいかく）**
　地方自治体が介護保険の保険給付を円滑に実施するために策定する計画です。市町村が策定する「市町村介護保険事業計画」と、都道府県が策定する「都道府県介護保

険事業計画」があります。介護保険事業については制度が始まった平成12年から3年を1期間として事業計画の策定・見直しが行われています。平成27年度から始まる第6期については、地域包括ケアを実現するための計画の策定・遂行が求められることになります。

■介護保険施設（かいごほけんしせつ）
　原則として在宅で介護を受けることができない状態になった場合に介護保険サービスを利用することができる施設のことです。たとえば、常に介護が必要な状態になった場合や、機能訓練などを受ける必要がある場合などです。施設サービスを利用する場合には、こうした利用者の状況や環境を考慮した上で、適切な施設を選ぶ必要があります。利用できるのは要介護者だけで要支援者は利用することはできません。介護保険施設には大きく分けると、ⓐ指定介護老人福祉施設（特別養護老人ホーム）、ⓑ介護老人保健施設、ⓒ指定介護療養型医療施設の3種類があります。
　指定介護老人福祉施設は、認知症などによって心身上の著しい障害がある人や寝たきりの高齢者の利用に適しています。
　介護老人保健施設は、入院治療などを終えた人が自宅に戻るまでの一定期間に、集中的に機能訓練のサービス等を受けて、自宅に復帰できるようにする役割を担っています。指定介護療養型医療施設は、医療施設ですが、通常の医療施設とは異なって介護機能に重点を置いています。そのため、医療施設としての管理体制と、介護や身の回りの世話、機能訓練といったサービスが提供されます。

■介護保険審査会（かいごほけんしんさかい）
　介護保険の保険給付や保険料などについて不服申立てをした場合に審査する機関のことです。都道府県が設置し、被保険者代表、市区町村代表、公益代表の委員がそれぞれ3人以上集まって構成されています。具体的には、要介護度の判定などについてなされる不服申立てについて、その内容を審査し、結論を決めることを業務としています。

■介護保険被保険者証（かいごほけんひほけんしゃしょう）
　介護保険の被保険者に対して交付される保険証です。65歳以上の人は第1号被保険者と呼ばれ、保険者である市区町村から被保険者証が交付されます。40歳以上65歳未満の人は第2号被保険者と呼ばれ、介護が必要になった場合などに手続きをすると被保険者証が交付されます。

■介護保険法（かいごほけんほう）
　加齢によって介護が必要になった人が、医療・福祉サービスを受けられるようにするために制定された法律です。保険加入は40歳からで、介護保険の対象になるのは、65歳以上の要介護者です。介護保険法の目的は、高齢者の介護を家族だけでなく社会全体で支えていけるようにすることです。介護保険法によって指定されているサービスには、ホームヘルプサービス、訪問入浴、訪問介護などの居宅サービス、特別養護老人ホーム（居宅での介護が困難な高齢者を対象とした施設）などの施設サービス、夜間型の訪問介護や認知症対応デイサービスなどの地域密着型サービスがあります。

■介護補償給付（かいごほしょうきゅうふ）

労働災害の結果、介護を要する状態になったときに支給される給付です。労働災害に基づくケガ・病気が治らなかったり、治っても障害が残った場合、傷病補償年金や障害補償年金を受給することができますが、そのうち、傷病等級・障害等級が第1級の者すべてと、第2級の「精神神経・胸腹部臓器の障害」を有している者が現に介護を受けている場合には、介護補償給付として介護に必要な費用が支給されます。ただし、入院している場合や特別養護老人ホームなどに入所している場合は支給されません。なお、業務上の災害ではなく、通勤災害により被災した場合には介護給付が支給されます。介護補償給付と介護給付をあわせて介護（補償）給付と表現することもあります。

■介護予防（かいごよぼう）

高齢者が要介護状態になるのを防ぎ、要介護状態にある場合にはそれ以上悪化しないように維持・改善を図ることです。介護保険制度では、介護サービスが必要な人にサービスを提供するだけでなく、介護予防についても重視しています。介護の必要な度合いは、要介護5が一番高く、要介護1まであります。介護の必要な度合いが要介護1ほど高くない場合は要支援2となり、要支援1へと続きます。要支援1、要支援2の認定を受けた人は予防給付を受けます。

■介護予防居宅療養管理指導（かいごよぼうきょたくりょうようかんりしどう）

要支援者を対象とした居宅療養管理指導のことを介護予防居宅療養管理指導といいます。介護予防居宅療養管理指導は、通院が難しい要支援者の自宅に医師や看護師、歯科医師、薬剤師、管理栄養士などの専門家が訪問し、介護サービスを受ける上での注意や療養上の管理についての指導などを行うサービスです。

■介護予防ケアプラン（かいごよぼうけあぷらん）

要支援認定を受けた人がサービスを受けるために立てるプランのことです。要支援者への介護予防のケアマネジメントの担当は地域包括支援センター、プラン作成の担当は支援センターの保健師などです。

要支援認定を受けた人の手続きは、要介護認定を受けた人と同様に、ⓐアセスメント（要支援者の生活における問題を明確化）、ⓑケアプラン作成（介護予防を目的としたプランの作成）、ⓒプランに沿ったサービス利用、ⓓ再アセスメント、といった流れになります。

■介護予防支援（かいごよぼうしえん）

要支援者を対象に、利用者と事業者間の連絡調整や介護予防ケアプラン作成を行うサービスです。居宅介護支援を要支援者向けにしたものというイメージですが、介護予防支援の場合は、おもにケアプランを作成するのは地域包括支援センターです。ただし、介護予防ケアプランの作成業務の一部がケアマネジャーに委託されることもあります。

■介護予防小規模多機能型居宅介護（かいごよぼうしょうきぼたきのうがたきょたくかいご）

自宅で生活している要支援者を対象に、1つの事業所で、通い（デイサービス）を

中心としてサービスを提供しながら、希望者に対しては随時訪問介護、ショートステイ（短期間宿泊）といったサービスを、組み合わせて提供する介護保険制度上のサービスです。地域密着型サービスのひとつです。サービス内容等は、要介護者向けの小規模多機能型居宅介護と同様であり、日常生活の支援や機能訓練などを行います。

■介護予防短期入所生活介護（かいごよぼうたんきにゅうしょせいかつかいご）

自宅で生活している要支援者を、特別養護老人ホームなどに短期間入所させて、日常生活上の介護を行う介護保険制度上のサービスです。サービス内容等は、要介護者を対象とした短期入所生活介護と同様であり、短期間入所した施設において、入浴や食事などの日常生活上の支援や、機能訓練などを行います。利用者の家族が一時的に介護から離れることで、家族が抱える身体的・精神的負担を軽減させるという効果も期待できるサービスです。

■介護予防短期入所療養介護（かいごよぼうたんきにゅうしょりょうようかいご）

要支援者を対象とした短期入所療養介護のことをいいます。短期入所療養介護とは、短期入所生活介護とともに、ショートステイと呼ばれるサービスのひとつです。介護予防短期入所生活介護は、特別養護老人ホームで食事、入浴、排泄などの日常の支援を行うのに対し、介護予防短期入所療養介護は、老人保健施設等で医療的なケアを含めた支援を行うという特徴があります。

■介護予防通所介護（かいごよぼうつうしょかいご）

一般的な通所介護で提供される食事、入浴、排せつなどの日常生活支援に加え、運動機能の向上、栄養改善、口腔機能の向上など、要介護状態に陥らないようにするための支援を受けることができるサービスです。介護認定で要支援１、２と判定された人が予防プランをもとに利用するもので、「一人で買い物に行けるようになる」「自分で栄養を考えた食事を準備できるようになる」といった目標と期間を定め、理学療法士や管理栄養士など専門家の指導によって体操などのサービスの提供を受けます。ただし、介護予防通所介護の場合、複数の事業所を利用することはできず、１つの事業所を選択する必要があります。

■介護予防通所リハビリテーション（かいごよぼうつうしょりはびりてーしょん）

要支援者を対象とした通所リハビリテーションのことです。デイケアと呼ばれることもあります。すべての人に共通するリハビリテーション（日常生活の動作に必要な訓練）に加えて、それぞれの希望や状態に合わせた選択的サービスを提供します。選択的サービスには、運動器機能向上、栄養改善、口腔機能改善があります。予防通所介護を幼稚だと敬遠する男性でも利用しやすいようです。日常生活支援の部分を省き、短時間でリハビリに特化したサービスの提供を行うところも多いようです。

■介護予防特定施設入居者生活介護（かいごよぼうとくていしせつにゅうきょしゃせいかつかいご）

要支援者を対象とする特定施設入居者生

活介護のことをいいます。特定施設入居者生活介護とは、有料老人ホームなど介護保険の指定を受けた一定の施設に入所している要介護者に提供される介護サービスのことです。これらの一定の施設（特定施設）は介護保険法上では居宅と位置付けられているため、特定施設入居者生活介護は居宅サービスとして行われます。

■介護予防・日常生活支援総合事業（かいごよぼう・にちじょうせいかつしえんそうごうじぎょう）

要介護認定において要支援1、2の認定を受けた人（要支援者）と二次予防施策対象者に対し、従来の介護予防支援・二次予防施策の枠を越えて介護予防や生活支援のサービスを総合的に実施する事業です。平成23年度に創設された事業で、総合事業ともいいます。総合事業は、要介護認定において要支援1、2の認定を受けた人（要支援者）と二次予防施策対象者に対し、従来の介護予防支援・二次予防施策の枠を越えて介護予防や生活支援のサービスを総合的に実施する事業です。市町村が地域の実情を考慮し、柔軟にサービス提供することが認められています。

なお、従来は介護保険の地域支援事業のひとつとして介護予防事業（介護が必要になる状態を予防する事業）が行われていましたが、平成27年施行の法改正により、介護予防事業は予防給付（訪問介護と通所介護）と合わせて「介護予防・日常生活支援総合事業（新しい総合事業）」に再編されました。新しい総合事業は、平成27年4月から平成29年4月までの間に、各市町村の判断によって開始されることになっています。

■介護予防認知症対応型共同生活介護（かいごよぼうにんちしょうたいおうがたきょうどうせいかつかいご）

認知症の高齢者が共同生活する住居において、食事や入浴など日常生活上の支援を行い、利用者の生活機能の維持または向上をめざすサービスをいいます。このサービスを利用できるのは要支援2の場合に限られます。

■介護予防認知症対応型通所介護（かいごよぼうにんちしょうたいおうがたつうしょかいご）

自宅で生活している認知症の要支援者を、特別養護老人ホームや老人デイサービスセンターなどに通わせ、日常生活の支援や機能訓練などを行う介護保険制度上のサービスのことです。軽度の認知症高齢者が共同生活をするグループホームなどの共用スペースを利用してサービスが提供されることもあります。要介護者を対象とした、認知症対応型通所介護との違いは、支援を通して、利用者の生活機能の維持または向上をめざす点です。

■介護予防訪問介護（かいごよぼうほうもんかいご）

自宅で生活する要支援の人を訪問し、日常生活上の支援を行う介護保険制度上のサービスです。サービスの内容は、要介護者を対象とした訪問介護と同様であり、入浴や食事などの介護、掃除や洗濯などの家事等を行います。ただし、自分でできることは、できるだけ自分でやってもらうという自立を促す支援である点で、訪問介護とは異なります。たとえば、食事の支度について、「味付けはできるが、包丁を使うのは危ないから無理」というケースでは、ヘ

ルパーは包丁を使う作業だけを行うことになります。

■介護予防訪問看護（かいごよぼうほうもんかんご）

看護師や保健師などが、主治医の指示に基づいて、自宅で生活する要支援者を訪問し、療養上の世話や診察の補助を行うサービスのことです。サービス内容等は、要介護者を対象とした訪問看護と同様であり、病状の観察、薬の管理、療養生活の相談などを行います。ある一定の疾病に罹っている場合などを除いては、医療保険制度よりも介護保険制度を優先的に適用することになっています。

■介護予防訪問入浴介護（かいごよぼうほうもんにゅうよくかいご）

要支援者を対象とした訪問入浴介護のことです。訪問入浴介護との違いは、利用できる場合が制限されていることです。

具体的には、自宅に浴槽がない場合と、感染症のおそれがあって施設の浴槽が使えない場合のみ利用できます。訪問入浴介護は、寝たきりなどの理由で、一般家庭の浴槽では入浴が困難な人を想定したサービスです。そのため、要介護度4、5の人がサービス利用者の大半を占めており、要支援者が訪問入浴介護を利用するケースはそれほど多くはないようです。

■介護予防訪問リハビリテーション（かいごよぼうほうもんりはびりてーしょん）

要支援者が受けられる訪問リハビリテーションのことをいいます。訪問リハビリテーションとは、医師の指示に基づいて理学療法士や作業療法士などが利用者の自宅を訪問して理学療法や作業療法などのリハビリテーションを行うサービスです。訪問リハビリテーションが要介護者を対象にしているのに対して、介護予防訪問リハビリテーションは要支援者を対象にしています。

■介護老人保健施設（かいごろうじんほけんしせつ）

病状が安定期にあり、入院や治療をする必要はないが、リハビリテーションや看護、介護を必要とする要介護者を対象とした施設です。介護保険施設のひとつです。

介護老人保健施設では、看護したり医療的な管理下で介護サービスを提供することに重点を置いています。また、医療的な視野から介護サービスを提供する一方で、機能訓練なども行い、入所している要介護者が自宅で生活できる状況をめざしています。自宅で医療的な管理をすることができない状況で、入院する必要はないような場合、あるいは病院での治療が終わり、自宅で生活できるように機能訓練などを行ってから自宅に戻れるようにする場合には、老人保健施設に入所するのが適切だといえます。老人保健施設では、介護を必要とする高齢者の自立を支援し、家庭への復帰をめざすために、常勤の医師による医学的管理の下、看護・介護といったケアや作業療法士や理学療法士等によるリハビリテーションが行われます。また、栄養管理・食事・入浴などの日常サービスまで併せて計画し、利用者の状態や目標に合わせたケアサービスを、医師をはじめとする専門スタッフが行います。夜間のケア体制も整えられています。入所期間については原則として3か月に限定されています。

■改定請求（かいていせいきゅう）

障害年金の受給者の障害の程度が変化した場合、障害等級の見直しを求めることです。障害年金の基準となる障害の程度は永久に一定を保つわけではなく、時間の経過とともに軽減・増進します。障害の程度に変化があった場合に改定請求を行えば、受給している障害基礎年金または障害厚生年金が、障害等級の変化に合わせた金額に変更されます。なお、受給権者に新たな障害が発生した場合は、それまでの障害と併合して障害等級を決定し、改定請求をすることができます。

■加給年金（かきゅうねんきん）

厚生年金の受給者に配偶者や18歳未満の子などがいる場合に支給される年金です。

加給年金額は生年月日に応じて異なり、支給対象者は次の要件に該当する者です。
ⓐ 老齢厚生年金の受給権者（特別支給の老齢厚生年金の場合は、定額部分の受給権がある者）
ⓑ 厚生年金保険の加入期間が20年以上ある（中高齢者の特例の場合は15～19年）
ⓒ 一定の要件を満たす65歳未満の配偶者や18歳未満の子（障害がある場合は20歳未満の子）の生計を維持する者

なお、配偶者を持つ老齢厚生年金の受給権者が昭和9年4月2日以降に生まれている場合、生年月日に応じた金額が、配偶者の加給年金額に加算されます。これを特別加算といいます。

■各種加算（かくしゅかさん）

生活保護において、支給する金額を算定するにあたり、基本となる基準額に一定額を加算して、金額の増加を行う場合をいいます。各種加算は、一般に出費が増加するであろうと見込まれる一定の特別な状況にある場合に行われます。たとえば、妊産婦加算、障害者加算、介護施設入所者加算などが挙げられます。このうちの障害者加算は、障害の程度別に加算額が定められており、重度の障害者にはさらに加算があります。また、障害者が在宅か入院・入所をしているかによっても加算額が異なります。日常生活のすべてに介護が必要な場合、特別介護料もさらに加算されます。世帯の構成員が介護しているか、介護人を依頼しているか、などで加算額は異なります。

■学生納付特例制度（がくせいのうふとくれいせいど）

経済的に国民年金保険料の納付が難しい学生のための支払猶予制度です。学生の中には、大学、高等専門学校、中等教育学校、特別支援学校高等部、専修学校の生徒などが含まれます。この制度を利用するには、学生本人の所得要件に該当することが必要です。世帯主や配偶者の所得については問われず、本人のみが対象です。また、学生納付特例制度は申請制です。申請をせずに未納状態で追納期間（原則2年）が経過した場合は、将来の受給金額が減少するため注意が必要です。

この制度を利用した者が、就職などにより保険料の納付が可能になった場合は、納付猶予した分について10年前までさかのぼって納付することができます。

■喀痰吸引等事業者（かくたんきゅういんとうじぎょうしゃ）

介護福祉士がたんの吸引等を行っている事業者のことをいいます。

たんの吸引等の医療行為は、本来医師や看護師でなければ実施できませんが、「社

会福祉士及び介護福祉士法」の改正により、一定の研修後に登録を経た介護職員であれば、医師の指示の下でたんの吸引などの行為を実施できるようになりました（平成24年4月からサービス開始）。さらに平成27年度からは、介護福祉士であれば実施できるようになりました。

　たんの吸引が認められる介護職員等とは、具体的には、介護福祉士と介護福祉士以外の介護職員などを意味します。

　介護職員等がたんの吸引等を行うためには、喀痰の吸引などについての研修を受け、たんの吸引等に関する知識や技能を修得することが必要です。また、登録認定行為（喀痰吸引等）事業者として、都道府県の登録を受けなければなりません。

■確定拠出年金（かくていきょしゅつねんきん）

　拠出された掛金を運用し、その運用収益をもとにして年金給付額を決定する企業年金です。日本型401Kと呼ばれることもあります。掛金の金額は決まっているが、将来の給付額は決まっていないという点が特徴です。確定拠出年金には、企業型年金規約の承認を受けた企業が実施する企業型と、国民年金基金連合会が実施している個人型があります。

■家族出産育児一時金（かぞくしゅっさんいくじいちじきん）

　健康保険の被保険者が扶養する配偶者または家族が分娩した場合に支給される一時金です。なお、被保険者本人が分娩した場合は、出産育児一時金が支給されます。分娩とは、妊娠4か月（85日）以後に出産をすることで、早産や死産も含みます。支給される金額は、一児につき42万円です。また、産科医療補償制度に加入していない医療機関での出産の場合は、40万4000円が支給されます（平成27年1月現在）。

■家族埋葬料（かぞくまいそうりょう）

　健康保険の被保険者が扶養する配偶者または家族が死亡した場合に、被保険者に対して埋葬の費用として支給される一時金です。支給額は、一律5万円です（平成27年8月現在）。家族埋葬料は、被保険者が請求することで受け取ることができます。請求の手続きには、死亡を証明する書類や葬儀にかかった費用がわかる領収証が必要です。請求期限は、死亡した日から2年間です。

■家族療養費（かぞくりょうようひ）

　健康保険の被保険者が扶養する配偶者または家族が病気またはケガにより療養を受けた場合、その療養にかかった費用が被保険者に対して支給されます。家族療養費として受けることができるのは、療養の給付、療養費、保険外併用療養費、入院時食事療養費、入院時生活療養費にあたる部分で、支給割合は被保険者が受ける療養費と同じ割合です。被扶養者である配偶者または家族が、療養を受ける際に健康保険証を提示することで受けることができます。

■学校保健安全法（がっこうほけんあんぜんほう）

　児童・生徒・学生の、保健・安全管理に関しての必要な事項がまとめられた法律をいいます。学校検診（就学時の健康診断や毎年の定期的な健康診断など）を行うことや、学校医・保健室の設置を義務付けるなど、常に児童・生徒・学生の健康状態に配慮する内容が定められています。

　さらに、健康に関する健康相談を行うこ

とも規定されています。また、児童・生徒・学生が伝染病にかかっている、もしくはその恐れがあると判断される場合は、出席停止や場合によっては学校の臨時休校を行うことが定められています。

■合算対象期間（がっさんたいしょうきかん）

国民年金の老齢基礎年金受給資格における特例的な措置です。

本人に保険料滞納などの落ち度がないのに、事情により年金の受給資格を得られなかった場合、その事情のある期間を合算対象期間とすることができます。

たとえば、保険料納付済期間が22年、合算対象期間が10年、未納期間が8年という人の場合、保険料納付済期間だけでは25年の受給資格要件を満たしていませんが、合算対象期間の10年間については受給資格期間としてカウントすることができるため、加入期間は32年間として計算され、年金をもらえることになります。

合算対象期間とされる期間は、海外への移住期間や、旧法（旧年金法）時代に任意加入をしていなかった期間などです。これらの期間は「カラ期間」とも呼ばれ、受給資格期間として扱うことが可能な反面、実際の年金額計算に含めることはできません。

■家庭裁判所（かていさいばんしょ）

家庭内の紛争や少年事件を専門に扱う裁判所です。離婚や相続をめぐる事件など、家庭内で発生する事件については法律上白黒をつけられない場合がよくあります。こうした家庭に関する事件を専門的に取り扱うのが家庭裁判所です。家庭裁判所は地方裁判所とその支部の所在地に存在し、とくに必要とされる場所には出張所を設けています。

■家庭児童相談室（かていじどうそうだんしつ）

子育てにおける不安や悩み、児童虐待などの相談に応じる場所です。福祉事務所に設置されており、家庭児童相談員が子どもの心や体に関する相談、子どもの心身障害に関する相談、幼稚園や学校等での集団生活における相談など、多岐にわたる相談を受け付け、必要に応じて訪問や指導も行います。問題に応じて、児童相談所など、他の関係する機関とも連携し、総合的に支援をしていきます。

■家庭訪問（かていほうもん）

各自治体の保健師や助産師などが直接妊婦のいる家庭を直接訪問し、体調管理や出産準備など、妊婦が抱えるさまざまな心身における悩みの相談に応じ、適切な助言を行うことです。妊娠中の悩みだけではなく、出産後の子育てに対する不安（母乳に関する相談など）も受け付けています。

■寡婦年金（かふねんきん）

老齢基礎年金の受給資格期間を満たした夫が老齢基礎年金を受ける前に死亡した場合、妻に支給される年金です。

国民年金第1号被保険者であった夫が第1号被保険者として、保険料納付済期間と保険料免除期間とを合算した期間が25年以上あり、老齢基礎年金を受ける前に死亡した場合に支給されます。夫が支払った保険料が掛け捨てになることを防ぎ、妻に還元しようとするものです。ただし、妻は、夫の死亡当時、婚姻関係が10年以上継続し、夫によって生計を維持していることが、寡婦年金を受給するための要件になります。

なお、寡婦年金は妻が60歳から65歳の間に支給されますので、60歳未満の妻の場合は60歳になってからの支給になります。また、65歳に達したときの他、再婚したときなども失権します。

■寡婦福祉資金／女性福祉資金（かふふくししきん／じょせいふくししきん）

寡婦福祉資金とは、自治体が行う寡婦の経済的支援のための貸付制度です。成人した子を持つ母子家庭の母や扶養される子、40歳以上の配偶者のいない女性などに対し、無利子または低い利子で資金の貸付けを行います。

女性福祉資金とは、自治体が行う女性の経済的支援のための貸付制度です。その地域に6か月以上在住し、家族を扶養する女性、もしくは扶養していない一定所得以下の女性などに対し、無利子または低い利子で資金の貸付けを行います。

■看護休暇（かんごきゅうか）

小学校就学前の子を養育する労働者が、病気やケガをした子の看護のために取得することができる休暇のことです（育児・介護休業法16条の2）。育児・介護休業法では会社に対して看護休暇の付与を義務化しています。看護休暇が取得できるのは小学校就学前の子を養育する労働者です。

■間接生活介助（かんせつせいかつかいじょ）

衣服の洗濯や日用品の整理を行うといった日常生活を送る上で必要とされる世話のことです。介護行為の種類のひとつです。

直接生活介助が、身体に直接触れるまたは触れる可能性のある介助（清潔・整容、入浴、食事、移動など）を行うのに対し、間接生活介助は、身体に直接触れないまたは触れる可能性のない介助を行います。

■鑑定制度（かんていせいど）

成年後見制度を利用するにあたり、本人に判断能力がどの程度あるのかを医学的に判定するために行う手続きです。診断書に比べ専門的で、時間や費用がかかる面もありますが、鑑定手続きは、後見開始及び保佐開始の審判では欠かせないものです。制限を加えなければならない程度の精神上の障害が本人にあるかの判断は、慎重に行うべき事柄であるため、鑑定書が必要とされます。後見や保佐を行う場合は、家庭裁判所が医師に鑑定の依頼を行います。鑑定人については、申立人が推薦することができます。

き

■基幹相談支援センター（きかんそうだんしえんせんたー）

地域における相談支援サービスの中で中心的な役割を担う機関です。障害者等からの相談を受け、情報提供や助言などを行う他、地域の相談支援事業者間の連絡調整、関係機関との連携などの事業も行います。

設置主体は市町村ですが、その業務については一般相談支援事業または特定相談支援事業を行うことができる事業者に委託することもできます。

■企業年金（きぎょうねんきん）

企業が独自に福利厚生の一環として公的年金を補完し、より豊かな老後生活に備えることを目的として、独自の年金を支給する制度のことです。労働者は退職後、国民年金や厚生年金を受給し、老後を迎えるこ

とになります。この公的年金に上乗せする形で支給される年金制度です。現役時代に企業負担で保険料を負担し、一定の年齢に達した退職者が年金を受け取ることになります。厚生年金基金制度、確定給付企業年金制度、確定拠出年金制度などの種類があり、企業がそれぞれの裁量で導入しています。なお、同時に複数の制度に加入することはできません。

■**基準及び程度の原則（きじゅんおよびていどのげんそく）**

生活保護法8条に規定されている生活保護の原則のひとつです。その内容は、「生活保護の基準は、最低限度の生活を維持できるものとしなければならない。ただし、実際に行う保護は、その基準のうち対象者自身の収入や預金、不動産などで満たすことができない不足分を補う程度とする」というものです。つまり、国が最低限度の生活を保障する一方で、対象者自身にも相応の努力を求めるということです。

■**基準該当障害福祉サービス（きじゅんがいとうしょうがいふくしさーびす）**

本来であれば、基準を満たしていないため、障害福祉サービスを事業として行うことができない事業所が、介護保険事業所の要件を満たす場合など一定の要件を満たす場合に、障害福祉サービスを提供することが認めることをいいます。たとえば、離島であるなどの理由で、指定基準を満たす事業者の参入が見込めなかったり、特定のサービスの供給が足りなかったりする場合に、この制度が適用されます。障害者がサービスに要した費用については、受けたサービスの内容に応じて特例介護給付費または特例訓練等給付費として支給を受けることになります。サービスの内容が、居宅介護、重度訪問介護、同行援護、行動援護、療養介護、生活介護、短期入所、重度障害者等包括支援、施設入所支援の場合には特例介護給付費が支給されることになります。また、自立訓練（機能訓練・生活訓練）・就労移行支援・就労継続支援・共同生活援助の場合には、特例訓練等給付費が支給されます。基準該当障害福祉サービスの給付決定は、市区町村の判断になるため、事業者は該当の自治体に事前に確認することになります。

■**基準障害（きじゅんしょうがい）**

障害認定日には障害等級が2級より下だったが、その後別の傷病（基準傷病）が発生したことで今までの障害とは別の新たな基準傷病による障害のことです。今までの障害と基準障害を併合して初めて障害等級が2級以上になった場合は、併合した障害の程度による障害年金が支給されます（基準障害による障害年金）。ただし、基準傷病については、初診日に被保険者であること、保険料も納付していることが要件になります。また、基準障害による障害年金の実際の支給は請求があった月の翌月から開始され、請求が遅れたとしてもさかのぼって支給されることはありません。

■**基礎控除（きそこうじょ）**

① 生活保護制度の用語として、勤労収入から、勤労に伴って必要となる経費（被服、身の回り品、教養の向上等にかかる費用、職場交際費など）を控除する制度のことです。生活保護の程度を決定する際に用います。平成25年7月までは全額控除の水準が1級地－1で8,000円でしたが、平成25年8月からは1万5000円に拡大されました。

全額控除分を超える収入については、収入の額に比例して控除額が増加しますが（上限あり）、その金額についても全面的に見直しが行われています。

② 税金関連の用語として、課税の対象になる財産などの一部を除外して、納税者の負担を軽減する制度のことをいいます。たとえば、所得税の基礎控除では、すべての納税者に対して、一律の金額（38万円）を所得金額から差し引くことができます。

■機能訓練（きのうくんれん）

身体障害者の身体機能の維持回復に必要な訓練を行うサービスです。障害福祉サービスにおける自立訓練のひとつです。

具体的には、理学療法士や作業療法士によるリハビリテーションや、日常生活を送る上での相談支援などを行います。利用者の状況に応じて、通所と訪問などのサービスを組み合わせて訓練を行います。機能訓練のサービスを利用するためには、指定特定相談支援事業者が作成したサービス等利用計画案を市区町村に提出し、支給決定を受けなければなりません。障害支援区分の有効期間はありませんが、18か月間の標準利用期間が設定されています。また、利用者が安定して地域生活を営むことができるように、定期的な連絡・相談を行うため、原則として3か月ごとにモニタリングが実施されます。

■機能訓練関連行為（きのうくんれんかんれんこうい）

身体機能の訓練やその補助のことで、嚥下訓練（飲み込む訓練）を実施したり歩行訓練、寝返り訓練、座位訓練、起き上がり訓練、立ち上がり訓練・移乗訓練等の補助を行うことです。介護行為の種類のひとつです。地域生活を営む上で、身体機能の維持・回復等の必要がある身体障害者を対象に行われます。

■期末一時扶助（きまついちじふじょ）

年末年始にかけて生活保護を受ける者について、居宅保護・入所保護のため12月に支給される一時金扶助です。期末一時扶助は、従来、基準額に世帯人員数を乗じた額が支給されていましたが、平成25年8月からは世帯人員数別に基準を設定して支給する方法に変更されています。具体的には、平成27年12月の期末一時扶助支給額は、1級地-1で単身世帯の場合1万3890円、2人世帯の支給額は2万2650円などと定められています。

■QOL（きゅーおーえる）

「Quality of Life」の略。
→クオリティ・オブ・ライフ

■救急医療（きゅうきゅういりょう）

1年365日、24時間救急患者を受け入れる体制のことです。この体制を支えているのは、診療所や急患センター、病院などです。

救急患者の対応にはその迅速な搬送がカギになります。救急車は消防署の管轄ですが、救急隊員6万634人のうち、2万4973人は医師の指示の下に救命救急処置を行うことのできる救急救命士の資格を所有しています（総務省消防庁「平成26年版救急・救助の現況」より）。

■求職者給付（きゅうしょくしゃきゅうふ）

雇用保険における、失業した労働者（被保険者であった者）が再就職するまでの当面の生活を保障することを目的とした給付

で、失業保険や失業手当ともいわれます。求職者給付には、基本手当、技能習得手当、寄宿手当、傷病手当があります。基本手当は、求職者給付の代表的なもので、離職した被保険者が求職活動を行う間の生活保障費として支給されます。技能習得手当は、再就職に有利な技能を身につけるために公共職業訓練を受講した場合に支給されます。寄宿手当は、職業訓練の受講のために宿泊施設を利用する場合に支給されます。傷病手当は、傷病により15日以上継続して仕事に就けない場合、基本手当の代わりとして支給されます。

■求職者支援制度（きゅうしょくしゃしえんせいど）

　生活が困窮している失業者のうち、雇用保険を受給できない人に対して、職業訓練を通じて早期の就職を促すため制度です。具体的には、雇用保険の受給資格のない失業者に給付金を支給しながら、就職に必要な基本的能力を習得させるための訓練を実施しています。求職者支援制度を利用した場合、受講者に対して、職業訓練受講手当と通所経路に応じた所定の通所手当が支給されます。

　平成26年4月から職業訓練受講給付金の支給要件の一部が変更され、ⓐ訓練を一部受講した場合における出席日数の算定方法について2分の1出席扱いとする、ⓑ給与等に含まれる通勤手当を収入として算定しない、などの見直しが行われています。

■級地区分（きゅうちくぶん）

　生活保護の支給額を決定するにあたって考慮される、最低生活費の基準について、物価や消費水準の違いによって、段階に分けることをいいます。最低生活費は地域によって異なります。たとえば、東京都内では、物価も高く、その分生活費もかかりますが、地方では、家賃が安く、東京等に比べて、生活費がかからない場合があります。このような地域の違いを考慮しないで最低生活費を定めると実態にそぐわないものになりかねません。そこで、級地区分を行い、級地により最低生活費（生活扶助基準額）を変える運用を行っています。級地は、所在地により1級地－1、1級地－2、2級地－1、2級地－2、3級地－1、3級地－2の6区分に分けられています。たとえば、1級地－1にあたる東京23区、大阪市、名古屋市などの大都市と、那覇市などが含まれる2級地－1とを比べてみると、同じ年齢（20～40歳）の最低生活費について、1級地－1では41,440円であるのに対して、2級地－1では、37,710円として設定されています。

■旧年金法（きゅうねんきんほう）

　昭和36年4月より、昭和61年3月までの期間における国民年金法のことで、旧法、旧国民年金法、旧国年法ともいいます。国民年金法は、昭和61年4月に大改正が行われたため、この期間以降の現行法のことを「新法」といいます。

　旧年金法では、国民年金は全国民対象の基礎年金ではなく、自営業者を対象とする制度でした。それに加え、厚生年金・共済年金加入者の配偶者にも任意加入が認められていました。しかし、人口などの社会情勢が変化し、年金財源が問題視されるようになったことから、昭和61年4月に改正が行われました。この改正により、これまでは対象外とされていた会社員や公務員などを含む全国民が対象になりました。また、国民年金はすべての年金の基礎年金（1階

部分）となり、厚生年金や共済年金は上乗せ年金としての位置付け（2階部分）がなされました（ただし、平成27年10月からは共済年金は厚生年金に統合されています）。

■給付制限期間（きゅうふせいげんきかん）

雇用保険の受給資格者に対してかかる、基本手当の受給が制限される期間のことです。給付制限は、正当な理由なく公共職業安定所（ハローワーク）の職業紹介を拒否した場合や、自己都合退職または解雇により退職をした場合にかかります。なお、給付制限は、1～3か月の期間で行われます。

■教育扶助（きょういくふじょ）

生活保護法における、義務教育（小学校、中学校）に必要な費用の扶助です。生活が困窮しており、小中学生がいる世帯を対象に、教科書代などの学用品費、通学用品費、給食代、学級費などが支給されます。支給先は対象となる小中学生の保護者や通学する学校などに対して行われます。

なお、子どもの小学校または中学校の入学時に入学準備のため費用が必要な場合、入学準備金が支給されます。

■協会管掌健康保険（きょうかいかんしょうけんこうほけん）

全国健康保険協会（協会けんぽ）が運営している健康保険です。以前は政府管掌健康保険といわれていましたが、2008年に運営主体が社会保険庁から協会に引き継がれました。自社で健康保険組合を持っていない中小企業等が加入します。協会管掌健康保険の資格を被保険者が取得するためには、事業主が、厚生年金保険の加入手続きとともに年金事務所に届出を提出しなければなりません。保険者が被保険者の資格を確認した時点で被保険者証が作成されることになります。被保険者証は事業主を経由して被保険者に交付されますが、この被保険者証は本人の身分証明書としての役割も果たしています。退職時には資格を失いますが、本人が希望すれば資格をさらに2年間継続できます（任意継続被保険者）。

■共済組合（きょうさいくみあい）

公務員を対象とした国家公務員共済組合と地方公務員共済組合、私立学校の教職員を対象とした日本私立学校振興・共済事業団のことです。国家公務員共済組合法や地方公務員等共済組合法に基づいた共済制度は、健康保険とは異なる体系をとっており、医療費などの給付や福祉事業の実践を柱としています（共済年金については、平成27年10月からは厚生年金に一元化）。費用の負担は組合員と保険者（国や地方自治体）の折半が原則となっており、毎月の掛け金などは各共済組合によって定められています。

また、短期給付には医療費の給付の他に休業手当金、災害見舞金、弔慰金、家族弔慰金などがあるのが特徴です。

■共済年金（きょうさいねんきん）

公務員や私立学校の教職員など、共済組合等の加入者に適用されていた年金制度です。共済組合等とは、正式には、共済組合、国家公務員共済組合連合会、全国市町村職員共済組合連合会、地方公務員共済組合連合会、日本私立学校振興・共済事業団のことをいいます。

共済年金には、退職共済年金・障害共済年金・遺族共済年金があります。共済年金は年金制度の「2階部分」にあたり、会社員などが加入する厚生年金保険制度と同じ

第2部　用語解説編　153

く「被用者年金」と呼ばれ、加入者に対して支払われる国民年金に上乗せされて支払いが行われていました。

ただし、法改正により平成27年10月以降は被用者年金制度が一元化され、共済年金の加入者は自動的に厚生年金保険へ加入する取扱いになっています。

■強制適用事業所（きょうせいてきようじぎょうしょ）

常時5人以上の被保険者を所有している製造業、鉱業、販売業、運送業、教育事業、医療事業、通信業、社会福祉事業、金融業、建設業などの事業所のことをいいます。これらの事業所は全国健康保険協会管掌健康保険の対象になります。なお、強制適用事業所に該当しない場合でも、半数以上の事業者の同意を得ている場合は事業主が厚生労働大臣の認可を受けることによって適用事業所になることができます。

■共同生活援助（きょうどうせいかつえんじょ）

地域の中で障害者が集まって共同で生活する場を設け、サービス管理責任者や世話人を配置して生活面の支援をするサービスです。共同生活援助は「グループホーム」と呼ばれることもあります。おもに昼間は就労継続支援や小規模作業所などのサービスを受けている知的障害者や精神障害者を対象としています。具体的なサービス内容は、日常生活上必要な相談を受ける、食事の提供、金銭管理、健康管理、緊急時の対応などです。共同生活を営む住居には居住者10人に対し1人の割合で世話人が配置されており、サービスの提供を行っています。なお、平成26年4月からは、高齢化等で介護が必要となった障害者が継続して生活できるよう、ケアホームとグループホームが一元化されています。これにより介護が必要な利用者に対しては、内部もしくは外部から個々の計画書に基づいた介護サービスが提供されています。

■居住サポート事業（きょじゅうさぽーとじぎょう）

賃貸借契約による一般住宅への入居を希望しているものの、保証人がいないなどの理由によって入居が困難になっているなど、住居の確保が困難な障害者への支援を行う事業です。住宅入居等支援事業ともいいます。実施主体は市町村もしくは市町村から委託を受けた指定相談支援事業者です。具体的には、不動産業者に対する障害者への物件あっせんの依頼や、入居手続きの支援、家主等に対する相談・助言、入居後の相談窓口を設けるなどの支援が行われています。

■居宅（きょたく）

一般には通常住んでいる家のことをいいます。介護保険法では、介護を必要とする人が住んでいる場所のことをいい、自宅の他、軽費老人ホーム（ケアハウスなど）やグループホームなども「居宅」として扱われます。

■居宅介護（きょたくかいご）

障害をもつ人が住んでいる居宅において受けることのできるサービスで、身体介護、家事援助、通院等介助、通院等乗降介助の4種類があります。身体介護・家事援助は、入浴、排せつ、食事、洗濯、掃除などの援助を通し、対象者の生活を支えるサービスです。通院等介助・通院等乗降介助は、病院・診療所への定期的な通院や公的手続

き・相談のため官公署（役所）を訪れる際に利用できるサービスです。車両への乗車・降車の介助、通院先での受診の手続きなどを行います。居宅介護を利用することができる対象者は、18歳以上の場合は障害支援区分１以上の人で、18歳未満の場合は、身体障害者手帳所持者や精神障害者などの障害児に限られます。65歳以上の人など、介護保険の対象者については、介護保険による訪問介護で類似のサービスを受けることができます。対象者が障害児の場合は、ホームヘルパー派遣時に保護者が在宅（通院の場合は同行）していることが必要です。なお、居宅介護を行う事業所が、質の高いサービスや、中山間地域の居宅者へのサービスを提供した場合は、通常の報酬に加算があります。事業所の経営的判断により、サービスの提供に偏りを生じさせないための配慮だといえます。

■**居宅介護支援（きょたくかいごしえん）**

介護サービスの利用にあたって、利用者、家族、行政、医療機関などから情報を収集し、ケアプランを作成するサービスをいいます。居宅介護支援は、介護保険制度への理解が不十分な人、事業者との連絡調整が難しい人、自分でケアプランが作れない人などの利用が想定されています。このサービスの担い手はケアマネジャーです。ケアマネジャーは、公平中立の立場で利用者と事業者との間の連絡調整を行います。加えて、ケアプラン実行後は、その実施状況をチェックするため利用者宅を訪問します。ベテランスタッフを配置して、虐待などが絡んだ複雑な案件を積極的に引き受けるところや、24時間の電話対応を実施しているところもあります。なお、保険料の滞納などがない限り、利用料は、介護保険から全額支払われます。

■**居宅療養管理指導（きょたくりょうようかんりしどう）**

在宅療養中で通院が難しい利用者に対して、医師等が自宅を訪問し、療養上の管理や指導、助言等を行う、介護保険の居宅サービスのひとつです。

在宅で生活している要介護者の中には、本来通院して療養すべきところ、さまざまな事情で思うように通院できないという状況にある人もいます。このような状態では、本人はもちろん、介護する家族の負担や不安も大きいため、介護保険を使って、医師や歯科医師の指示を受けた薬剤師や管理栄養士、歯科衛生士、保健師、看護師などの専門職が療養に関する管理、指導などを行うことができるようになっています。居宅管理指導が認められる利用者としては、糖尿病や心臓病など継続して治療や栄養管理などを受けることが必要な人、酸素入級や呼吸器の管理を必要とする人、口腔内に虫歯や歯槽膿漏などの問題をかかえている人などが挙げられます。

■**緊急小口資金（きんきゅうこぐちしきん）**

社会福祉協議会が行っている生活福祉資金の種類のひとつです。低所得の世帯が緊急かつ一時的に生計維持が困難になった場合、返済のメドが立つ場合に限り、緊急小口資金として10万円以内の借入を受けることができます。返済は、借入を受けた翌日の３か月目以降より開始され、８か月以内に完済しなければなりません。

なお、特例措置として、東日本大震災の被災世帯も対象とされました。返済期間は従来とは異なり、翌日の１年目以降より開

始され、返済期間は2年以内です。

■緊急措置入院（きんきゅうそちにゅういん）

精神保健福祉法で定められる精神科の病院への入院形態のひとつです。

精神の障害がある者は、症状の度合いによっては自らを傷つけたり、他社を傷つける恐れがあります。そのため、精神保健福祉法では、自他を傷つける恐れのある者を知事の権限で強制的に入院させる「措置入院」という入院形態を定めています。

措置入院の場合、2人以上の指定医の診察を経て、その診察の結果が一致することが必要です。ところが、時と場合によってはそのような時間の猶予がないケースがあるため、緊急の措置として、簡略化した手続きでの入院が可能な「緊急措置入院」という方法が定められています。

緊急措置入院の場合は、精神保健指定医1人の診断での入院措置が可能ですが、72時間という時間制限が設けられています。

■緊急払い（きんきゅうばらい）

生活保護申請をして、生活保護決定が出されて実際に給付を受けるまでの間に、当座の生活に必要な現金を一切持っていないなど、切迫した事情がある場合に、生活保護の支給に先立って金銭が支給されることをいいます。生活保護が開始されるかどうかの通知は、申請があった日から14日以内に行われます。14日間も悠長に待っていられないというケースに対応するために、福祉事務所によって、緊急払い制度を置いて対応している場合があります。生活がひっ迫して、どうしようもない状態のときには緊急払いを求めるとよいでしょう。なお、支払われたお金は、生活保護を受けた場合には、生活費から引かれることになります。

■勤労控除（きんろうこうじょ）

生活保護を受給している人が就労によって収入を得た場合であっても、収入額から一定の金額を控除する制度をいいます。本来、生活保護受給者が、勤労等により収入を得た場合、生活保護費が減額されます。しかし、就労によって得た収入の額が全額減額されてしまうと、働いているにもかかわらず自由に使える金銭がほとんどないという閉塞感が強くなるおそれがあります。そこで、勤労控除により一定の金額について収入額から控除するしくみを採っています。勤労控除の目的は、就労によって得られた収入の一部を手元に残すことで保護受給者が「働き損」と感じることなく、早期に就労し、自立して保護を脱却できるように支援することです。勤労控除には「基礎控除」「新規就労控除」「未成年者控除」という種類があります。

く

■クオリティ・オブ・ライフ（くおりてぃ・おぶ・らいふ）

それぞれの人生や生活の質のことをいいます。その人が人生や生活の中でどれだけ幸福感や満足感を得ることができているかを図るときなどに用いられます。一般にQOLという略称が使われています。

■区分支給限度基準額（くぶんしきゅうげんどきじゅんがく）

要介護度ごとに定められた、介護保険で利用できるサービスの費用の月額の上限額のことです。支給限度額ともいいます。介護給付を受けるために認定を受けた利用者

は、その認定の度合いによって受けられる給付額が異なります。支給限度額内で在宅サービスを利用した場合には、その費用の一部を利用者本人が負担します。介護サービスについては、1か月あたりの支給限度額（利用限度額）が定められています。支給限度額を超えて利用した場合には、その超えた金額は全額自己負担となります。この支給限度額は、国が算定したものですが、各市区町村は独自に限度額を引き上げることができます。この場合、第1号被保険者の保険料が財源として使われます。

一方、施設サービスについては、在宅サービスのような支給限度額は設定されていません。ただし、サービスの利用者は費用の一部を負担することから、介護報酬をもとにして施設サービスを利用したときにかかる費用の目安を割り出すことができます。

■繰り上げ支給（くりあげしきゅう）

老齢年金の受給権利をもつ者が請求することで、前倒しで受け取ることができる制度です。通常より早い時期から受け取ることのできるメリットがありますが、請求時期に応じて年金額が減額されます。この減額は、一生涯にわたり適用されます。

なお、繰り上げ支給は、老齢基礎年金と老齢厚生年金の場合で異なります。

ⓐ 65歳支給の老齢基礎年金は、60～64歳の間に請求を行えば、繰り上げて受け取ることができます。繰り上げには、全額を繰り上げる「全部繰り上げ」と、一部額を繰り上げる「一部繰り上げ」があります。一部繰り上げの場合は、老齢厚生年金の支給開始時期が大きく関係します。

ⓑ 老齢厚生年金の繰り上げにも、全部繰り上げ、一部繰り上げの方法があります。繰り上げは必ず老齢基礎年金と同時に行わなければなりません。一部繰り上げの場合は、「特別支給の老齢厚生年金」の定額部分が支給される前に請求することが必要です。

■繰り下げ支給（くりさげしきゅう）

老齢年金の受給権利をもつ者が申し出ることで、66～70歳までの間に先送りして受け取ることができる制度です。申し出時期に応じて年金額が増額されます。この増額は、一生涯にわたり適用されます。

なお、繰り下げ支給は、老齢基礎年金と老齢厚生年金の場合で異なります。

ⓐ 老齢基礎年金の繰り下げは、65歳の受給権利発生時に請求をせず、1年後の66歳以降に申し出を行えば適用されます。繰り上げ支給と異なり、老齢厚生年金と同時に申し出る必要はなく、老齢基礎年金・老齢厚生年金のどちらか一方の繰り下げが可能です。

ⓑ 老齢厚生年金の繰り下げ時期は老齢基礎年金と同じですが、65歳になる前に老齢厚生年金を受け取っていた者でも、65歳以降の老齢厚生年金の繰り下げ支給を行うことが可能です。

■グループハウス（ぐるーぷはうす）

比較的健康な高齢者が、調理・掃除・食事などをともにしながら、自発的に助け合って共同生活する入所施設のことです。グループハウスでは、一定の共同生活のルールを決めることになっており、そのルール以外のことについては制約がありません。したがって、入居者は他の施設に比べて自由に生活を送ることができます。入居者一人ひとりの自立が尊重される施設だといえます。

か

■グループホーム（ぐるーぷほーむ）

認知症高齢者や障害者など、生活に困難がある人たちが、共同で生活し、地域での自立した生活をめざす住居のことをいいます。介護保険制度の認知症対応型共同生活介護や、障害者福祉制度の共同生活援助のことをさす場合もあります。

介護保険制度上の認知症対応型共同生活介護（グループホーム）は、認知症の要介護者に対して、入居定員5〜9人の共同生活住宅において日常生活の支援を行います。家庭的な環境の中で生活援助をすることで、認知症の高齢者が精神的に安定した生活を送れるようにしています。

障害者福祉制度上の共同生活援助（グループホーム）は、おもに障害程度区分が区分1以下の身体障害者、知的障害者、精神障害者を対象としています。具体的なサービス内容は、日常生活上必要な相談を受ける、食事の提供、金銭管理、健康管理、緊急時の対応などです。

なお、平成26年4月からは、高齢化等で介護が必要となった障害者が継続して生活できるよう、共同生活介護（ケアホーム）と共同生活援助（グループホーム）が一元化されています。これにより介護が必要な利用者に対しては、内部もしくは外部から個々の計画書に基づいた介護サービスが提供されています。

■グループリビング（ぐるーぷりびんぐ）

高齢期を迎えた者同士が共同で生活し、互いを支え合う集合体をいいます。共同生活者の血縁関係は問わず、おもに他人同士が1つのグループとして、助け合いながら活力ある老後を暮らしていく形のひとつとして注目されています。グループリビングでは、少人数（10人前後）の高齢者が同じ家屋で共同生活を行います。トイレやキッチンを共有する寮タイプや、独立して生活できる居室を備えるコレクティブハウスなど、さまざまな種類があります。

入居者の条件などは各住宅によって異なります。たとえば、健康なうちから入居できる高齢者向け住宅の場合、「身の回りのことは自分でできるものの、独立して生活するのは不安があるおおむね60歳以上の人」を対象とするなど、入居に条件を設けることが多くあります。

■訓練等給付費（くんれんとうきゅうふひ）

自立訓練（機能訓練・生活訓練）など、訓練等給付を受けた場合に支給される給付のことです。障害者総合支援法の自立支援給付のひとつです。訓練等給付とは、障害者が地域で日常生活や社会生活を営むために一定期間提供される訓練等のサービスのことで、自立訓練（機能訓練・生活訓練）の他、就労移行支援、就労継続支援、共同生活援助があります。提供されたサービスが、障害者福祉制度に定められたサービスの内容に適合していれば、訓練等給付費の支給の対象になります。申請後、支給決定の前にサービスを受けた場合には特例訓練等給付費が支給されます。

け

■ケアプラン（けあぷらん）

要支援者や要介護者の心身の状況や生活環境などをもとに、利用する介護サービスの内容などを決める計画のことです。在宅サービスについてのケアプランを居宅サービス計画といい、施設サービスの場合には施設サービス計画といいます。

■ケアマネジャー（けあまねじゃー）

正式名は介護支援専門員といい、介護に関する専門家です。医療サービスや福祉サービス等の知識を活かし、介護を必要とする方に最適な介護をコーディネートすることが仕事内容です。具体的には、利用者との面談、ケアプランの作成、介護サービスの事業者との調整、モニタリングの実施等を行います。ケアマネジャーの資格は、介護支援専門員実務研修受講試験に合格し、実務研修を修了することで取得することができます。

■計画相談支援給付費（けいかくそうだんしえんきゅうふひ）

障害福祉サービス等利用計画案の作成や計画の見直しを行った事業者（指定相談支援事業者）に対して支給される給付が計画相談支援給付費です。支援内容は、サービス利用計画の作成と、障害福祉サービス提供事業者または施設からのサービスの利用のあっせん・調整・モニタリングです。

■経過的寡婦加算（けいかてきかふかさん）

昭和31年4月1日より以前に生まれた「妻」に対し、遺族厚生年金に一定額が加算される制度です。昭和61年3月までの旧年金法時代は、妻の国民年金の加入は任意でした。そのため、昭和61年3月までに30歳を迎えた妻が、任意加入しなかったために満額の老齢基礎年金を受け取ることができない場合に、経過的寡婦加算が行われることになりました。

経過的寡婦加算は、昭和31年4月1日より以前に生まれ、以下のケースのいずれかに該当する妻に対して行われます。

ⓐ　遺族族厚生年金の受給権をもつ妻が、遺族厚生年金の取得権利を得た当時に65歳以上であった場合

ⓑ　中高齢寡婦加算額が加算された遺族厚生年金の受給権利をもつ妻が、65歳に達した場合

加算額は、妻の生年月日によって決まります。昭和2年4月1日までに生まれた人の加算額は57万9700円です。年齢ごとに減額され、昭和31年4月2日以降生まれの人は0円で、制度の対象外です。

■軽費老人ホーム（けいひろうじんほーむ）

原則として60歳以上の高齢者に無料または低額で、住居や食事など、日常生活に必要な便宜を提供する施設です。自分の身の回りのことは自分でできる人を対象としており、A型、B型、ケアハウスの3種類があり、個室が与えられます。将来的にはケアハウスに統一される予定です。

■ケースワーカー（けーすわーかー）

社会生活の中で問題を抱え、自ら解決することが難しい人に対し、社会福祉の専門的な立場から、問題を解決したり緩和したりするために、個別的な助言・支援をする専門職のことです。おもに、市区町村の福祉事務所において生活保護の申請から支給までの業務を担当する人のことをいいます。生活保護を受ける上では、担当のケースワーカーとの信頼関係を築くことが何よりも重要です。

ケースワーカーが相談者の話を聞いて生活保護の必要がありそうだと判断すれば、その後、家庭訪問や資力調査（ミーンズテスト）を行って、生活保護を適用するかどうかを決定します。生活保護の必要がないと決定された場合であっても、その通知を受け取ってから60日以内であれば、知事に

対して不服を申し立てる（審査請求）ことができます。

■健康診査（けんこうしんさ）
　母子健康法で定められた、乳幼児に対して行われる健康診断をいいます。
　自治体により、保健センターや医療機関などで公費によって受診をすることができる制度が設けられています。体重測定や問診、アレルギーなどの相談、発達度合いの検査、歯科検診など、乳幼児の健康や成長に関するさまざまな検診や相談が行われます。
　対象となる乳幼児の月齢は自治体により異なりますが、3か月期や1歳6か月児、3歳児に対して実施する地域が多いようです。

■健康保険（けんこうほけん）
　業務外での疾病や休業、死亡、出産などを迎えた際に受けることができる、公的な医療保険制度です。健康保険には、被用者年金と国民健康保険があります。被用者年金とは、協会けんぽや健康保険組合が運営する被用者（会社員などの労働者等のこと）が加入する健康保険です。保険料は報酬に比例した額で、本人と会社で折半負担します。また、被保険者に扶養される者も保険の給付を受けることができます。
　一方、国民健康保険とは、退職者や自営業者などの被用者年金へ加入していない者が、居住地の市町村で加入する健康保険で、「国保」とも呼ばれます。保険料は世帯単位で支払われ、世帯における加入者数や所得の額に比例した額になります。

■健康保険組合（けんこうほけんくみあい）
　国に代わって保険者として健康保険事業を営む公法人です。事業主、その事業所に使用される被保険者、任意継続被保険者で組織されます。

■現在地主義（げんざいちしゅぎ）
　現在、困窮している場所を管轄する福祉事務所が、生活保護を与える権限と義務を負うという考え方をいいます。生活保護は市区町村役場にある福祉事務所に対して申請を行います。とくに、住所不定者の場合は、十分な交通費を持っていないことも多いため、どの地域の福祉事務所でも、申請を受理することができるしくみを整えておくために、現在地主義を採用しています。

■健診費用助成（けんしんひようじょせい）
　妊産婦が定期的に健康診査を受けることを促すため、各自治体が健診費用を負担する制度をいいます。負担される健診費用の割合は自治体により異なり、一部あるいは全額が補助されます。これは、公費負担（数回程度まで利用可）に加えて行われるものです。指定医療機関での利用となり、所得制限があるため、福祉事務所や保健所などで相談した上で利用することになります。

こ

■合意分割（ごういぶんかつ）
　結婚していた期間に夫が納めていた厚生年金保険に該当する部分の年金の半分につき、将来、妻名義の年金として受け取ることができる制度です。分割の対象となるのはあくまでも老齢厚生年金に限られ、老齢基礎年金は分割の対象とはなりません。報酬比例部分の2分の1（50％）を限度（共働きの場合は双方の報酬比例部分を合算して50％が限度）として、夫の合意があった

場合に、妻独自の年金として支給を受けることができるようになります。合意分割を行う場合、当事者間での公正証書（公証人という特殊の資格者が当事者の申立てに基づいて作成する公文書）による合意が必要になります。年金分割の請求は「標準報酬改定請求書」に必要な添付書類を添えて行います。提出先は最寄り（管轄）の年金事務所です。

■高額医療・高額介護合算療養費（こうがくいりょう・こうがくかいごがっさんりょうようひ）

毎年8月から翌年7月末までの1年間にかかった医療保険・介護保険の自己負担額の合計が、設定された自己負担限度額を超えた場合は、その超過分（高額介護合算療養費）を支給する制度です。この制度は、年額に応じて限度額が設けられています。医療費と介護サービス費の自己負担額の合計が著しく高額となる場合、行った申請が認められればその超過額が後から支給されます。

対象になるのは、介護保険の受給者がいる被用者保険、国民健康保険、後期高齢者医療制度の医療保険各制度の世帯です。

この自己負担限度額は、75歳以上の世帯で所得が一般の場合の額である「56万円」が基本ベースとなっていますが、加入している医療保険の各制度や世帯所得によって細かく設定されています。

■高額介護サービス費（こうがくかいごさーびすひ）

1か月の介護サービス費用の自己負担額が一定の基準を超えた場合に、超過額を支給される介護保険上の制度のことをいいます。在宅サービスや施設サービスの利用料の自己負担額が高額になってしまった場合には、高額介護サービス費として、市区町村から払戻しを受けることができます。高額介護サービス費として市区町村から払戻しを受ける基準となる自己負担額の上限（月額）は、以下のように、利用者の世帯の所得状況によって段階的に設定されています。

・第1段階（生活保護受給者、世帯全員が住民税非課税でかつ老齢福祉年金受給者）：1万5000円（個人の場合）
・第2段階（世帯全員が住民税非課税でかつ課税年金収入額と合計所得金額の合計が80万円以下）：1万5000円（個人の場合）
・第3段階（世帯全員が住民税非課税で利用者負担第2段階に該当しない場合）：世帯で2万4600円
・第4段階（第1～3段階にあたらない世帯）：世帯で3万7200円

なお、同一世帯に複数の利用者がいる場合には、その複数の利用者の自己負担額を合計した金額が上限額として計算されます。高額介護サービス費の払戻しを受けるためには、毎月払戻しのための申請を行う必要があります。

■高額障害福祉サービス費（こうがくしょうがいふくしさーびすひ）

世帯の1か月の障害福祉サービスの利用料が基準額を超える場合に、負担を軽減するために支給される、障害者福祉制度上の給付のことです。同じ世帯で、障害福祉サービスを受ける者が複数いる場合や、利用者が障害福祉サービスと介護保険法に基づくサービスを両方受けた場合で、世帯として支払う費用の合計額が一定の限度額を超えるときなどが該当します。利用者が障害児の場合で、障害福祉サービスと児童福祉

サービスを両方受けたというケースでも、同様に限度額を超える分について高額障害福祉サービス等給付費が支給されます。

なお、障害者が補装具の支給を受けている場合、以前は高額障害福祉サービス費を算定するにあたり、補装具の費用は合算せず、後から補装具の費用は別途利用者が負担するしくみでしたが、平成24年4月からは、補装具の費用を合算した上で高額障害福祉サービス等給付費の金額を算定する制度に改正されています。

■**高額療養費（こうがくりょうようひ）**

1か月間に被保険者やその扶養者が支払った医療費の自己負担額が一定の基準額を超えた場合に、被保険者に対して支給される基準額の超過分をいいます。

長期の入院や手術のため、同じ月に同じ病院などで支払った医療費の自己負担額が、高額療養費算定基準額（自己負担限度額）を超えた場合、その超えた部分の額が高額療養費として支給されます。高額療養費算定基準額は、一般の者、上位所得者、低所得者によって、計算方法が異なり、上位所得者ほど自己負担額が高くなっています。

なお、高額療養費の支払基準である「同じ月」とは、暦月1か月内（1日から末日まで）のことです。たとえ実日数30日以内であっても、暦月で2か月にまたがっている場合は、同じ月とはいえません。

また、「同じ病院など」とは、同じ診療科という意味で、異なる医療機関や診療科での受診は、高額療養費の対象として合算することができません。

■**後期高齢者医療制度（こうきこうれいしゃいりょうせいど）**

75歳以上の人などに対する独立した医療制度をいいます。具体的には、国内に居住する75歳以上の後期高齢者に加え、65歳から74歳までの前期高齢者で、寝たきりなどの障害を持つ者が対象です。国民健康保険や職場の健康保険制度に加入している場合でも、75歳になると、それまで加入していた健康保険制度を脱退し、後期高齢者医療制度に加入します。

後期高齢者医療制度は、75歳以上の人の医療費は、医療費の総額において高い割合に相当するため、保険料を負担してもらうことで医療費負担の公平化を保つことを目的に定められました。制度の加入者の医療費負担割合は、原則として若い世代よりも軽い1割です。利用者負担の金額が高額になった場合、一定の限度額（月額）を超える額が払い戻されます。

また、医療保険と介護保険の利用者負担の合計額が高い場合にも、一定の限度額（月額）を超える額が払い戻されます。

■**口腔機能向上サービス（こうくうきのうこうじょうさーびす）**

予防給付の選択的サービスのうちのひとつで、加齢により低下する口腔機能を維持・向上することを目的とするサービスです。口腔機能が低下すると、食べる・話すなどの元気で楽しい生活を送るための行為に支障が生じるため、口腔機能を向上させることは高齢者が健康な生活を送る上で非常に重要になります。口腔機能向上サービスは歯科衛生士、言語聴覚士、看護職員、介護職員などがチームを組んで立てた口腔機能改善管理指導計画に沿って提供されるサービスで、3か月ごとに口腔機能の状態を評価するしくみになっています。

■後見（こうけん）

　物事の判断能力が低い未成年者や成年被後見人を保護するための制度です。未成年者に親権者がいない場合、または親権を行う者が財産管理権をもたない場合に、未成年者に対する後見が開始します。一方、精神上の障害によって物事の判断能力を常に失った成年者に対しては、後見開始の審判によって後見が開始されます（民法838条）。

　前者を未成年後見制度といい、後者を成年後見制度（法定後見）といいます。法定後見の種類には、後見の他に、保佐と補助があり、後見は保佐や補助よりも障害の程度が重い場合に利用されます。

■後見開始の審判（こうけんかいしのしんぱん）

　認知症、知的障害、精神障害など精神上の障害によって判断能力を欠く常況にある人を保護するために、後見人の選任を家庭裁判所に求める手続きをいいます。申立ては、本人やその配偶者、一定の親族などが行うと民法に規定されています。なお、法定後見制度には他に保佐や補助があり、保佐の場合の手続きを保佐開始の審判、補助の場合の手続きを補助開始の審判といいます。申立書は定型の書式です。家庭裁判所で、無料で配布していますが、後見開始の審判を申し立てる際に、後見開始申立書を作成する必要があります。

■後見監督人（こうけんかんとくにん）

　後見人が、被後見人にとって不利益なことをするのを防ぐために、後見人の職務遂行を監督する機関が置かれることがあり、これを後見監督人といいます。後見人を監督するのが目的であるため、後見人の配偶者や直系血族、兄弟姉妹などは後見監督人となることができません。人数について制限はなく、複数の後見監督人を置くこともできます。家庭裁判所は、被後見人やその親族、もしくは後見人の請求または職権によって後見監督人を選任することができます。

■後見事務（こうけんじむ）

　成年後見人が、実際に成年被後見人を支援するために行う職務内容のことをいいます。

　後見事務は大きく財産管理と身上監護の2つに分けることができます。財産管理とは、精神上の障害により適切に現金等の管理を行うことが困難な成年被後見人に代わって、現金や預金などの入出金の管理を行うことをいいます。これに対して、身上監護とは、被後見人が健康的な生活を送ることができるように、必要な介護サービスや施設への入所の契約を結ぶことをいいます。身上監護といっても、契約の締結など法律行為を行うことをさしており、後見人自身が直接介護や看護などを行うことが求められているわけではありません。

■後見登記等ファイル（こうけんとうきとうふぁいる）

　法定後見制度（後見・保佐・補助）に関する審判が確定した場合に、その内容についての登記を記録した定式のファイルをさします。法定後見（後見・保佐・補助）の場合、申立てを受けた家庭裁判所による審理等を経て開始の審判が確定すると、その内容は法務局で登記されます。手続きの流れとしては、まず家庭裁判所の書記官から法務局に対して審判の内容が通知され、通知を受けた法務局の登記官がその内容を後見登記等ファイルに記録します。

　任意後見制度の場合も後見登記等ファイルへの記録が必要になります。任意後見契

約が公正証書で作成されたときに、公証人がその内容を法務局に通知します。通知を受けた法務局の登記官は、その内容を後見登記等ファイルに記録することになります。

■厚生年金基金（こうせいねんきんききん）

厚生年金保険に上乗せして給付される、企業年金制度のひとつです。

厚生年金基金の歴史は古く、もともとは第二次世界大戦下の戦費調達を目的として導入された制度だといわれています。当初は現業男子のみを対象でしたが、次第に事務労働者や女子にも拡大していきました。

厚生年金保険の被保険者で、勤める企業が厚生年金基金に加入している場合は、自動的に厚生年金基金の加入者になります。

厚生年金基金は、加入する企業の従業員が、将来においてより充実した保障を受けることができるよう、国に代わって老齢年金の保険料の一部を運用しています。しかし、思うような運用の収益を得られず、財政難に陥る基金が増えたことから、平成25年の法改正で、新たに厚生年金基金を設立することが認められなくなりました。改正前から存続する厚生年金基金を「存続厚生年金基金」と呼び、設立規模や遂行業務内容は改正前の規定が適用されています。

■厚生年金保険（こうせいねんきんほけん）

おもに民間企業で働く労働者が被保険者として加入する公的な年金制度です。厚生年金保険法に基づいた内容で保険料を徴収し、被保険者が老齢や障害、あるいは死亡時に年金が支給されます。被保険者から徴収された厚生年金保険料は、その一部が自動的に国民年金に拠出されます。そのため、厚生年金の加入者は、自動的に国民年金の保険料を支払ったことになります。

年金は3階建ての制度と称される場合があり、その1階部分はすべての国民を対象とする基礎年金である国民年金です。そして、その上乗せである2階部分といわれるのが厚生年金です。老齢年金を受給する際は、個人事業主等が国民年金の老齢基礎年金しか受給できないのに対し、厚生年金の被保険者は、老齢基礎年金に加えて老齢厚生年金も併せて受給することができます。なお、厚生年金の保険料は、被保険者本人と会社が折半して負担します。

■公的給付（こうてききゅうふ）

国や地方公共団体が、私人に対して何らかの給付をすることをいいます。具体的には、年金や生活保護などが公的給付に該当します。

■公的年金（こうてきねんきん）

国の法律に基づいて加入が義務付けられている保険制度のことです。

おもに、自営業者は国民年金、会社員は厚生年金、公務員は共済年金に加入するしくみでしたが、平成27年10月からは被用者年金制度が厚生年金保険制度に統一されています（厚生年金保険に公務員と私学教職員も加入することになります）。

公的年金は「老齢」「障害」「死亡」の事由が生じたときに給付を行います。たとえば、厚生年金の場合、老齢厚生年金、障害厚生年金、遺族厚生年金といった給付が行われます。

■公的扶助（こうてきふじょ）

何らかの事情で健康で文化的な最低限度の生活を自力で営むことができなくなった

生活困窮者に対し、公的機関が税金等を財源として経済的援助を行うことをいいます。日本には、生活保護法に基づいて支給される生活扶助、教育扶助、住宅扶助、医療扶助などの保護費や、一人親世帯に支給される児童扶養手当などの制度があります。

■**行動援護（こうどうえんご）**

知的障害や精神障害により、常時介護を必要とする障害者に対して、移動する際に生じる危険を回避するために必要な援助や、外出時における移動中の介護などを行うことを内容とするサービスです。対象者が起こしてしまった問題行動に対処する（制御的対応）だけでなく、対象者が問題行動を起こさないように前もって不安を取り除く措置（予防的対応）も含まれます。対象になるのは行動上著しい困難を有する人であり、18歳以上の場合は障害支援区分3以上であること、18歳未満の場合は小学生以上であることが条件です。実際の対象者の例としては、統合失調症などを有しており、危険回避などができない重度の精神障害者、てんかんや自閉症などを有する重度の知的障害者、そして自傷・異食・徘徊などの危険を有する人などが挙げられます。

なお、平成26年4月1日施行の「障害者総合支援法における『障害支援区分』への見直し」に伴い、行動援護に関する基準についても見直しが行われました。具体的に影響を受けた部分は、認定調査における行動障害の評価が「現在の環境で行動上の障害が現れたかどうかに基づき判断」から「行動上の障害が生じないように行っている支援や配慮、投薬等の頻度を含め判断」に変更された点などです。

■**高等学校等就学支援金（こうとうがっこうとうしゅうがくしえんきん）**

高等学校に通う家庭の経済的支援のため、授業料の負担として高等学校等就学支援金を支給する制度をいいます。

平成26年4月の法改正により、公立高校・私立高校に対する制度が一本化され、対象となる家庭の年収が910万円未満という所得制限が設けられました。なお、平成26年3月以前より高等学校に在籍している場合は、旧制度の対象になります。

■**高年齢求職者給付金（こうねんれいきゅうしょくしゃきゅうふきん）**

雇用保険の求職者給付のひとつで、失業中の高齢労働者に対して支給される一時金です。65歳になる前から雇用され、引き続き65歳以後も継続して雇用されている高年齢継続被保険者が、離職の日以前に被保険者期間が通算して6か月以上ある場合に支給されます。一般の被保険者は所定の給付日数を上限として、失業日に応じて基本手当が支給されます。しかし、高年齢求職者給付金は、1回限りの一時金です。被保険者期間が1年未満の場合は基本手当30日分、1年以上の場合は50日分が支給されます。

なお、高年齢求職者給付金は失業認定日に失業していれば支給されます。たとえ支給の翌日に就職が決まった場合でも、給付金を返還する必要がありません。

■**高年齢継続被保険者（こうねんれいけいぞくひほけんしゃ）**

同一の事業主の適用事業に、65歳に達した日（誕生日の前日）の前日から引き続いて、65歳に達した日以後も雇用されている者のことです。ただし、短期雇用特例被保険者と日雇労働被保険者に該当する者は除

きます。

■高年齢雇用継続基本給付金（こうねんれいこようけいぞくきほんきゅうふきん）

雇用保険の被保険者（労働者）の60歳以降の賃金が、60歳時の賃金の75％未満まで低下した場合に支給される給付金です。高年齢者雇用安定法により、60歳を過ぎてからの継続雇用が求められてはいるものの、高齢による労働力の低下などを理由に、60歳前と比べて賃金が低下することがあります。こうした労働者の生活保障として、給付が行われます。高年齢雇用継続基本給付金の金額は、次のように決定されます。ただし、支払われた賃金が一定の金額を超える場合は、支給が行われません。

ⓐ　60歳に到達した日を離職の日とみなして賃金日額に相当する「みなし賃金日額」を算出します。

ⓑ　新しい賃金がみなし賃金日額に30を掛けた額の61％未満のとき、実際に支払われた新しい賃金の15％が支給されます。

ⓒ　新しい賃金が61～75％の間の場合は、その率により逓減し、75％以上のときは支給されません。

■高年齢雇用継続給付（こうねんれいこようけいぞくきゅうふ）

雇用保険法に基づき、被保険者が雇用を継続することが困難になった場合に支給される給付のことで、育児休業給付、介護休業給付とともに、雇用継続給付のひとつとされています。高年齢雇用継続給付には、継続雇用されている高齢者に対して支給される「高年齢雇用継続基本給付金」と、再雇用された高齢者に対して支給される「高年齢再就職給付金」があります。

■高年齢再就職給付金（こうねんれいさいしゅうしょくきゅうふきん）

雇用保険の基本手当を受給していた60歳以上65歳未満の受給資格者が、基本手当の支給残日数が100日以上ある状態で再就職をした場合に支給される給付です。支給残日数が200日以上の場合は、再就職日の翌日から2年、100日以上200日未満の場合は、再就職日の翌日から1年の間（ともに65歳に達するまでの間）支給が行われます。高年齢再就職給付金の金額は、次のように決定されます。支払われた賃金が一定の金額を超える場合は、支給が行われません。

ⓐ　再就職後の賃金が、失業時に支給された基本手当の日額に30を掛けた額の61％未満の場合、実際に支払われた新しい賃金の15％が支給されます。

ⓑ　再就職後の賃金が61～75％の間の場合は、その率により逓減し、75％以上のときは支給されません。

■高年齢者雇用安定法（こうねんれいしゃこようあんていほう）

正式には「高年齢者等の雇用の安定等に関する法律」といいます。就職が困難とされる中高年齢者の再就職雇用機会を推進するために制定されました。おもに、ⓐ企業に対する「60歳定年制」の義務付け、ⓑ65歳までの雇用確保のための「高年齢者雇用確保措置」、ⓒ45～65歳未満の労働者を解雇する場合の「再就職援助措置」、ⓓ高齢者を解雇する場合に作成する「求職活動支援書」、ⓔ1か月に5人以上の高齢者を解雇する場合のハローワークへの届出義務、ⓕ高年齢者雇用状況報告書の提出、ⓖ高齢者の就業をサポートする「シルバー人材センター」の運営などについて定めています。

■後納制度（こうのうせいど）
　以前に納め忘れたことで滞納している国民年金保険料について、平成27年10月から平成30年9月までの3年間に限り、過去5年分まで納めることができる制度をいいます。通常は、納付期限から2年が経過した国民年金の未納保険料については、時効により納めることができません。しかし、後納制度を利用すると、年金額が増える、あるいは、納付期間が不足していたために年金を受給できない人が、年金受給資格を得られる場合があるというメリットがあります。以前は、過去10年分の保険料について後納できる制度でしたが、平成27年10月から現行の制度に移行しています。後納の対象は、国民年金保険料や付加保険料、免除期間、学生納付特例制度、若年者納付猶予制度の適用期間です。また、専業主婦などの手続きの遅れにより未納期間が発生した場合についても、後納が可能です。

■高齢者（こうれいしゃ）
　一般に65歳以上の人をさします。たとえば人口の高齢化率を示す場合や、介護保険の受給資格などは、65歳を基準にしています。ただ、法律によっては違う基準を使用していることもあります。たとえば「高年齢者等の雇用の安定等に関する法律」でいう高年齢者は55歳以上です。また、「高齢者の医療の確保に関する法律」では、65歳以上74歳以下を「前期高齢者」、75歳以上を「後期高齢者」と呼んでいます。

■高齢者医療確保法（こうれいしゃいりょうかくほほう）
　65歳以上の者の公的医療保険について定められた「高齢者の医療の確保に関する法律」のことです。
高齢化社会の発展に応じ、高齢期を迎えた国民に適切な医療サービスを行うため、64歳以下の者とは異なる制度として平成20年4月から施行されました。具体的には、65歳から74歳までの人を対象とした「前期高齢者医療制度」と、75歳以上（言語機能の著しい障害など一定の障害状態にある場合には65歳以上）の人を対象とした「後期高齢者医療制度（長寿医療制度）」が導入されています。

■高齢者虐待（こうれいしゃぎゃくたい）
　基本的に高齢者の人権を侵害したり、高齢者に不当な扱いをする行為を意味します。高齢者虐待は暴力的行為だけではなく、口頭によるものなど、広範囲に及びます。高齢者虐待の加害者の多くは、介護を行っている高齢者の家族や身近な人物であるケースが多く、とくに高齢者が認知症などの、自律性を欠く病気を患っている場合に虐待が起こる割合が高くなっています。

■高齢任意加入（こうれいにんいかにゅう）
　老齢基礎年金の受給資格期間（25年）に満たない70歳以上の者が申し出ることで、受給資格期間に達するまで任意で厚生年金に加入することができる制度をいいます。
ⓐ　勤務先が社会保険の適用事業所の場合は、事業所の同意は必要なく、本人が希望すれば高齢任意加入をすることができます。原則として保険料は全額本人負担ですが、勤務先の事業主が同意すれば折半負担が可能です。
ⓑ　勤務先が社会保険の適用事業所ではない場合は、加入の際には事業主の同意が必要です。保険料は、事業主が半額を負担する義務があります。

■国民皆保険（こくみんかいほけん）

すべての国民が、何らかの公的医療保険に加入している状態のことをいいます。日本では、1958（昭和33）年の国民健康保険法の全面改正により、すべての市区町村が国民健康保険を行うよう義務付けられました。市区町村の区域に住所を持つ者を国民健康保険の被保険者とするとともに、職域保険への加入を認めることで、1961（昭和36）年からは国民皆保険の体制を確立しています。

■国民健康保険（こくみんけんこうほけん）

職場の健康保険に加入する人や生活保護を受けている人などを除く一般国民が加入する健康保険で、「国保」ともいいます。健康保険が労働者のみを被保険者し、扶養家族は被扶養者扱いになることに対し、国民健康保険の場合は扶養家族も被保険者となることが大きな特徴です。

日本は、生活保護を受けている者などのごく一部の例外を除き、何らかの健康保険に加入しなければならない「国民皆保険制度」を採用しています。健康保険の適用事業所に雇用されている会社員などは、事業所が加入している健康保険（協会けんぽや健康保険組合）の被保険者になりますが、適用事業とされない個人事業主の場合は国民健康保険に加入することになります。

大多数が市区町村を保険者とする国民健康保険の被保険者となりますが、一部の業種に認可された国民健康保険組合の組合員となる場合もあります。

■国民年金（こくみんねんきん）

全国民を対象とした年金制度で、国民の老齢・障害・死亡について必要な給付を行う制度です。日本国内に住所を有する20歳以上60歳未満のすべての人は、強制的に国民年金へ加入することになります。国民年金の被保険者は、自営業者などは第1号被保険者、厚生年金の被保険者となる者は第2号被保険者、第2号被保険者に扶養される配偶者は第3号被保険者とされます。

被保険者は、25年以上保険料を納付した場合、または保険料の免除が認められた場合には、原則として65歳以降に老齢基礎年金を受給できます。また、保険料納付や免除で一定の要件を満たした者が障害を負った場合、もしくは死亡した場合、障害基礎年金または一定の遺族に遺族基礎年金が支給されます。

国民年金は、保険料の未納者多数による財源不足という深刻な問題を抱えています。そこで、平成27年10月から平成30年9月までの3年間は、それまで過去2年分だった未納分の国民年金保険料の事後納付（後払い）期間が過去5年分に延長されています。

■国民年金基金（こくみんねんきんききん）

国民年金（老齢基礎年金）に上乗せして年金を受け取れるように積立てをする制度です。自営業者やフリーランスなど、厚生年金に加入できない人が、月々掛金を掛けることによって、厚生年金にかわる年金を終身もしくは契約によって保証された期間中、受け取ることができます。国民年金基金の掛金は、加入時の年齢と加入する口数、給付の型などによって決まります。国民年金基金の加入対象者は、20歳以上60歳未満の国民年金の第1号被保険者（自営業者・農業者とその家族、学生、無職の人など）です。

■個人年金（こじんねんきん）

民営保険の保険商品のひとつで、民間の保険会社などに一定の金額を払い込み、一定の年齢に達した後に受け取る年金のことです。生きている限り年金が支給される終身型、給付期間の途中で、被保険者が死亡した場合には、そこで年金の給付が終わる有期型といった種類があります。

個人年金は、契約時点で年金額が決められている（定額年金）タイプや、一定期間ごとに予定利率が見直される利率変動型年金、投資信託で保険料を運用し、その実績によって年金額が決まる変額（投資）型年金といったタイプがあります。

■子育て世帯臨時特例給付金（こそだてせたいりんじとくれいきゅうふきん）

消費税率の引上げに伴い、子育て世帯の負担を緩和するために設けられた臨時的な給付制度です。支給額は、平成27年度の場合は対象児童1人あたり3,000円で、平成27年6月に児童手当を受ける世帯が対象です。臨時福祉給付金の対象者や生活保護受給者も受け取ることができますが、特例給付の受給者については、受け取ることができません。給付金の申請方法については、各自治体により異なるため、問い合わせが必要です。

■子育て短期支援事業（こそだてたんきしえんじぎょう）

やむを得ない事情で保護者が児童を養育することが困難になった場合に、自治体が一時的に児童を預かる制度をいいます。

親の仕事上の都合（残業など）や冠婚葬祭、出産、疾病などの理由により児童の世話が一時的に困難になった場合に、児童福祉施設や児童養護施設、乳児院などへ児童を預けることができます。宿泊が可能な場合もありますが、受け入れる人数に制限があるため、事前に申込を行う必要があります。

■子どもの貧困対策の推進に関する法律（こどものひんこんたいさくのすいしんにかんするほうりつ）

子どもの将来が、生まれ育った環境によって左右されないようにするための環境整備を目的とした制度です。平成26年1月から施行されました。

家庭の環境や経済力は、子どもの教育に影響を与える可能性が大きいため、将来に向けた教育を保障するため、国や地方公共団体などの責務、実施方法について規定されています。この規定をもとに、内閣府に「子どもの貧困対策会議」を設置し、子どもの貧困対策を総合的に推進していきます。貧困対策の基本的な方針、高等学校等進学率などの指標、教育・生活の支援、保護者に対する就労の支援・経済的支援などの大綱を定め、支援を実施します。

■雇用継続給付（こようけいぞくきゅうふ）

雇用保険の被保険者が雇用を継続することが困難な状態に陥った場合に支給が行われる給付のことです。高年齢者や育児・介護休業取得者が職業生活を円滑に継続できるように援助することを目的としています。高年齢者の就労や再就職を支援するための高年齢雇用継続基本給付金や高年齢再就職給付金、育児休業取得者を支援するための育児休業給付金、介護休業取得者を支援するための介護休業給付金などがあります。

■雇用保険（こようほけん）

労働者が失業した場合および労働者につ

いて雇用の継続が困難となる事由が生じた場合に、労働者の生活および雇用の安定を図るとともに、再就職を促進するため必要な給付（基本手当などの失業等給付）を行う公的保険制度です。また、失業の予防、雇用構造の改善等を図るための事業も行っています。

■混合診療（こんごうしんりょう）
　医療保険が適用される診療と、保険対象外の診療を併用して診療することをいいます。現在、混合診療は原則禁止とされていますが、保険外診療の中には、最先端医療や新薬などを使った診療が含まれるため、患者の中にはあえてこれらの診療を希望する人もいます。その場合、保険外診療はもちろん、保険が適用される診療もすべて全額自己負担で医療費を支払わなければなりません。
　混合診療の禁止については法的根拠がないとの強い意見があり、訴訟も提起されていましたが、平成23年10月の最高裁判例では、混合診療の原則禁止と全額自己負担の現行制度を容認する見解が示されています。

さ

■サービス管理責任者（さーびすかんりせきにんしゃ）
　所定の障害福祉サービスが利用者に適切に提供されるように管理を行う者をいいます。具体的には、利用者の個別支援計画の策定・評価、サービス提供のプロセス全体を管理します。障害福祉サービスを提供するには、サービス管理責任者を配置する必要があります。

■サービス担当者会議（さーびすたんとうしゃかいぎ）
　ケアプラン策定に際し、本人、家族、ケアマネジャー、サービス提供事業者などが集まって話し合いを行うことをいいます。会議では、ケアマネジャーが行ったアセスメント（課題分析）をもとに立てられたケアプランが提示され、参加者がその内容について意見を述べます。最終的には本人や家族の了解を得て、ケアプランに沿ったサービスが提供されます。

■サービス付き高齢者向け住宅（さーびすつきこうれいしゃむけじゅうたく）
　介護・医療と連携して高齢者を支援するサービスの提供が行われる住宅です。平成23年4月に行われた高齢者の居住の安定確保に関する法律の改正により創設された、比較的新しい制度です。
　サービス付き高齢者向け住宅として認定されるためには、都道府県や政令指定都市などの登録を受けることが必要です。登録を受けるためには、住宅の床面積が原則25㎡以上で、バリアフリー構造であることが求められます。また、専用部分にトイレや洗面設備などの設置が必要とされています。
　サービス付き高齢者向け住宅は、入居時に多額の費用がかからず、利用者が必要なサービスを自分で選ぶことができるケア付き住宅です。サービス付き高齢者向け住宅では、介護サービス事業所の職員や社会福祉士などのケアの専門家が日中は常駐しており、安否確認サービスと生活相談サービスが行われます。ただし、その他のサービスについてはそれぞれの住宅ごとに提供されるサービスが異なるため、住宅ごとの登録情報を確認することが大切です。入居者への介護サービスについては、介護保険の

24時間対応の定期巡回・随時対応サービスを組み合わせたしくみの活用が期待されています。

■**サービス提供責任者（さーびすていきょうせきにんしゃ）**

訪問介護サービスを提供する事業所において、訪問介護計画の作成や訪問介護サービス提供の受付・調整、ヘルパーの指導などを行う責任者のことをいいます。介護保険法によって設置が義務付けられており、介護福祉士などの資格を有する者を任用することができます。

■**サービス利用計画（さーびすりようけいかく）**

どのような福祉サービスをどのような形で利用するのかをプランニングすることです。利用者は、このサービス利用計画に基づいて、サービス事業者と契約を結んだり、サービスの提供を受けることになります。サービス利用計画は、個人で作成することもできますが、相談支援事業者に作成を依頼するのが一般的です。相談支援事業者は、障害者やその家族の意向を聞き入れながら、サービス利用計画を作成します。このサービス利用計画を作成依頼する際に、利用者側には費用の負担はありません。

■**災害共済給付制度（さいがいきょうさいきゅうふせいど）**

日本スポーツ振興センターが行う医療費などの給付制度です。学校において、子どもがケガをした場合に対して支払われます。

まず、国、学校側と日本スポーツ振興センターが災害共済給付契約を交わします。その上で、児童・生徒等の学校の管理下においての負傷、疾病、負傷・疾病治療後の障害、死亡などの災害に対し、医療費、障害見舞金、死亡見舞金などの支給を行います。保護者は、日本スポーツ振興センターの経費を負担することで、この制度を利用することができます。なお、対象となる学校には、小・中・高等専門学校、特別支援学校、幼稚園、こども園、保育園など、さまざまな施設が含まれています。

■**在職老齢年金（ざいしょくろうれいねんきん）**

会社などで働き、給与収入を得ながら受給する老齢厚生年金のことです。受給者の年齢と給与収入に応じて調整が行われます。60代前半の在職老齢年金（低在老）と60代後半の在職老齢年金（高在老）があり、それぞれ調整額の求め方が異なります。

在職老齢年金は、勤務先から受け取る賃金と過去1年間に受け取った賞与の合計額を12で割った「総報酬月額相当額」と、老齢厚生年金の月額（加給年金を除く）である「基本月額」をもとに調整額の計算が行われます。

低在老の場合、総報酬月額相当額と基本月額の合計額が28万円以内であれば、年金の減額は行われません。28万円を超えた場合は、総報酬月額相当額が46万円を超えるか否かで計算方法が異なります。収入によっては、年金が全額カットされる可能性があります。

高在老の場合は、総報酬月額相当額と基本月額の合計額が46万円以内であれば、年金の減額は行われません。46万円を超える場合は、その超えた分の半額に相当する年金額の支給が停止されます。

なお、70歳を過ぎても働いており、健康保険の被保険者である場合には、引き続き高在老の制度が適用されます。

■最低基準（さいていきじゅん）

一般的に障害福祉サービス事業の設備および運営に関する基準のことをいいます。身体障害者福祉法、知的障害者福祉法において定められた、一定のサービスの質を確保するための基準で、施設規模や施設全体の建築構造基準、職員の資格などについてに定められています。また、基本方針や職員配置基準など、指定基準と重複する項目もあり、指定基準は、原則として最低基準等をもとに規定するとされています。

■最低生活費（さいていせいかつひ）

生活保護制度における、厚生労働省が算出する、生活に必要な最低限の生活費用のことです。具体的には、水道光熱費や家賃、食費など、憲法25条で保障される「最低限度の生活」に必要な費用をいい、世帯合計の収入や資産がこの生活保護基準を下回る場合は、生活保護の受給対象になります。厚生労働省では生活保護の基準額表を毎年公表しており、最近では、平成27年4月に基準額が見直されています。

■裁定請求（さいていせいきゅう）

年金の受給権者（受け取る権利をもつ者）が、年金を受給するために手続きをすることです。保険者が年金受給資格を満たしているかどうかを確認することを「裁定」といいます。裁定は自動的に行われるものではなく、受給権者の請求が必要です。

ⓐ 老齢年金の裁定請求は、原則として65歳になった日（65歳誕生日の前日）以降に行われます。ただし、65歳未満に老齢厚生年金を受け取っていた者が65歳になり、新たに65歳以降の老齢厚生年金を受け取る場合は、新たに裁定請求を行う必要があります。

ⓑ 障害年金の裁定請求の場合は、初診日が厚生年金加入期間内の場合は障害基礎年金・障害厚生年金の両方の裁定請求ができます。また、初診日が厚生年金加入期間外の場合は、障害基礎年金のみ裁定請求ができます。

ⓒ 遺族年金の裁定請求の場合は、遺族基礎年金と遺族厚生年金では対象遺族の範囲に違いがあるため、基礎年金・厚生年金を同時に請求する場合と、一方のみを請求する場合があります。死亡一時金や寡婦年金の請求も、その都度行います。

■差額ベッド代（さがくべっどだい）

健康保険が適用されない病室のための費用です。具体的には、入院した際に個室の病室を利用した場合の費用などのことで、費用は自己負担になります。

健康保険の被保険者や被扶養者が入院した場合は健康保険の保険給付が適用され、被保険者は自己負担額を支払います。しかし、通常の入院環境では病室は相部屋が原則で、患者が望まない環境であることが少なくありません。このようなケースにおいて患者本人が希望した場合、プライバシー確保のための設備などの一定水準以上の環境を備えた病室に入ることができます。ただし、一定水準以上の設備は治療上必要性がないものと判断されるため、この場合にかかる費用は保険給付が適用されず、全額が自己負担になります。

なお、差額ベッドとは選定療養の一種です。具体的には、収納や証明、椅子が用意された、ベッド数が4つ以下の病室（1人あたり6.4㎡以上）のことで、正式には「特別療養環境室」といいます。

■作業療法士（さぎょうりょうほうし）

心身に障害のある人を対象に、手工芸やスポーツ、遊び、会話などの「作業」をリハビリとして行い、日常生活に必要な機能が向上するよう支援していく専門職です。「OT」という略称が使われています。作業療法士になるためには、所定の課程を修了し、国家資格を取得しなければなりません。

■サテライト型住居（さてらいとがたじゅうきょ）

グループホーム近郊の民間アパートの一室などを利用し、ホームとの交流や巡回支援を受けながら、障害者が一人で生活するしくみです。平成26年の法改正により、地域生活への移行や一人暮らしを希望する障害者を支援する制度として、サテライト型住居の新設が認められました。

■里親制度（さとおやせいど）

児童福祉法に基づき、養護される必要がある児童を、施設ではなく理解ある一般家庭に預けて養育する制度です。

里親制度には、一時的に預かる「短期里親」と、18歳になるまで預かり養育する「養育里親」があります。両親が死亡または行方不明の児童については、3親等以内の親族に委託して養育を行う「親族里親」の制度も設けています。また、虐待を受けた児童については、家庭的な温かい雰囲気の中で家庭復帰をさせる配慮として、専門研修を受けた里親による養護制度を設けています。専門研修の期間は約3か月で、虐待問題の解決と治療法を学びます。

里親制度を利用できるケースは、児童の保護者が里親制度に同意している場合、児童が棄児である場合、両親の死亡といった事情で児童が施設で生活している場合などに限られます。

■産科医療補償制度（さんかいりょうほしょうせいど）

出産の際に胎児に重度の脳性麻痺が発生した場合、医療機関に過失がなかったとしても一定額の補償（総額3000万円）を行う制度です。補償を受けるためには、出産を行う医療機関側が1つの分娩について3万円の保険料を負担する必要があります。そのため、その3万円分が出産育児一時金に上乗せされています。補償の対象要件は、平成21年～26年に出生した場合は、在胎週数33週以上かつ体重2000g以上、平成27年以降に出生した場合は、在胎週数32週以上かつ体重1400g以上の胎児が対象です。申請の期間は、胎児の満1歳の誕生日～満5歳の誕生日です。

■3号分割制度（さんごうぶんかつせいど）

国民年金の第3号被保険者が離婚した場合、離婚相手の厚生年金の保険料納付記録を分割できる制度をいいます。

扶養された妻が離婚した場合、将来受給する年金額が少なくなることをふまえて導入された制度です。3号分割制度を利用すると、離婚した場合、厚生年金被保険者の保険料納付記録を、厚生年金に加入していない国民年金第3号被保険者にも分割することができます。具体的には、平成20年5月以降に離婚した場合、平成20年4月1日以後の第3号被保険者期間についての厚生年金の保険料納付記録を2分の1ずつに分割できます。ただし、離婚日の翌日から2年以内に請求をすることが条件です。

■ **産前産後の休業（さんぜんさんごのきゅうぎょう）**

使用者は、6週間（多胎妊娠の場合にあっては、14週間）以内に出産する予定の女性が休業を請求した場合においては、その者を就業させてはならず、また、産後8週間を経過しない女性を就業させてはならないとする労働基準法65条規定の休業のことです。ただし、産後6週間を経過した女性が請求した場合において、その者について医師が支障がないと認めた業務に就かせることは、差し支えありません。

■ **暫定ケアプラン（ざんていけあぷらん）**

ある程度の要介護度が認定されることを見越して、暫定的にサービスを提供するために作成するケアプランのことです。本来であれば、要介護認定の申請をして、要介護度が決まってから支給限度額の範囲内でケアプランを立てなければならないのですが、認定結果が出るまでには申請から1かほどの時間がかかります。このため、急激に体の状態が悪くなるなど、認定結果が出るまでサービス提供を待てない場合などに、暫定ケアプランを立ててサービスを提供することがあります。

■ **暫定支給決定（ざんていしきゅうけってい）**

訓練等給付のサービスのうち、自立訓練（機能訓練と生活訓練）、就労移行支援または就労継続支援A型を希望する場合に、一時的な給付をする障害福祉サービス上の決定のことです。一定の期間だけ訓練等給付を行い、利用者の意思を確かめ、そのサービスが利用者にとって効果があり、適切かどうかを判断することが暫定支給決定の目的です。

訓練等給付が適切と判断されれば、サービス事業者が利用者個々に対して、訓練期間や目標などを設定し（個別支援計画案）、それに基づいて、本格的に訓練等給付の決定が行われることになります。暫定段階で支給が適切と認められない場合は、サービス事業者の変更やサービス自体の変更が行われます。暫定支給の期間については、原則として更新は行われません。ただし、暫定支給終了段階で、一定の改善が見られる場合や、再評価の必要があると判断された場合は、暫定支給の期間が延長されることがあります。

■ **算定対象期間（さんていたいしょうきかん）**

雇用保険の被保険者が失業し、基本手当を受給する場合の要件を判断するための期間で、原則として離職の日以前の2年間のことです。雇用保険の基本手当は、算定対象期間に被保険者であった月が12か月以上あった場合に、受給をすることができます。ただし、解雇や倒産、更新拒絶などの事情が原因で離職者となった特定受資格者および特定理由離職者は、例外として算定対象期間が離職の日以前1年間とされます。この算定対象期間に6か月の被保険者期間があれば、基本手当が受給されます。

なお、算定対象期間に、疾病・負傷を理由に引き続き30日以上の賃金支払いを受けることができなかった期間がある場合は、最大4年間になるまで算定対象期間の日数を加算することができます。

し

■ **支給調整（しきゅうちょうせい）**

複数の年金あるいは雇用保険と年金を同

時に受給できるときに、いずれか一方の保険給付が未支給または減額支給となることです。現行の年金制度では、同一人物について複数の年金についての受給権を有するときは、一方の年金の支給が停止されたり、支給額が減額されることがあります。また、在職老齢年金の制度では、給与や賞与の額に応じて、年金の支給額が一部支給停止となります。このように、他の年金や制度から年金や給付金を受けることができる場合に、本来の金額が減額または全額支給停止されます。

■支給停止（しきゅうていし）

　年金の支給を一時停止するものの、再度要件を満たせば再び支給される状態のことを支給停止といいます。

　たとえば、障害基礎年金や障害厚生年金は障害により支給されますが、障害の原因が労災の場合には、労働基準法の障害補償を受けることができます。その場合、給付の重複を避けるため、障害基礎年金や障害厚生年金が6年間支給停止されます。

　遺族基礎年金や遺族厚生年金についても同様に労働基準法の障害補償を受けることができる場合は、6年間支給停止されます。また、遺族厚生年金は、労働者が死亡したとき、夫、父母、祖父母が55歳以上の場合に受給権者となりますが、一定の障害があるか60歳以上であることが支給の要件になります。この場合には60歳になるまで支給停止されます。

■死後事務委任契約（しごじむいにんけいやく）

　ある人が、が第三者に対して、自分が亡くなった後に必要な諸手続、葬儀、納骨、埋葬に関する事務等について代理権を与えて、死後の事務を委任する契約をいいます。身寄りがない場合には、自分の死後のことが気にかかる場合もあります。たとえば、葬儀の手配といった内容について、死後の事務委任契約などを別途結んでおくとよいでしょう。

■事後重症（じごじゅうしょう）

　障害認定日（初診日から1年6か月経過した日）には、障害等級が1級から3級に該当しなかったが、障害認定日以降に症状が悪化し、障害の状態が障害等級1級から3級に該当するようになることをいいます。障害年金は、原則として障害認定日に障害の程度が障害等級1級から3級に該当しなければ支給されません。しかし、障害認定日以降、障害の重さが変わる場合もあるので、このような事後重症の場合にも障害年金の受給権を認める必要があります。

　ただし、事後重症により障害年金の支給を受ける場合は自分から請求しなければなりません。

■思春期相談（ししゅんきそうだん）

　思春期の子どもに関するさまざまな悩みの相談に乗ってもらえる窓口です。思春期には体の悩み、薬物、性や心の問題など、社会的にも大きく取り上げられる問題が多くなっています。家族内だけでは解決しにくい、困難な問題です。思春期相談は保健所、保健センターなどで行われていますが、保健機関だけでなく、教育、福祉などさまざまな機関が一体となって対応していくべきです。

■次世代育成支援対策推進法（じせだいいくせいしえんたいさくすいしんほう）

次世代を担う子どもが健やかに生まれ、育成されるよう、環境を整える取り組みを行うことを国や地方公共団体、事業主、国民に義務付ける法律です。急速に進む少子化や、家庭・地域を取り巻く状況が変化していることから、子育て環境の整備が急務とされ、平成15年に制定されました。

この法律は、保護者が子育ての意義についての理解を深めるとともに、子育てに伴う喜びが実感されるよう配慮して対策をとることを基本理念としています。国、地方公共団体、事業主は、この基本理念に基づいて、具体的な行動計画を策定するよう求められています。

■施設入所支援（しせつにゅうしょえん）

施設に入居する障害者に対し、夜間を中心に排泄や入浴、食事といった日常生活の介護や支援、生活に関する相談や助言を行うサービスです。障害者の中でも、とくに日中に就労移行支援を利用している人や自立訓練を行っており、かつ夜間の介護を必要とする人を対象とする支援です。「日中に適した訓練が施されるが、その施設には住居機能がない」、逆に、「住居機能があるがその施設では満足な訓練が受けられない」ということになると不都合が生じるケースもあります。施設入所支援は、そのような問題を解決するために作られたサービスです。具体的な対象者は、生活介護を受けている障害支援区分4以上（50歳以上は3以上）の人、自立訓練、または就労移行支援を受けている人で、施設に入所して訓練を行うことが必要的・効果的であると認められる人、その他やむを得ない事情で通所による訓練が困難な人などです。

利用者は、施設でのサービスを昼のサービスと夜のサービスに分けることで、サービスの組み合わせを選択できます。このサービスを利用する場合には、利用者一人ひとりの個別支援計画が作成され、その計画に沿ってサービスが提供されます。

■施設養護（しせつようご）

養護が必要な環境に置かれている児童を施設に入所させ、家庭に代わって児童の生活の場所を保障する制度です。

施設には、乳児院や児童養護施設、自立援助ホームなどがあります。

ⓐ 乳児院では、父親や母親が死亡あるいは離婚により保護者が不在の乳児、または保護者が病気などの理由で保護が必要な乳児について養育を行います。保育士や看護師、医師などが乳児の養育にあたり、授乳や食事、排泄の世話により健康を管理し、精神発達の観察も行います。

ⓑ 児童養護施設では、両親との死別や両親による遺棄、虐待、または両親の心身障害により監護が受けられない児童を養護し、自立を支援しています。施設への入所には年齢制限があり、満1歳〜18歳です。

ⓒ 自立援助ホームでは、児童養護施設などの出身者で、義務教育を修了後に社会的自立ができない児童に対するサポートを行います。職員が児童と一緒に生活しながら就職活動を行い、仕事や日常生活に関する相談に乗っています。

■市町村障害福祉計画（しちょうそんしょうがいふくしけいかく）

障害者総合支援法に基づき、市町村が定

める行政計画のことです。市町村障害福祉計画には、以下のような事項が定められています。

ⓐ 障害福祉サービス、相談支援および地域生活支援事業の提供体制の確保に係る目標に関する事項

ⓑ 各年度における指定障害福祉サービス、指定地域相談支援または指定計画相談支援の種類ごとの必要な量（サービスの件数）の見込み

ⓒ 地域生活支援事業の種類ごとの実施に関する事項

また、上記の事項の他に、ⓑの見込み量（サービスの件数）を確保するための方策や、ⓑやⓒの事項を実現するための関係機関との連携に関する事項などが記載されることもあります。

市町村障害福祉計画は、障害者基本法の市町村障害者計画や社会福祉法の市町村地域福祉計画など、その他法律の規定による計画と調和がとれたものである必要があります。また、市町村障害福祉計画を定めたり、計画の内容を変更しようとする際には、住民の意見を反映させるために必要な措置を講ずるよう努めなければなりません。また、市区町村は、障害福祉計画を定めたり変更した際には、これを都道府県知事に提出します。

■**失業（しつぎょう）**

雇用保険法上、雇用保険の被保険者が離職し、働く意思および能力があるにもかかわらず職業に就くことができない状態をいいます。離職はしたが、働く意思または能力がないという状態は、雇用保険法上の失業には該当しないことになります。なお、雇用保険では、休職の申込みが行われた公共職業安定所で、原則として4週に1回、その者が失業していたかどうかについての確認が行われます。この雇用保険上の行為を失業の認定といいます（雇用保険法15条）。

■**失業等給付（しつぎょうとうきゅうふ）**

雇用保険から支給される求職者給付、就職促進給付、雇用継続給付、教育訓練給付を総称して失業等給付といいます。

求職者給付は、被保険者が離職して失業状態にある場合に、失業者の生活の安定を図るとともに求職活動を容易にすることを目的として支給される給付です。就職促進給付は、失業者が再就職するのを援助、促進することをおもな目的とする給付です。これに対して、雇用継続給付は、現在、職に就いている者について、失業しないようにするための失業予防的な給付です。教育訓練給付は、教育訓練給付は、国が指定した教育訓練を終了した者に対しての給付で、就職中の者と、離職後一定期間内の者が対象です。

■**失権（しっけん）**

年金の受給権そのものが消滅することです。老齢年金・障害年金・遺族年金ごとに、それぞれ失権の要件が定められています。

老齢年金の場合は、受給権者が死亡した時のみ失権します。老齢年金は、生存している限り受給権を持つためです。

障害年金の場合は、対象となる障害の程度が軽度になり、65歳を迎えた場合、もしくは3年以上経過した場合の、いずれか早い方に該当した時点で失権します。

遺族年金の場合は、受給権者が死亡や婚姻、離縁などを行った場合、子の場合は18歳に達した場合などに失権します。死亡により遺族年金が不要になった場合や、遺族年金に頼らなくても生活をしていける状況

になったと判断されるためです。なお、遺族年金の場合は、遺族基礎年金と遺族厚生年金で事由の詳細が異なります。

■**指定一般相談支援事業者（していいっぱんそうだんしえんじぎょうしゃ）**

基本相談支援と地域相談支援の両方を行う事業者のことです。地域相談支援とは、地域移行支援と地域定着支援のことです。地域移行支援を行う事業者を指定地域移行支援事業者、地域定着支援を行う事業者を指定地域定着支援事業者といいます。

■**指定介護療養型医療施設（していかいごりょうようがたいりょうしせつ）**

介護サービスも提供する医療施設です。通常の医療施設と比べると、介護関連の職員が多く配置されています。通常の病院の場合には、手術や集中投薬などの治療を行った後、患者の状態が安定すると、退院を求めます。すぐに自宅で生活ができる人の場合は問題ありませんが、高齢者の中には、自立した日常生活を自宅ですぐに行うのは難しい人もいます。医療的な体制が整っていない介護施設に入所する場合、介護サービスの点では問題がなくても、医療的な看護を受けられないのでは不安が残ります。また、老人保健施設のように短期間集中して機能訓練等を受けることで自宅復帰が可能となるケースもありますが、長期間の療養が必要となるケースもあります。こうした高齢者を対象としているのが指定介護療養型医療施設です。指定介護療養型医療施設を利用できるのは要介護者で、要支援者は利用することはできません。指定介護療養型医療施設に入院する際には、介護保険の適用を受ける場合と医療保険の適用を受ける場合があります。

■**指定介護老人福祉施設（していかいごろうじんふくししせつ）**

都道府県から介護老人福祉施設の指定を受けた施設のことです。介護保険法に基づく介護保険施設のひとつで、老人福祉法上の特別養護老人ホームと同じ施設を意味します。

指定介護老人福祉施設のサービスは、常時介護を受けることに重点を置いている点が特徴です。指定介護老人福祉施設への入所は、寝たきりになっていたり認知症が進んでいる状況の人など、在宅で生活することが難しい状態にある人が対象になっています。この施設に入所した要介護者は、入浴や食事、排泄、清拭や体位変換などの身の回りの世話をはじめとする日常生活上必要となる支援を受けることができます。また、要介護状態を少しでも改善し、自立した生活をすることができるように、機能訓練を受けたり健康管理をしてもらうこともできます。要介護者が入所した際には施設介護サービス計画が立てられます。施設介護サービス計画をケアプランともいいますが、このプランに沿って介護保険給付の対象となるサービスが決められます。特別養護老人ホームは短期間だけ入所してサービスを受けるショートステイの場合を除いて、要支援の人が予防給付としてサービスを受けることはできません。

指定介護老人福祉施設は、約4～6名の相部屋が主流でしたが、最近ではプライバシーを重視したユニット型の個室も提供されるようになりました。

■**指定基準（していきじゅん）**

障害者総合支援法などに規定されたサービスを提供するために事業者や施設が満たす必要のある、国等が定めた基準のことを

いいます。障害福祉の指定基準は、サービスの種類および事業所ごとに定められています。指定基準には、基本方針や職員配置基準など、最低基準と重複する項目があり、これらについては、原則として、最低基準等をもとに規定するとされています。その他、指定基準には、重要事項に関する書面交付や領収証の交付等の支援費制度特有の事務等の取扱い基準についても定められています。

■ 指定居宅介護支援事業者（していきょたくかいごしえんじぎょうしゃ）

　在宅で支援を受ける利用者に適切なサービスが提供されるよう支援する事業者のことです。具体的には、利用者である要介護者の依頼を受けて介護サービスの利用計画（ケアプラン）を作成する他、すでに提供しているサービスが利用者にあっているかどうかをチェックして、必要に応じてプランの調整を行う事業者のことです。ケアプランの作成をメインとして行うケアマネジャーは、指定居宅介護支援事業者の下で仕事を行っています。

■ 指定居宅サービス事業者（していきょたくさーびすじぎょうしゃ）

　在宅の要介護者に対してケアプランに沿った居宅サービスを提供する事業者です。指定居宅サービス事業者は、その提供するサービス内容の種類に応じて細かく指定されます。

■ 指定障害児相談支援事業者（していしょうがいじそうだんしえんじぎょうしゃ）

　児童福祉法に基づく相談支援を行う事業者のひとつです。障害児の心身の状況、環境、サービスの利用に関する意向などをふまえてサービスの利用計画（障害児支援利用計画）およびその案を作成する事業です。障害児が個々の状況に合ったサービスを利用できるように支援することを目的としています。事業を行うには、市区町村の指定を受ける必要があります。

■ 指定障害児通所支援事業者（していしょうがいじつうしょしえんじぎょうしゃ）

　児童福祉法に基づくサービスの提供を行う事業者のひとつです。児童発達支援（日常生活の基本的動作を身につけたり、集団生活に適用するための訓練を行う支援）、医療型児童発達支援、放課後等デイサービス（学校授業終了後や休業日に行われる、生活能力を上げるための支援）および保育所等訪問支援を行う事業者のことです。

■ 指定障害児入所施設（していしょうがいじにゅうしょしせつ）

　児童福祉法に基づくサービスの提供を行う施設のひとつです。障害児を入所させて、日常生活の世話や指導を行い、社会生活で必要な技能・知識の教育を行う施設です。施設には福祉サービスを行う福祉型と、福祉サービスに併せて治療を行う医療型があります。

■ 指定障害者支援施設（していしょうがいしゃしえんしせつ）

　障害者に対して、夜間に施設入所支援を行うとともに、昼間に施設入所支援以外の施設障害福祉サービス（生活介護、自律訓練、就労移行支援）を行う施設のことです。ただし、のぞみの園（重度の知的障害者に対して支援を行う国の施設）や児童福祉施

設は障害者支援施設には含まれません。

■指定障害福祉サービス事業者（していしょうがいふくしさーびすじぎょうしゃ）

都道府県の指定を受けた、障害福祉サービスを提供する事業者のことをいいます。居宅介護、療養介護、短期入所などのサービスを総称して障害福祉サービスといいます。障害福祉サービスを提供する事業者となるためには、サービス事業者としての要件を満たした上で、都道府県の指定を受けることが必要です。

■指定特定相談支援事業者（していとくていそうだんしえんじぎょうしゃ）

障害者総合支援法に基づく相談支援を行う事業者のひとつです。基本相談支援（必要な情報の提供や助言）と計画相談支援（サービス利用前にサービス等利用計画を作成し、一定期間ごとにモニタリングを行う支援）の両方を行う事業者のことです。事業を行うには、市区町村の指定を受ける必要があります。

■児童（じどう）

満18歳未満の者をいいます。児童福祉法に定められた定義で、刑事法や民法などとは異なります。児童福祉法では、児童をさらに年齢に応じて区分しています。具体的には、ⓐ乳児（満1歳まで）、ⓑ幼児（満1歳～就学前まで）、ⓒ少年（就学時～満18歳まで）、と規定しています。

■児童委員（じどういいん）

児童福祉法に基づき、妊産婦や乳幼児、児童を守るため、育児などの相談や援助を行う者をいいます。児童委員は各市町村に配置され、地域の福祉支援を行う民生委員が兼務しています。児童委員は担当区域での活動を行いますが、児童委員の上に立つ主任児童委員は担当区域を持たず、問題に応じて児童相談所や学校、区域同士の連携を担当し、児童委員を統括しながら活動のサポートを行います。

■児童育成手当（じどういくせいてあて）

自治体による、死亡や離婚などの事情による母子・父子家庭や、障害を持つ児童の保護者の経済的自立を支援するための手当です。18歳未満の母子、父子家庭や、20歳未満の障害を持つ児童の保護者が受給の対象です。ただし、申請者に一定以上の所得がある場合は、支給の制限があります。

■児童虐待（じどうぎゃくたい）

児童虐待防止法に定められた、本来子どもを保護・養育すべき立場にある大人が、子どもの成長を阻害するような暴力を加えることをいいます。児童虐待相談対応件数は、年々増加の一途をたどり、非常に深刻な事態を迎えているため、学校や児童相談所、地方自治体との連携の強化など、国を挙げての早急な対処が求められています。

■児童虐待の防止等に関する法律（じどうぎゃくたいのぼうしとうにかんするほうりつ）

児童虐待を防ぎ、予防や早期の発見をめざして定められた法律です。略して「児童虐待法」とも呼ばれています。昨今の児童虐待件数の増加を受けて施行されました。

もともと、児童の虐待に対する対処策は児童福祉法に定められていました。ただ、国民への周知がなされておらず、児童相談所への通報や家庭裁判所の申立てがほとん

ど行われない状態が続いていました。そこで、平成12年に児童虐待の防止等に関する法律が成立し、児童虐待の定義や発見時の立ち合い方法など、具体的な対処法が定められました。この法律の施行に伴い、もともと存在した児童福祉法も改正され、児童虐待にかかわる者の基準に社会福祉士などが加えられ、一時保護の期間も2か月という明確な定めが規定されました。

■児童相談所（じどうそうだんじょ）
　子どもの抱えるさまざまな問題の相談に応じ、解決をめざした対応をするために設けられた機関です。児童相談所は、各都道府県ごとに最低でも1か所以上は設置しなければなりません（児童福祉法12条）。複数の児童相談所を置き、そのうちの1か所に中央児童相談所としての機能を持たせているところもあります。また、専門的な対応を可能にするために、保育士・教師といった教育関係者の他、医師、臨床心理士、児童福祉司、児童心理司などの専門家が職員として配置され、相談に応じます。この他、ボランティアで児童の話し相手となるメンタル・フレンドの派遣を行う場合もあります。

■児童手当（じどうてあて）
　子育てにかかる費用の負担を少しでも軽減するために支給されているのが児童手当です。児童手当は、平成23年度まで支給されていた子ども手当と異なり、養育者の所得について所得制限が設定されています。所得制限は、養育者の扶養親族の人数ごとに定められており、扶養親族がいない場合は622万円、1人の場合は660万円、2人の場合は698万円などと定められています。養育者の所得が所得金額を超える場合、児童手当を受給することはできません。ただし、現在のところ、所得金額を超える父母などに対しても、特例給付として月額5,000円が支給されます。

■児童発達支援（じどうはったつしえん）
　児童福祉法に基づく障害児通所支援事業のサービスのひとつです。
　身体に障害のある児童、知的障害のある児童または精神に障害のある児童（発達障害児を含む）に対して、児童発達支援センターなどの施設に通わせ、日常生活における基本的な動作の指導、知識技能の付与、集団生活への適応訓練などを行うサービスです。

■児童福祉制度（じどうふくしせいど）
　児童の健全な育成や生活の保障を行うための法律である児童福祉法に定められた制度です。具体的には、死別や離婚、虐待などの理由から家庭での生活が困難な児童への施設養護（乳児院・児童養護施設など）や、里親制度を設けるなど、児童に対する福祉サービスの充実を行っています。

■児童福祉法（じどうふくしほう）
　児童の権利と児童に対する国・国民の義務を明らかにするとともに、児童の育成に関する施設や責任、障害児に対する支援について定めている法律です。社会福祉六法のひとつで、1947年に制定されました。児童福祉法では、児童が身体的、精神的、そして社会的にも健全に育成されるためには、少年法などの関連諸法との連携の下、国や地方公共団体、保護者が一体となって取り組む必要があるとしています。また、児童の権利を保障するためには、広範囲で多角的な政策を実施しなければならないとしています。

■児童扶養手当（じどうふようてあて）

児童を連れて離婚した父母、両親のいない児童を養育する者に支給される手当です。時代に応じて支給の対象者が拡大されています。たとえば、かつては母子家庭のみを支給対象としていましたが、現在は父子家庭も支給対象とされています。また、平成24年8月以降は配偶者からの暴力（DV）で裁判所からの保護命令が出された場合にも受給できるようになりました。さらに、平成26年12月より公的年金給付を受けている者も対象になりました。この場合は、支給されている公的年金給付額と児童扶養手当の差額分が受給できます。

■死亡一時金（しぼういちじきん）

第1号被保険者が死亡した際に、保険料納付済期間が短いため、遺族が遺族基礎年金を受給できない場合に支給される一時金です。

老齢基礎年金の受給資格を満たさないまま、国民年金の第1号被保険者が死亡した場合、遺族は遺族基礎年金を受給することができません。このようなケースにおいて、保険料の掛け捨てを防止するため、死亡一時金の制度が定められました。死亡日の前日に属する月の前月までに、第1号被保険者としての納付済期間が通算36か月以上ある場合、その月数に応じて12万円から32万円が支給されます。

なお、保険料納付済期間は、保険料の免除を受けている場合は実際に納付している保険料に応じて合算を行います。たとえば、保険料が半額免除されている月は2分の1か月として合算し、4分の1免除（4分の3の保険料を支払済）の場合は、4分の3か月として合算します。同じく、4分の3免除（4分の1の保険料を支払済）の場合は4分の1か月として合算します。

■市民後見人（しみんこうけんにん）

弁護士や司法書士などの専門家以外の一般市民が、後見業務を行う場合に、事務を担当する人のことをいいます。成年後見制度の活用にあたって現在深刻な問題となっているのが成年後見人の不足です。成年後見人となる人が足りないと、利用したくても利用することができない高齢者や要介護者が増えて制度が有効に機能しません。そこで、現在注目されているのが、一般市民を後見人として活用する市民後見人の育成です。後見人は被後見人の財産管理を行うため、法律の専門家を後見人とするケースが多いようですが、人手不足を解消するため、市民後見人を育成しようとする方針です。老人福祉法には市民後見人に対する研修の実施等に関する規定が置かれており、市民後見制度の育成・活用が期待されています。

■社会保障制度改革プログラム法（しゃかいせいどかいかくぷろぐらむほう）

正式名称は「持続可能な社会保障制度の確立を図るための改革の推進に関する法律」です。受益と負担の均衡がとれた持続可能な社会保障制度の確立を図るため、医療制度、介護保険制度等の改革の全体像と進め方を明示することを目的とした法律です。

この法律によると、社会保障制度の安定財源確保のために、平成26年4月から消費税率が8％に引き上げられ、平成27年10月からは10％に引き上げられる予定です。消費税率の引上げによる増収分は、すべて社会保障の充実・安定化の財源となります。具体的には、少子化対策、医療、介護、年金の各分野の充実と、次世代への負担を軽

■社会福祉協議会（しゃかいふくしきょうぎかい）

地域福祉の充実を図ることを目的として運営されている民間団体です。全国、都道府県、市区町村にそれぞれ設置されています。業務内容は各団体ごとに異なりますが、おもに地域福祉活動の支援や生活福祉資金の貸付、高齢者・障害者の相談窓口、ボランティアセンターの運営などの事業を行っています。

■社会福祉法人（しゃかいふくしほうじん）

社会福祉法の定めに従い、社会福祉事業を行うことを目的として設立された法人です。生活保護法に規定する救護施設、児童福祉法に規定する乳児院や児童養護施設、老人福祉法に規定する特別養護老人ホームなどの事業（第一種社会福祉事業）は、原則として国、地方公共団体または社会福祉法人が経営することになっています。なお、社会福祉法人は、社会福祉事業に支障がない範囲で、公益事業や収益事業を行うことができます。

■社会福祉六法（しゃかいふくしろっぽう）

社会福祉のあり方についての定めがある法律で、ⓐ生活困窮者に対しての生活保障を定めた生活保護法、ⓑ児童の福祉について定めた児童福祉法、ⓒ母子や寡婦、その児童の福祉について定めた「母子及び寡婦福祉法」、ⓓ高齢者の心身の健康を守り、安定した生活をめざす福祉について定めた老人福祉法、ⓔ身体に障害のある者に対する福祉について定めた身体障害者福祉法、ⓕとくに知的障害を持つ者に対する福祉について定めた知的障害者福祉法の総称です。福祉六法ともいわれています。

■社会保険（しゃかいほけん）

被保険者に疾病、負傷、分娩、老齢、障害といった事情が生じた場合に、一定の保険給付を行うことで、被保険者とその家族の生活を保障する各種保険制度の総称です。保険方式で運営されており、一般的には、健康保険、厚生年金保険、介護保険を総称して社会保険といいます。

■社会保険診療報酬支払基金（しゃかいほけんしんりょうほうしゅうしはらいききん）

医療保険や公費負担医療の診療報酬の審査と支払業務、高齢者医療や退職者医療関係の支援金や拠出金の徴収と交付金の交付を行っている法人です。介護保険制度ができてからは、第2号被保険者からの保険料の徴収と市区町村への交付も行っています。

■社会保障（しゃかいほしょう）

ケガや病気、貧困などの要因により、「健康で文化的な最低限度の生活」が維持できなくなる事態を改善、防止するために、社会が制度などを整備することをいいます。たとえば日本の場合、社会保険や生活保護などの制度が設けられています。

■社会保障と税の一体改革（しゃかいほしょうとぜいのいったいかいかく）

社会保障制度の制度改革と必要財源の安定的確保、財政健全化を同時に達成することをめざす、政府の政策案です。少子高齢

化に伴い、年金や医療、介護などの社会保障費用は急激に増加し、税金と借金でまかなう部分が毎年増加しています。こうした中、受益と負担のバランスがとれた持続可能な社会保障制度を構築し、次世代に安定して引き渡すための制度改革が必要とされ、平成24年8月に「社会保障・税一体改革関連法案」として国会に提出された7つの法案が成立しました。その中心となるのが「社会保障制度改革推進法」で、少子化対策、医療、介護、年金の4つの分野について規定されています。介護保険については、介護サービスの効率化・重点化、保険料負担の増大の抑制を図るという基本方針が明記されています。

■若年者納付猶予制度（じゃくねんしゃのうふゆうよせいど）

若年者（30歳未満）に対する国民年金保険料の免除制度です。経済的に苦しい20代の若年者が、将来の無年金・低額の年金受給などの不利益を被らないようにするために設けられた、平成17年4月〜平成37年6月までの期間限定の措置となっています。

若年者納付猶予制度は、通常の保険料の免除制度と異なり、親と同居しているかどうかに関係なく利用することができます。また、世帯主の所得要件がない代わりに、配偶者の所得要件が設けられています。

この制度を利用する場合は、自ら申請する必要があります。申請をせず放置した場合は、原則2年の追納期間が過ぎると受給金額が減少します。申請をした場合は、後日、保険料の納付が可能になるまでの一定期間、保険料の納付が免除されます。免除された保険料は、10年前までさかのぼって納付することができます。なお、現時点では納付猶予制度の対象者が30歳未満に限定されているため「若年者納付猶予制度」と呼ばれていますが、平成28年7月以降は、対象者が30歳未満の者から50歳未満の者に拡大されます。その結果、平成28年7月以降は、20〜40代の間は納付猶予制度を利用し、50代以降に納付することで将来一定額の年金を受け取れるようになります。

■就学困難な児童及び生徒に係る就学奨励についての国の援助に関する法律（しゅうがくこんなんなじどうおよびせいとにかかるしゅうがくしょうれいについてのくにのえんじょにかんするほうりつ）

経済的に困窮している児童・生徒の保護者に対し、円滑な義務教育を実施するためのサポートを行うための制度をいいます。具体的には、教科書代などの学用品購入費、通学費、修学旅行費などの経費の補助を行うことが定められています。

■就学指導委員会（しゅうがくしどういいんかい）

都道府県の教育委員会および市区町村に設置されており、障害の種類や程度に応じた就学指導を行うことを職責としている組織です。就学について、調査・面談を行い、就学先について判断します。手続きについては各市区町村によって手続きが異なる可能性があるため、教育委員会などに問い合わせて確認することになります。たとえば、埼玉県の教育委員会では、入学・入級前の見学や体験入学の相談の他、入学後の相談にも対応しています。

■就職困難者（しゅうしょくこんなんしゃ）

雇用保険法において、一般の者と比べて

就職することが難しいとされる者（障害者など）のことです。具体的には次のような者をさします。
ⓐ 障害者雇用促進法の身体障害者
ⓑ 障害者雇用促進法の知的障害者
ⓒ 障害者雇用促進法の精神障害者
ⓓ 法律の規定により保護観察に付された者
ⓔ 社会的事情により就職が著しく阻害されている者

就職困難者は、離職した場合に一般の受給権者よりも長い期間雇用保険の基本手当が受給できます。被保険者期間が1年未満の場合は年齢を問わず150日で、1年以上の場合、45歳未満の者は300日、45歳以上の者は360日の給付を受けることができます。

■就職促進給付（しゅうしょくそくしんきゅうふ）

雇用保険法において、失業した労働者（被保険者であった者）が再就職しやすいように、援助や促進をすることを目的とした給付です。就職促進給付の種類には「就業促進手当」「移転費」「広域求職活動費」があります。

就業促進手当には、失業者が常用の労働者以外の条件で再就職した場合に支給される「就業手当」、失業者が常用労働者としての条件で再就職した場合に支給される「再就職手当」、常用労働者としての条件で再就職した就職困難者に支給される「常用就職支度手当」があります。

移転費とは、雇用保険の受給資格を持つ者が、ハローワークから紹介された職業への就業、もしくはハローワークより指示された公共職業訓練を受けるために移転した場合に支給される費用です。

広域求職活動費は、管轄ハローワーク以外の求人募集に応募した場合などにかかる交通費や宿泊料に対して支給される費用です。

■従前額保障（じゅうぜんがくほしょう）

公的年金制度において、法改正により新しい制度が適用された場合、改正前に比べて不利な扱いとなる加入者に対して、経過措置として改正前の方法で給付額が計算される制度で、法改正による不利益者を保障するために設けられています。具体的には、平成12年に行われた年金制度の改正時の措置のことをいいます。この改正において、老齢厚生年金の年金額を計算する際、報酬比例部分の乗率が引き下げられることになりました。しかし、新しい乗率を考慮すると年金額が下がる場合は、平成12年度改正を考慮しない従前の金額で計算してよいものとされています。

■住宅改修（じゅうたくかいしゅう）

在宅の高齢者が、介護の必要上、住宅に一定の種類の工事をした場合に、介護保険から住宅改修費として費用の補助が受けられる改修工事のことです。費用の補助は、要支援でも要介護でも受けることができます。住宅改修の補助を受けるには、市区町村に対して事前に申請書を提出しなければなりません。支給基準限度額は要支援・要介護にかかわらず、定額の20万円までとなっています。具体的な改修例として、階段などに手すりをとりつける工事や、段差を解消する工事があります。手すりの設置と段差を解消する工事は、実際に行われている工事の大部分を占めています。住宅改修工事を行う際に付随して必要になる工事費についても、限度額の範囲内で支給の対象になります。

■**住宅扶助（じゅうたくふじょ）**

生活保護制度で定められている生活保護の種類のひとつです。困窮者に対して給付される、家賃、地代などに必要な費用の扶助です。原則として金銭による給付ですが、必要がある場合には、現物給付によることもあります。生活保護では、日々の生活費の他、家賃も扶助してもらえます。扶助してもらえる金額は、地域別に上限が決められています。さらに、都道府県単位でさらに補助金額を一定額上乗せする「特別基準額」という制度もあります。家賃が特別基準額を大きく超えてしまう場合、転居の指導が行われることになります。

■**重度障害者等包括支援（じゅうどしょうがいしゃとうほうかつしえん）**

日常的にさまざまなサービスを必要とする重度障害者に対し、複数のサービスを包括的に提供することをいいます。重度障害者等包括支援のサービスの対象者は、「常時介護を必要とする障害者であって、意思疎通を図ることに著しい支障がある者のうち、四肢の麻痺及び、寝たきりの状態にある者並びに知的障害又は精神障害により行動上著しい困難を有する者」とされています。サービス内容には、居宅介護、同行援護、重度訪問介護、行動援護、生活介護、短期入所、共同生活介護、自立訓練、就労移行支援および就労継続支援などがあります。しかし、事業所側にとっては、複数のサービスの提供に加え、急に介護や支援が必要になった場合の緊急の要請にも備えなければならないため、非常に負担の大きいサービスです。そのため、実施事業者数、利用者数ともに伸び悩んでいるのが現状です。

■**重度心身障害者手当（じゅうどしんしんしょうがいしゃてあて）**

心身に重度の障害があるために常時複雑な介護を必要とする者に対して支給されます。東京都の条例で定められています。

対象者は、東京都の区域内に住んでおり、心身に重度の障害がある者です。支給を受けるためには、心身障害者福祉センターで障害の程度の判定を受ける必要があります。その判定の結果に基づいて手当の支給が決定し、認定された場合は月額6万円が支給されます。また、東京都以外でも、個別の条例で重度心身障害者の介護手当の支給を定めている地方自治体があります。たとえば、北広島町の場合は、重度心身障害者介護手当として認定された場合には月額2万円が支給されます。

■**重度訪問介護（じゅうどほうもんかいご）**

重度の肢体不自由者で、常時介護を必要とする方に対し、自宅で日常生活を営むことができるよう、身体介護、家事援助、外出時における移動中の介護などの総合的な支援を行うサービスで、障害者福祉制度のサービスのひとつです。

対象者は、具体的には、障害支援区分4以上で、なおかつ二肢以上に麻痺などがあることなどが条件とされています。重度の障害を抱えていても、自宅で日常生活を営むことができるよう、身体介護、家事援助、外出時における移動中の介護などの総合的な支援が行われます。重度の障害者の場合、介護の必要な事態がいつ発生してもおかしくないため、ホームヘルパーは長時間にわたって見守りを行う必要があります。そのため、報酬単価も8時間までが基本となっており、居宅介護の3時間と比較するとか

なり長めに設定されています。

■**重要事項説明書（じゅうようじこうせつめいしょ）**
　介護サービスの事業者が、利用申込者に対し、介護サービスの重要事項について説明する際に交付する書面のことです。重要事項とは、事業の目的や運営方針、スタッフの職種・職務内容・配置人数、サービス内容、利用料金や費用、営業日と営業時間、サービスを提供する地域、緊急時や事故発生時の対応方法などです。
　介護サービスを利用する際には、利用者と事業者との間で契約を締結します。事業者側は重要事項についての規程を定め、契約を結ぶ前に、重要事項について口頭で説明し、重要事項説明書を交付する義務があります。重要事項説明書には、重要事項を定めた運営規程の概要、スタッフの勤務体制、サービス選択時に有効な情報などが記載されています。

■**就労移行支援（しゅうろういこうしえん）**
　一般就労や独立開業をめざす障害者に対し、職場探しや就労に必要な能力や知識を得るための訓練、職場定着のための支援などを行う障害福祉サービスです。就労移行支援の対象者は、サービス利用開始時に65歳未満の障害者で、一般企業への就労を希望する人や、技術を習得し、在宅での就労を希望する人等です。就労移行支援のサービスを利用するためには、指定特定相談支援事業者が作成したサービス等利用計画案を市区町村に提出し、支給決定を受けなければなりません。障害支援区分の有効期間はありませんが、24か月間の標準利用期間が設定されています。また、サービスを利用して就職をした人は、原則として6か月間、就労移行支援事業者からの継続的な支援が受けられます。

■**就労活動促進費（しゅうろうかつどうそくしんひ）**
　平成25年8月の生活保護法改正により設けられた、就職活動中の生活保護受給者のための給付制度です。自立のため積極的に就職活動を行っていると認められた受給者に対し、月額5,000円が支給されます。受給するためには、自立活動確認書の作成と福祉事務所への提出が必要です。就労活動促進費の支給期間は、原則として6か月以内ですが、必要に応じて1年に延長されることもあります。

■**就労継続支援A型（しゅうろうけいぞくしえんえーがた）**
　一般企業に就労するのが困難な65歳未満の障害者のうち、雇用契約に基づく就労が可能と見込まれる人を対象として、就労や生産活動の機会を提供し、能力や知識の向上を目的とした訓練を行う障害福祉サービスです。就労継続支援A型は、雇用型と呼ばれることもあります。雇用契約を締結するため、就労継続支援A型のサービス利用者は労働者として扱われ、労働基準法などの適用を受けます。また、事業者は障害者に対して工賃（賃金）を支払う必要があります。工賃は原則としてその地域の最低賃金が保障されます。
　就労継続支援のサービスを利用するためには、就労移行支援と同様に、指定特定相談支援事業者が作成したサービス等利用計画案を市区町村に提出し、支給決定を受けなければなりません。ただし、A型のサービス利用者は施設と雇用契約を結んでいる

ので、就労移行支援のような標準利用期間は設定されていません。

■**就労継続支援Ｂ型（しゅうろうけいぞくしえんびーがた）**

障害者総合支援法に定められた、就労支援事業のひとつです。通常の事業所に雇用されることが困難な（雇用契約に基づく就労が難しい）者に対し、就労の機会や居場所を提供する支援のことです。雇用契約を結ぶＡ型に対し、雇用契約を結ばない点がＢ型の特徴です。そのため、就労継続支援Ｂ型は非雇用型と呼ばれることもあります。この就労支援により一般就労に必要な知識や技術を身につけた人に対しては、一般就労に向けての支援が行われます。Ｂ型の対象者は、通常の事業所に雇用されることが困難な障害者で、具体的には、就労移行支援事業を利用したが一般企業の雇用に結びつかずＢ型利用が適当と判断された人、一般企業に就労経験があり、年齢や体力的に雇用が困難と予想される人、一定の年齢に達している人など、就労の機会を通じて生産活動に関する知識や能力の向上が期待される人を対象としています。就労継続支援Ｂ型のサービスを利用する利用者は、手芸などの自主製品の製作やパンやクッキーの製造などの作業を行い、作業分を工賃（賃金）として受け取ります。比較的自由に自分のペースで働くことができます。Ｂ型のサービスを利用するためには、Ａ型と同様の手続きを経て、支給決定を受けなければなりません。

■**就労自立給付金（しゅうろうじりつきゅうふきん）**

生活保護者が就労し、生活保護生活を脱却した後の生活を支えるための支給制度です。生活保護を受ける間は、受給者の生活を支えるために固定資産税や社会保険料、医療費が免除されていますが、脱却後はすべてを自己負担しなければなりません。

こうした負担を軽減するため、保護受給中に就労によって得た収入の一定額を仮想的に積み立て、実際に保護脱却した際に積み立てた分を一括して支給する、という制度が設けられました。保護脱却直後にかかる税や社会保険料の負担が軽減され、再度保護に陥ることを防止するための策として期待されています。

■**受給権者（じゅきゅうけんしゃ）**

公の給付などを受けることができる者のことです。たとえば、生活保護費の支給を受けている者は、生活保護費の受給権者と呼ばれます。

■**受給資格期間（じゅきゅうしかくきかん）**

日本の公的年金の基本となる老齢基礎年金を受給するために必要とされる期間をいいます。受給資格期間は、原則として25年以上の国民年金の加入期間（実際に保険料を納めた期間・保険料の免除が認められた期間の合算）が必要です。なお、旧年金制度の経過措置により、25年未満でも受給できるケースはあります。ただ、最低でも25年納めないと１円ももらえないというのは諸外国と比較しても酷であることから、平成24年８月に「年金機能強化法」が成立しました。これにより、消費税率が10％に引き上げられる平成29年４月以降は、受給資格期間が25年から10年に短縮される予定です。

■**出産（しゅっさん）**

健康保険では妊娠４か月以上のお産（子

どもを産むこと）のことをいいます。4か月以上であれば流産、早産、死産、人工中絶も含みます。健康保険法では出産のことを分娩（ぶんべん）といいます。

■出産育児一時金（しゅっさんいくじいちじきん）

健康保険の被保険者が妊娠4か月以上で出産（分娩）したときに支給される一時金のことです。支給額は胎児1児につき42万円です。産科医療補償制度（出産時の事故で重度の脳性麻痺児が生まれた場合に補償を行う制度）に加入していない医療機関で平成26年以前に出産した場合は39万円、平成27年以降に出産した場合は40万4000円です。

■出産手当金（しゅっさんてあてきん）

健康保険の被保険者が出産のために休業し、賃金を得ることができなかった場合（または減額された場合）、その期間の生活保障のために支給される手当金です。支給期間は、出産日または産予定日以前42日（多胎妊娠は98日）から出産後56日の期間です。出産が予定日より遅れた場合は、遅れた日数も支給の対象となります。出産手当金の支給額は、休業1日につき標準報酬日額（標準報酬月額の30分の1の額）の3分の2相当額です。

■出産扶助（しゅっさんふじょ）

生活保護を受ける者の出産を支援するために支給されます。経済的な困窮のため、最低限度の生活を維持することのできない者について、以下の事項について行われる援助です。支給は現金で行われます。
・分べんの介助
・分べん前および分べん後の処置
・脱脂綿、ガーゼその他の衛生材料

■障害基礎年金（しょうがいきそねんきん）

障害を支給事由とする国民年金の給付です。障害基礎年金は、次の要件をすべて満たしている場合に支給されます。

ⓐ 病気やケガで診察を最初に受けた日（初診日）に国民年金に加入している、または、過去に国民年金の加入者であった60歳から65歳の人で、日本国内に在住している

ⓑ 初診日から1年6か月を経過した日または治癒した日（障害認定日）に障害等級が1級または2級に該当する

ⓒ 初診日の前日に保険料納付要件を満たしている（初診日の月の前々月までに国民年金の加入者であったときは、前加入期間のうち、保険料の納付期間と免除期間が3分の2以上あること。初診日の日付による特例があります）

障害基礎年金は、加入期間の長短に関係なく障害の等級によって定額が支給されます。支給額については一定期間ごとに見直しが行われており、平成27年度の基準からは、1級が年額97万5100円（2級の125％にあたる）、2級が年額78万100円（老齢基礎年金の満額と同額）です。それに加えて18歳未満の子（または一定の障害をもつ20歳未満の子）がいる場合は、子1人につき22万2400円（3人目からは7万4100円）が加算されます。

いずれの場合も、障害認定日から一生支給されます。

■障害給付（しょうがいきゅうふ）

病気やケガによって身体に障害が残った場合でも安心して生活ができるよう、国か

ら支給される給付をいいます。

障害給付には、おもに障害基礎年金と障害厚生年金があります。
ⓐ 障害基礎年金は、保険料納付要件を満たした国民年金の被保険者（60〜64歳の元被保険者）が傷病を負い、障害認定日に障害等級1・2級に該当した場合に支給されます。初診日が20歳より前で被保険者ではない場合でも、20歳時に障害等級に該当すれば、障害基礎年金が支給されます。
ⓑ 障害厚生年金は、保険料納付要件を満たし、初診日に厚生年金の被保険者であった者が、障害認定日に障害等級1・2・3級に該当した場合に支給されます。また、初診日から5年の間に、障害等級3級よりも軽度の障害が残った場合は、障害手当金が一時金として支給されます。

なお、障害基礎年金、障害厚生年金における障害認定日とは、傷病の初診日から1年半後または治った日のことです。障害認定日に障害等級に該当しなかった場合でも、後日傷病が悪化し、65歳になる前に該当すれば、支給が行われます。

障害給付の額は等級により異なりますが、扶養する配偶者や子がいる場合は金額が加算されます。

■障害厚生年金（しょうがいこうせいねんきん）

厚生年金の被保険者が、障害等級1〜3級に該当する場合、生活保障のために支給される年金です。障害厚生年金は、障害の原因となる傷病の初診日において、厚生年金の被保険者であることが支給要件になります。さらに、その初診日の前日において保険料をきちんと納付していなければなりません。具体的には、初診日の属する前々月までに国民年金の保険料納付済期間と免除対象月の合計が、被保険者期間の3分の2以上あることが必要です（初診日の日付により特例があります）。また、障害厚生年金を受給するには、障害認定日（対象となる傷病が治った日、あるいは初診日から1年6か月が経過した日）に、障害等級の1級から3級に該当する必要があります。

年金額は、障害の程度や収入に応じた金額が支給されるのが原則です。障害等級1級の場合は老齢厚生年金の1.25倍と障害基礎年金の合算額、2級の場合は老齢厚生年金と同一の金額と障害基礎年金の合算額が支給されます。3級の場合は、最低補償額として585,100円が保障されています。なお、生計を維持している配偶者がおり、障害等級1・2級に該当する場合は、障害厚生年金額に一定額が加算されます。

■障害児（しょうがいじ）

「障害者の日常生活及び社会生活を総合的に支援するための法律（障害者総合支援法）」に基づき定められた、身体に障害のある児童、知的障害のある児童、精神に障害のある児童（発達障害者支援法所定の発達障害児を含む）をいいます。児童とは、満18歳に満たない者のことです。障害者総合支援法は、こうした障害児が安心して生活できるような社会作りを目的として定められました。

■障害支援区分（しょうがいしえんくぶん）

身体障害者や知的障害者、精神障害者、難病患者等の障害の多様な特性、その他の心身の状態に応じて、必要とされる標準的な支援の度合いを総合的に示す区分です。

障害支援区分は、認定調査や医師意見書の内容をもとに、コンピュータによる一次判定、審査会による二次判定を経て判定されます。内容は、非該当および区分1～6の7段階です。この7段階の判定結果によって、居宅介護や同行援護、短期入所（ショートステイ）など、利用できる障害福祉サービスの上限金額や利用時間などが決まります。

障害支援区分の決定は、1次判定と2次判定を経て行われます。1次判定では、認定調査項目（80項目）の結果および医師意見書（24項目）の一部項目をふまえ、判定ソフトを活用したコンピュータ処理が行われます。2次判定では、審査会において、1次判定の結果をもとに、1次では把握できない申請者固有の状況等に関する特記事項および医師意見書（1次判定で評価した項目を除く）」の内容を総合的に考慮した審査判定がなされます。その結果、支給が必要と判断されるとサービスを利用できます。

■障害児相談支援（しょうがいじそうだんしえん）

障害児や障害児の家族からの相談に、市町村や指定障害児相談支援事業者が応じる制度の総称です。就学・就職・家族関係といった基本的な相談をはじめ、計画相談支援サービス利用に関する相談を受け付けており、相談するとサービス等利用計画の作成などの支援を受けることができます。また、児童発達支援（障害児に対して身近な地域で行われる支援）や放課後等デイサービス（小学校・中学校・高校に通う障害児に対する支援）といった通所サービスの利用に関する相談も受け付けています。

■障害児通所支援（しょうがいじつうしょしえん）

児童福祉法に基いた制度で、障害児にとって身近な地域で支援を受けられるようにするための支援をいいます。

支援内容は、障害児通所支援と障害児入所施設の2つです。障害児通所支援とは、地域の障害児・障害児の家族を対象とした支援や、保育所等の施設に通う障害児への施設の訪問などを行います。

障害児通所支援の具体的なサービスとしては、児童発達支援、医療型児童発達支援、放課後等デイサービス、保育所等訪問支援があります。保護者の下にいる障害児に対し、通所させながら日常生活を送るための基本動作の訓練や、一人で生活するための知識技能訓練、集団生活への適応訓練などを行います。一方、障害児入所施設とは、障害児を入所させて、日常生活を送るための基本動作の訓練や、一人で生活するための知識技能訓練、集団生活への適応訓練などを行う施設のことです。

■障害児入所施設（しょうがいじにゅうしょしせつ）

障害児を入所させ、日常生活の指導などの必要な支援を行う施設のことです。施設には福祉型（福祉型障害児入所施設）と医療型（医療型障害児入所施設）があります。福祉型では、保護、日常生活の指導、知識技能の付与などを行います。医療型では、上記の支援とともに、医療サービスの提供があわせて行われます。なお、障害児入所支援は、各施設の実態を考慮し、増加する重度・重複障害や被虐待児に対応した支援をめざしています。また、自立（地域生活移行）のための支援も充実させています。

■障害児福祉手当（しょうがいじふくしてあて）

重度の障害によって、日常生活において特別な介護が必要である20歳未満の人に支払われる給付のことです。月ごとの支給額は1万4140円（平成26年度）です。特別障害者手当と同じく、前年度の収入額により、受け取ることができる支給額に制限があります。障害児福祉手当の支給を受けるためには、住んでいる場所の市区村町に申請する必要があります。その際、所得状況が確認できる書類を提出しなければなりません。

■障害者（しょうがいしゃ）

先天性、後天性問わず、期間にわたり日常生活や社会生活への制限を受ける18歳以上の者です。具体的には、次に該当する者をいいます。
・身体障害者
・知的障害者
・精神障害者、発達障害者

障害者に該当する者は、障害者総合支援法の障害福祉サービスの給付対象です。給付を希望する場合は市町村に申請し、障害の程度や支給の要否について審査を受けます。障害者総合支援法の制定により、障害者の範囲に一定の難病患者が加わりました。18歳未満の障害者は「障害者の日常生活及び社会生活を総合的に支援するための法律（障害者総合支援法）」に基づき、障害児といわれる場合があります。

■障害者介護給付費等不服審査会（しょうがいしゃかいごきゅうふひとうふふくしんさかい）

市町村の介護給付費などについての処分に不服があり、審査請求をした場合に、その事件を取り扱う機関のことです。障害者総合支援法に基づき、都道府県知事が設置します。審査会を構成する委員には、人格が高潔で介護給付費等の審査に関して公平中立を保てる学識経験者などが選任されます。

障害者が介護給付費等の支給を受けるためには、市町村等に申請をし、支給決定を受ける必要があります。その決定内容について不服がある場合は、都道府県知事に対して審査を請求することができます。不服審査会は、審査請求のうち、都道府県知事から付議された事案について審査を行い、答申を出します。都道府県知事は、その答申を尊重して採決を行います。

■障害者基本法（しょうがいしゃきほんほう）

すべての人が障害の有無に関係なく、互いに人格と個性を尊重し合いながら共生できる社会の構築をめざして制定された法律です。障害者の定義や障害者福祉の理念、障害者の社会参加に関する基本的施策などが盛り込まれています。平成23年7月には、国連総会で採択された「障害者の権利条約」の批准に向けての法改正が行われました。

■障害者虐待防止法（しょうがいしゃぎゃくたいぼうしほう）

正式名称は「障害者虐待の防止、障害者の養護者に対する支援等に関する法律」です。障害者に対する虐待を禁止し、予防や早期発見などの対策をとることによって、障害者の権利を擁護することを目的として、2011年に制定された法律です。障害者虐待防止法では、ⓐ正当な理由なく障害者に暴行を加えること、ⓑ障害者に対してわいせつな行為をすること、ⓒ障害者に対して言葉による暴力をふるうこと、ⓓ障害者

を放置して衰弱させること、ⓔ障害者の財産を不当に処分してしまうこと、などが虐待に該当するとして禁止されています。障害者に対する虐待についての相談は、市町村障害者虐待防止センターや都道府県障害者権利擁護センターに窓口が設置されています。虐待行為が行われていることに気づいた者（福祉施設の職員など）は、これらの窓口に通報・届出をすることになります。

■障害者ケアマネジメント（しょうがいしゃけあまねじめんと）

単に福祉サービスを提供するだけでなく、障害者が自ら望む生活を送れるようにするために、ケア計画を作成した上で福祉・保健・医療・教育・就労などのさまざまなサービスを一体的・総合的に提供することです。障害者自立支援法の施行前に行政の措置制度として行われていた福祉サービスは、利用者とサービス提供者間での契約制度に変更されました。そのため利用者のニーズに合わせて、さまざまなサービスから適切なものを選んで、活用していく必要があります。このような個々の利用者のための福祉サービスのプラン設計や、障害者やその家族への相談支援や補助を行うためケアマネジメント制度が導入されています。市区町村にサービスの利用を申請した場合、徐々にこのようなケア計画を作成していくことになります。また、サービスの利用計画の作成も相談支援事業に含まれます。障害福祉サービスの効率的な利用のために起案されたケアマネジメントを制度化したものが計画相談支援給付費（サービス利用計画作成費）です。ケアマネジメント制度は、障害をかかえている本人の意思をより汲み取ることができるようにするための制度ということができます。

■障害者計画（しょうがいしゃけいかく）

障害者基本法において、国、都道府県、市町村に策定が義務付けられている計画です。障害者基本計画とも呼ばれています。現在は平成25年度に定められた第三次計画の期間中で、計画の基本原則には障害の有無に関係なく、地域で共生できるようにすることなどが盛り込まれています。

■障害者権利条約（しょうがいしゃけんりじょうやく）

障害のある人それぞれの人権を守り、尊厳を尊重することを目的として定められた条約です。正式には「障害者の権利に関する条約」といいます。2006年12月に国連総会において採択され、2008年5月3日に発効しました。日本では、2007年9月に条約署名、2014年2月19日から効力を発生しています。

■障害者雇用促進法（しょうがいしゃこようそくしんほう）

従業員の一定の割合（法定雇用率）について、障害者を雇用するよう企業に義務付け、障害者の雇用を促進するために定められた法律をいいます。正式名称は「障害者の雇用促進等に関する法律」です。障害者の雇用は企業の社会的な責任のひとつであるとの観点から、障害者雇用促進法は、一定の民間企業における身体障害者法定雇用率を義務付け、障害者雇用の体制作りとしての援助などを行う制度を定めています。法定雇用率を達成していない企業に対しては、障害者雇用納付金として、不足1人につき、月額5万円を徴収する一方で、法定雇用率を上回る障害者を雇用している企業に対しては、障害者雇用調整金を支給するなど、企業側の経済的負担の調整を行って

います。

　なお、法改正を受けて、平成28年４月以降、雇用の分野における障害者に対する差別の禁止、障害者が職場で働くにあたり、たとえば、車いすでも作業が可能なように作業台を調整するなど、支障を改善するための措置（合理的配慮の提供義務）の義務化等が施行されます。

■障害者就労施設等（しょうがいしゃしゅうろうしせつとう）

　障害者就労施設および在宅就業支援団体のことです。具体的には、就労移行支援事業所、就労継続支援事業所、生活介護事業所、障害者支援施設、地域活動センター、小規模作業所などがあります。この他、障害者雇用促進法の特例子会社や、重度障害者多数雇用事業所などでも多くの障害者が就労しています。

　平成25年４月に施行された障害者優先調達推進法により、国や地方自治体は、障害者就労施設等から優先的に物品・サービスを購入するように、努力することになりました。国や地方公共団体からの具体的な発注内容としては、公園や公的施設の清掃、議会や委員会などの内容を録音した音声のテープ起こし、パンフレットなどの印刷などが考えられます。

■障害者総合支援法（しょうがいしゃそうごうしえんほう）

　障害者に対する支援で最も中心的な法律です。障害者総合支援法はそれまで施行されていた障害者自立支援法の内容や問題点をふまえた上で、障害者の日常生活を総合的に支援するために制定されました。平成25年４月１日から、「障害者自立支援法」を「障害者総合支援法」に改めるとともに、障害者に一定の難病患者が追加され、26年４月１日から、重度訪問介護の対象者の拡大、障害支援区分の創設などが実施されています。

■障害者福祉施策（しょうがいしゃふくしせさく）

　障害のある人でも、地域で安心して暮らせる社会を作るために、国等が推進する施策の総称です。障害者福祉施策には、障害福祉サービスや医療費の助成、年金や手当の支給、就労支援などさまざまなものがあります。平成25年４月１日には、「障害者自立支援法」が「障害者の日常生活及び社会生活を総合的に支援するための法律（障害者総合支援法）」になりました。障害者の定義の中に難病等を追加した他、平成26年４月１日からは重度訪問介護の対象者の拡大、ケアホームのグループホームへの一元化などが盛り込まれています。

■障害者優先調達推進法（しょうがいしゃゆうせんちょうたつすいしんほう）

　障害のある人の経済的な自立を支援することを目的として平成24年６月20日に成立、平成25年４月１日から施行された法律です。正式には「国等による障害就労施設等からの物品等の調達の推進等に関する法律」といいます。重度の障害があって通勤が困難だったり、軽作業しかできないといった事情がある場合、障害福祉サービス事業所などでの就労が中心になります。しかし、障害福祉サービス事業所などの経営基盤は、「以前は手作業で行っていた軽作業が機械化でなくなる」「景気に左右されて仕事量が不安定」といった事情により脆弱で、経済的に自立できるような収入が見込めないという現状がありました。そこで

同法は、国や地方公共団体等に対し、障害福祉サービス等事業所や在宅就労障害者、障害者を多数雇用している企業等から優先的に物品・サービスを購入するよう努力することを求め、事業所等の経営基盤の強化を図っています。

■障害手当金（しょうがいてあてきん）

厚生年金保険の被保険者に障害等級1～3級に該当しない程度の障害が残った場合に支給される一時金です。病気やケガで初めて医師の診療を受けた日（初診日）において被保険者であった者が、その初診日から起算して5年を経過する日までの間にその病気やケガが治った日に、一定の障害の状態に該当した場合に支給されます。障害手当金の支給額は、報酬比例の年金額の2倍相当額です。ただし、最低保障額（平成27年度は117万200円）も定められています。障害手当金の額には物価スライドは適用されませんが、本来の2級の障害基礎年金の額の4分の3に2を乗じて得た額に満たないときは、最低保障額を見直します。

■障害認定日（しょうがいにんていび）

障害年金（障害基礎年金や障害厚生年金など）の支給を決定するための認定を行う日をいいます。障害認定日に一定の障害等級に該当した場合は、障害年金の支給が決定されます。

具体的には、障害が発生した原因である傷病に対し、初めて医師（歯科医師）の診療を受けた日である初診日から「1年6か月後」、もしくは1年6か月より前にその傷病が治った場合はその「治った日」を障害認定日といいます。なお、障害認定日の特例として、「初診日から1年6か月後」や「治った日」が20歳になる前の場合は、20歳に達した日が障害認定日となります。

障害認定日に障害等級に該当する障害年金を受け取るには、障害等級が1級、2級、もしくは3級（障害厚生年金のみ支給）と認定されなければなりません。認定には、等級を認定する基準と、認定する時点についてのルールがあります。等級を認定する基準には、政令で定められた「障害等級表」と「障害認定基準」という客観指標があります（障害等級表の等級は、障害のある者が持っている障害手帳に記載されている等級とは別個のものです）。

■障害福祉計画（しょうがいふくしけいかく）

障害者が地域で安心して暮らし、当たり前に働ける社会を実現していくために、「障害者総合支援法」に基づいて、障害福祉サービス等の提供体制の確保のために、国が定める基本指針に即して、市区町村・都道府県が作成する計画のことです。障害福祉計画は、市区町村の計画を都道府県の計画へ反映させ、都道府県の計画を国の障害者福祉プランの策定に反映させるためのものとして位置付けられています。

■障害福祉サービスの報酬算定構造（しょうがいふくしさーびすのほうしゅうさんていこうぞう）

障害者総合支援法に基づく障害福祉サービスを提供した事業者が、各サービス提供の対価として受け取る報酬の具体的な算定基準のことです。原則としてサービスごとに定められている単位数に、10円を基本として地域ごとに設定されている単価を掛けた金額が報酬額になります。このうち、サービスを利用した障害者が負担する能力に応じて自己負担する分（最大で1割）を除い

た金額が介護給付費または訓練等給付費として支給されることになります。

サービスの提供方法によっては、加算や減算が行われます。たとえば、喀痰の吸引体制を整えている事業者などは加算の対象となり、配置されている栄養士が非常勤の場合には減算の対象になります。一平成26年4月に消費税率が5％から8％に引き上げられたことに伴い、障害福祉サービスの報酬は、見直しが行われました。また、平成27年度には報酬の単価の基準となる地域区分が変更されました。

■奨学金（しょうがくきん）

修学する能力はあるが、経済的な理由により、修学が困難な学生に学資金として給付または貸与される制度です。給付奨学金、貸与奨学金があります。奨学金制度は、政府、地方自治体、民間それぞれが、さまざまな形態で行っていますが、最も多く利用されているのが日本学生支援機構による貸与奨学金制度です。貸与奨学金とはその名が示すとおり、卒業後に返還しなければなりません。

■償還払い（しょうかんばらい）

介護保険制度上のサービスを受ける際、利用者がサービス事業者（または施設）に費用の全額を支払い、後で保険者（市町村）から、その費用の全部または一部の払戻しを受けることです。具体的には、特例居宅介護サービス費（緊急その他やむを得ない理由があり、要介護認定を申請する前に受けたサービスの費用など）や、福祉用具購入費、住宅改修費、高額介護サービス費などについて、償還払いの方式が採られています。

■小規模多機能型居宅介護（しょうきぼたきのうがたきょたくかいご）

在宅の要介護者を対象に、1つの事業所で、通い（デイサービス）を中心としてサービスを提供しながら、希望者に対しては随時訪問介護、ショートステイ（短期間宿泊）といったサービスを、組み合わせて提供するサービスのことです。要支援・要介護者の在宅での生活を支えることを目的としており、今後の地域包括ケアシステムの中核的な拠点のひとつとして期待されています。また、経営の安定性の確保・サービスの質の向上を図るため、平成26年度の介護保険法改正により、ここ数年増え続けている小規模型通所介護事業所（前年度1月あたり平均利用延人数が300人以内の事業所）の一部を小規模多機能型居宅介護のサテライト型事業所として移行しました。

■小児医療費助成制度（しょうにいりょうひじょせいせいど）

子どもの健康と安全を守るため、医療費の一部を補助する制度です。対象となる子どもの範囲は自治体により異なりますが、中学校卒業まで拡大する地区もあります。

保険診療以外の医療費、つまり最低限の医療サービスを超えた差額ベッド代や特殊な医療材料費などについては適用の対象とならないので注意が必要です。また、居住する県外の医療機関で受診した場合は、後日に市区町村へ申請を行う必要があります。

申請する場合は、本人または保護者の申請書や主治医の診断書、意見書などの書類を提出します。提出書類は地域によって異なるため、それぞれの自治体の担当課または保健所での確認が必要です。

■小児慢性特定疾患医療制度（しょうにまんせいとくていしっかんいりょうせいど）

　難病や小児慢性特定疾病などにより、長期の治療が必要で医療費負担がかかる児童を持つ家庭の経済的負担を軽減するため、医療費の一部を補助する制度です。

　難病に対する助成内容は、医療費の自己負担分が2割になり、負担の上限額が所得別に設定されます。小児慢性特定疾病に対する助成内容は、医療費の自己負担分が2割になります。負担の上限額は、難病の半額です。難病、小児慢性特定疾病ともに、居住する都道府県の窓口に診断書と必要書類を提出して申請を行います。

■小児慢性特定疾患医療費助成（しょうにまんせいとくていしっかんいりょうひじょせい）

　ぜんそくや糖尿病など、認定基準を満たす11疾患群（約514疾患）に対し適用される医療費の助成制度です。児童の健康や適切な治療、家族の医療費の負担を軽くするために設けられました。助成の対象となる年齢は、18歳未満の児童（引き続き治療が必要であると認められる場合は20歳未満）です。

■傷病手当（しょうびょうてあて）

　失業者（一定の要件に該当する一般被保険者に限ります）が継続して15日以上の期間、傷病等により職業に就けない場合に基本手当に代えて支給される雇用保険の手当です。健康保険制度の傷病手当金と名称が似ていますが、雇用保険による失業者を対象とした手当です。

　雇用保険の求職者給付の基本手当は、雇用保険の受給資格があり、労働する能力と意欲がある者に支給されます。そのため傷病により継続して15日以上職業に就けない状態では、労働する能力が欠けてしまいます。そのため、基本手当の支給対象ではなくなります。しかし、その間無収入になってしまうため、生活の安定を図るために傷病手当が支給されます。

　傷病手当を受給したときは、基本手当を支給されたものとみなされますので、全体として受給できる日数は傷病手当のない者と変わりません。また、職業につけない状態が30日以上に及ぶ場合は、傷病手当を受給せずに基本手当の受給期間を延長することもできます。

■傷病手当金（しょうびょうてあてきん）

　健康保険の被保険者が業務外の事由による傷病のため労務不能となったときに支給されます。雇用保険の傷病手当と似ていますが、健康保険の被保険者を対象とした手当金で、被保険者が休業せざるを得ない場合、被保険者の賃金を補てんする位置付けで支給されます。

　傷病手当金を受給するためには、療養のため労務に服することができなくなり、継続する3日経過していることが必要です。この3日間（待期期間）は、傷病手当金が支給されません。ただし、労務に服していなければよく、無給の欠勤でも有給の休暇でもどちらでもかまいません。支給額は、1日につき標準報酬日額の3分の2相当額で、最長1年6か月支給されます。なお、傷病手当金の支給要件として、労務不能により、報酬を受けていないことがあります。報酬の一部が支給された場合、その額が傷病手当金の支給額よりも少ない場合は、その差額が支給されます。

■常用就職支度手当（じょうようしゅうしょくしたくてあて）

雇用保険における就業促進手当のひとつです。ⓐ基本手当の支給残日数が3分の1未満である受給資格資格者、ⓑ障害を持つために就職が困難とされる特例受給資格者・日雇受給資格者が、安定した職に就いた場合に支給される手当です。支給金額は、基本手当日額に90を乗じ、その上で10分の4を乗じた金額が原則です。

■職域保険（しょくいきほけん）

社会保険のうち、会社員や公務員など、職業を基準として加入できる保険です。職域保険には、一定規模以上の大企業が独自に組織する健康保険組合、中小企業などが加盟する全国健康保険協会（協会けんぽ）、公務員等が加入する共済組合などの被用者保険と、医師や建設業者など国民健康保険組合を組織することが認められている一部の職種の自営業者が加入する自営業者保険があります。

■自立活動確認書（じりつかつどうかくにんしょ）

生活保護制度において、労働する能力（稼働能力）があると判断された生活保護受給者全員を対象に、受給者本人の同意を得て、求職活動の具体的な目標や求職活動の期間、求職活動の内容などを記載して作成される書類をさします。自立活動確認書は、福祉事務所と本人で共有されます。生活保護を受給している人の中には、働いて自立する能力があるにもかかわらず、就職先が見つからなかったり、就労の意欲を持てない人もいます。生活保護の目的に「自立支援」も含まれていることから、平成25年5月の生活保護制度の見直しにより、就労・自立支援の制度が盛り込まれ、その一環として自立活動確認書の作成が挙げられています。本人は確認書の内容に沿って求職活動を行い、福祉事務所は必要に応じて支援を行います。

■自立訓練（じりつくんれん）

→機能訓練
→生活訓練

■自立支援医療制度（じりつしえんいりょうせいど）

身体に障害があり、放置すれば将来障害になる疾患のある児童について、確実な効果が期待される場合に適用される制度です。

障害の軽減を図り、日常生活や社会生活を自立して営むために必要な医療が提供されます。なお、収入に応じて、自己負担額が発生します。

この制度は、従来別々に行われてきた次の3種類の医療が統合されたものです。
・旧育成医療（身体障害児の健全な育成や生活能力の獲得を図るための医療）
・旧更生医療（身体障害者の自立と社会経済活動への参加促進を図るための医療）
・旧精神障害者通院医療（精神障害者が入院しないで受ける精神医療）

■自立支援医療費助成（じりつしえんいりょうひじょせい）

障害者自立支援法に基づき、身体に受ける障害を軽減させるための治療にかかる医療費の助成制度をいいます。

助成の対象は、更生医療、育成医療、精神障害者通院医療などがあります。更生医療とは、身体障害者手帳を受ける18歳以上の者が対象です。育成医療は、18歳未満の障害を持つ児童、もしくは放置すると障害

が残る恐れのある児童が対象です。また、精神障害者通院医療とは、精神疾患があり、通院を必要とする者が対象です。基本的には、医療費の自己負担額が1割に軽減されますが、医療費が高額になる場合に応じて1か月あたりの上限額が設けられています。上限額は、世帯の所得に応じて決定されます。申請の手続きは各自治体で行います。

■自立支援給付（じりつしえんきゅうふ）

在宅で利用するサービス、通所で利用するサービス、入所施設サービスなど、利用者へ個別給付されるサービスのことです。

自立支援給付には、介護給付費、訓練等給付費、特定障害者特別給付費（補足給付）、計画相談支援給付費、補装具費、高額障害福祉サービス等給付費、地域相談支援給付費、療養介護医療費、自立支援医療費があります。障害者福祉サービスにおいて中心的な役割を果たしているのが介護給付費と訓練等給付費です。介護給付費や訓練等給付費は、サービスの給付を希望する人が市区町村に申請します。申請を受けた市区町村は、障害支援区分の認定と支給要否の決定を行います。支給することが妥当であると市区町村から認定されると、サービスを受ける本人が、都道府県の指定した事業者の中から選んだ事業者と契約を結んで、サービスを受けることができます。

自立支援給付を行うのは市区町村ですが、費用の面では国が50％、都道府県が25％を義務的に負担することになっています。

■自立相談支援事業（じりつそうだんしえんぎょう）

生活困窮者自立支援制度における支援のひとつです。生活上の困りごとや不安に対し、地域の相談窓口において、支援員が相談者と一緒に具体的な支援プランを作成し、自立に向けた支援を行うことをいいます。

生活困窮者自立支援法では都道府県および市、福祉事務所を設置する町村に対し、生活困窮者自立相談支援事業を行うことを義務付けています。事業の具体的な内容としては、ⓐ就労や自立に向けて必要な情報の提供や助言（就労支援相談事業）、ⓑ就労訓練事業に取り組む事業所の開拓や生活困窮者に就労訓練事業所の紹介（認定生活困窮者就労訓練事業の利用あっせん）、ⓒ自立に向けて必要としている支援の種類や内容、進め方などについて記載した計画の作成（自立支援計画の作成）が行われます。

■資力調査（しりょくちょうさ）

生活保護の受給申請が行われた場合に、提出された申請書類に基づいて、生活保護を適用するのが妥当かどうかを調査することを、資力調査（またはミーンズテストとも呼ばれています）といいます。

ケースワーカーは、金融機関などへの資産調査、扶養義務者への調査、健康状態調査など行います。また、申請者の訪問調査もケースワーカーが行います。記入した場所に住んでいるか、申請してきた人物がどんな人であるかを確認する作業です。他に病気を理由に生活保護を申請した場合には、健康診断を受けるようにいわれることもあります。

■シルバーハウジング（しるばーはうじんぐ）

高齢者世帯向けの公的賃貸住宅です。地方公共団体や都市再生機構（UR）などが整備しています。住宅内は、高齢者が快適に暮らせるように設備がバリアフリー化さ

れており、生活援助員（ライフサポートアドバイザー・LSA）の配置による日常生活支援サービス（日常の生活指導や安否確認、緊急時の連絡対応など）が提供されます。入居の対象となるのは、ⓐ60歳以上の高齢者単身世帯、ⓑいずれか一方が60歳以上の高齢者夫婦、ⓒ60歳以上の高齢者で構成される世帯などのうち、収入などの面で特定優良賃貸住宅等の入居者資格を満たす者とされています。

なお、シルバーハウジングには、居宅での介護サービスは含まれないため、希望する場合は個人で申し込む必要があります。

■ **新規就労控除（しんきしゅうろうこうじょ）**

生活保護費の算定にあたり、勤労収入にから控除される一定の金額をいいます。勤労控除の一種です。勤労に伴う必要経費の補填である基礎控除額に加えて、おもに勤労意欲の増進・自立助長を目的として、更なる勤労収入からの控除が認められる制度です。新たに継続性のある職業に従事した者に対し、6か月間を限度として、一定の金額が控除されます。平成27年度の基準では新規就労控除の金額は1万700円とされています。

■ **親権の停止（しんけんのていし）**

親権制限制度や未成年後見制度に基づき、親が子どもを育てる親権を停止する制度です。一時的な親権の停止により、子どもを親から引き離して保護しやすくなることが期待されています。

昨今の児童虐待件数の増加を受けて、平成23年5月の法改正により、父母による親権の行使が困難または不適当であるために子どもの利益が害される場合、最長2年間の範囲で親権を停止することができるようになりました。無期限の親権喪失とは別のもので、期間を定めて一時的に停止することをいい、停止の間は親は子どもに対する親権の行使ができません。

■ **心身障害者福祉手当（しんしんしょうがいしゃふくしてあて）**

身体障害者手帳、療育手帳（東京都では「愛の手帳」）をもっている人などを対象にして支給される手当です。各市区町村で設けられている心身障害者福祉手当は自治体ごとに要件や内容が異なる可能性があるため、確認する必要があります。たとえば、東京都新宿区では、身体障害者手帳1～3級、愛の手帳1～4度、戦傷病者手帳特別項症、脳性まひ・進行性筋萎縮症の人、区指定の難病の人を対象に支給されます。心身障害者福祉手当の支給を受けるためには、各市区村町の窓口で申請する必要があります。

■ **新生児訪問指導（しんせいじほうもんしどう）**

母子保健法に定められた制度で、新生児（生後28日未満の乳児）のいる家庭を保健師や助産師が直接訪問し、育児に関するアドバイスを行うことをいいます。訪問の時期は産院の退院後より、出生して約1か月前後です。出生通知票をもとに、自治体より保護者の下へ連絡が入り、具体的な日時を決定します。新生児訪問指導により、新生児の健康や発育に関する問題の解決だけでなく、虐待をなくす効果なども期待されています。

■申請保護の原則（しんせいほごのげんそく）

生活保護法9条に規定されている生活保護の原則のひとつです。その内容は、「保護は、対象者本人や家族（扶養義務者）などからの申請を受けて開始する」というものです。つまり、たとえ最低限度の生活をしているとは言いがたい状況であっても、保護が開始されるのは申請を受けてからであり、国の方から進んで保護をするわけではないということです。ただし、本人に緊急の病気・ケガといった事態が生じ、自ら福祉事務所を訪問することができないようなケースでは、福祉事務所の職権によって保護が行われることがあります。

■申請免除（しんせいめんじょ）

前年の所得が少ないなど、経済的な理由により国民年金保険料の納付が困難な人のために定められた制度です。本人等からの申請に応じて決定がなされます。

国民年金の保険料の免除には、法定免除と申請免除があります。法定免除は、障害基礎年金の受給権者、生活保護の生活扶助を受ける者、厚生労働省令で定める施設に入所している者などが対象です。

一方、申請免除は、前年の所得が政令で定める額より少ない者、生活保護の生活扶助以外の扶助を受ける者、障害者または寡婦で前年の所得が125万円以下の者、さらに天災その他、保険料の納付が著しく困難な者が申請した場合に適用される制度です。所得要件などの内容に応じて、4分の1免除、半額免除、4分の3免除、学生納付特例、若年者納付猶予などに分類されています。なお、任意加入被保険者の保険料は、免除制度の対象外です。

■身体障害者手帳（しんたいしょうがいしゃてちょう）

身体障害者が日常生活を送る上で、最低限必要な福祉サービスを受けるために必要な手帳です。身体障害者とは、視覚障害、聴覚・平衡機能障害、音声・言語機能または咀嚼機能障害、肢体不自由、内部障害などの障害がある18歳以上の者で、都道府県知事から身体障害者手帳の交付を受けた者のことを意味します（身体障害者福祉法4条）。障害の程度の重い方から1級～6級に分けられます。なお、7級の障害の場合は基本的に手帳交付の対象外です。しかし、7級の障害を複数持っている場合など、交付が認められるケースもあります。

身体障害者手帳の交付を受けるためには、交付申請書と各都道府県知事により指定を受けた医師の診断書が必要です（身体障害者福祉法15条）。

■身体障害者福祉法（しんたいしょうがいしゃふくしほう）

身体障害をもつ障害者の自立と社会経済活動への参加を促進することを目的として、実施機関や措置、費用などについて規定している法律です。社会福祉六法のひとつで、1949年（昭和24年）に制定されました。

■審判前の保全処分（しんぱんまえのほぜんしょぶん）

法定後見制度において、通常の法定後見開始の申立ての手続きを進めていたのでは本人の財産が侵害されるような場合や、すぐに財産処分などを行う必要性があるような場合に、本人を保護するために必要な対応を行うことを、審判前の保全処分といいます。すぐに財産処分をする必要がある場合とは、たとえば、すぐに本人の入院費を

支払う必要がある場合などです。

通常、法定後見の審判が下されるには数か月ほどかかります。補助などで早い場合には1、2か月ということもありますが、長い場合は半年近くかかることもあります。また、すぐに財産侵害をおさえる必要がある場合とは、一人暮らしの本人が悪質商法の餌食となっており、次々に契約しているような場合です。保全処分の申立ては、後見等開始の審判の申立人にのみに限られます。事前の保全処分の申立てを行った結果、緊急性が認められた場合、本人の財産管理人が選任されます。審判が下されると、財産管理人は本人が財産管理者の同意を得ないで行った契約を取り消すことができますし、入院費を支払うこともできるようになります。

す

■スライド制（すらいどせい）

労災保険や公的年金制度において、賃金や物価の変動などを給付額に反映させる制度をスライド制といいます。

労災保険、国民年金、厚生年金保険にそれぞれの制度があります。年金などのように長期間給付を受ける場合、賃金や物価の変動等により給付の価値が下がる（または上がる）ことが予想されます。そのため、給付水準を適正に保つために物価の変動を受給金額にも反映させる制度が設けられています。この制度がスライド制です。改定率（スライド率）に基づいてスライドが行われ、給付金額が改定されます。

せ

■生活介護（せいかつかいご）

昼間に障害者支援施設などで、排泄や入浴、食事などの介護や基本的な日常生活上の支援を受けるとともに、対象者の生産活動や創作活動のサポートも受けることができるサービスです。生活介護は、障害者総合支援法で定められた自立支援給付のうち、介護給付に含まれる障害福祉サービスです。施設が提供する生活活動や創作活動の具体例としては、手芸などの自主製品の製作や、パンやクッキーの製造などが挙げられます。生活介護の対象者は、常時の介護を必要とする身体障害・知的障害・精神障害のある人で、障害支援区分3以上の人です。なお、生活介護は施設入所者にも適用され、その場合、障害支援区分4以上の人が対象になります。施設には利用者の障害支援区分に応じて、看護師、理学療法士、作業療法士などが配置されています。

生活介護を利用するためには市区町村に申請し、障害支援区分についての認定を受けなければなりません。

■生活訓練（せいかつくんれん）

知的障害者と精神障害者の生活能力の維持と向上に必要な訓練を目的とした障害福祉サービスです。障害福祉サービスにおける自立訓練の1つです。地域の中で生活をするために、事業所への通所や利用者の自宅への訪問を通じて必要な訓練を実施します。具体的には、食事や家事など日常生活能力を向上させるための訓練を行います。

生活訓練のサービスを利用するためには、指定特定相談支援事業者が作成したサービス等利用計画案を市区町村に提出し、支給決定を受けなければなりません。

障害支援区分の有効期間はありませんが、24か月間の標準利用期間が設定されています。この標準利用期間は、長期間、入院・入所していた人については36か月間に延長されます。また、定期的な連絡・相談を行うため、原則として3か月ごとにモニタリングが実施されます。なお、生活訓練には、積極的な地域移行を図ることを目的として、施設に宿泊して夜間における生活訓練を行う宿泊型自立訓練も設けられています。

■生活困窮者（せいかつこんきゅうしゃ）

生活困窮者自立支援法における、「現に経済的に困窮し、最低限度の生活を維持することができなくなるおそれのある者」（同法2条）をさします。具体的には、今は生活保護を受けるほどの状態ではないものの、いつその状態に陥ってもおかしくない人が対象になります。生活困窮の実情を十分に理解した上でのきめ細かい支援が求められています。

■生活困窮者自立支援法（せいかつこんきゅうしゃじりつしえんほう）

生活困窮者に対して、自立支援に関する措置を行うことで、生活困窮者の自立の促進を図ることを目的に制定された法律をいいます。基本は生活保護のような現金給付ではなく、自立に向けた人的支援の提供です。

生活保護を受け始めると、なかなかその状態から抜け出すことができない実情をふまえると、生活保護の受給に至る前に何らかの支援を行うことが重要です。生活保護制度の見直しおよび生活困窮者対策に総合的に取り組むために、生活困窮者自立支援法が平成27年4月から施行されています。

具体的には以下のような支援事業が挙げられています。
ⓐ 生活困窮者自立相談支援事業
ⓑ 住居確保給付金の支給
ⓒ 就労準備支援事業、一時生活支援事業、家計相談支援事業、学習支援事業等
ⓓ 就労訓練事業

生活困窮者自立支援法の事業の利用者が生活保護を必要とする状態になれば、確実に生活保護につなぐ、生活保護受給者の子どもに対する学習支援については、生活困窮者自立支援法の事業を利用するなど、双方が連携して対象者を支援します。

■生活福祉資金（せいかつふくししきん）

低所得者世帯などを対象に、低利で生活に必要な資金を貸し付ける制度です。都道府県の社会福祉協議会が実施主体となっています。自立支援がおもな目的とされており、生活再建までに必要な生活資金や住居費、生業を営むために必要な経費、教育資金などの貸付けの種類があります。

■生活扶助（せいかつふじょ）

生活保護制度の基本となる、支給される保護費をいいます。日常生活に必要な費用が幅広く含まれています。

生活扶助では、生活費を第1類と第2類に区分しています。第1類には、食費・被服費等などの個人的経費が含まれます。これに対して、第2類は、光熱費・家具什器などの世帯共通経費をさします。第1類は世帯員全員について、年齢に該当する基準額を合算し、扶助費として認定します。第2類は該当する世帯人員の金額が扶助費として認定されます。

その他にも生活扶助として、入院患者日用品費、介護施設入所者基本生活費、期末

一時扶助、一時扶助があります。さらに、妊産婦加算、障害者加算、介護施設入所者加算、在宅患者加算、放射線障害者加算、児童養育加算、介護保険料加算、母子加算、など各種の加算が加えられて、具体的な保護費が決定されることになります。

■生活保護（せいかつほご）

生活に困窮した者を保護し、最低限の生活を保障して自立を促すことです。生活保護については生活保護法で規定されており、国による保護がなければ生活できない者に対して金銭を支給することなどが定められています。

生活保護を受ける場合、居住する市区町村の福祉事務所で申請を行います。生活に困っている者であれば原則として誰でも受けることができますが、収入がある場合や家族の援助を受けることが可能な場合には、生活保護を受けることはできません。

■生活保護基準（せいかつほごきじゅん）

生活保護制度において保障の対象になる、最低限度の生活を行うことができる費用の水準を、生活保護基準といいます。生活保護制度における保護は原則として個人ではなく、世帯単位で行われますが、生活保護基準は、その世帯の人数や、年齢などによって決められます。また、生活保護基準は地域によっても異なり、必要な生活費の多少に応じて、級地区分が行われています。一般に、級地と世帯を構成する人の年齢等を考慮して、生活保護費が決定されています。

■生活保護法（せいかつほごほう）

→生活保護

■生活保持義務／生活扶助義務（せいかつほじぎむ／せいかつふじょぎむ）

夫婦間や未成熟の子と親との間には扶養の義務（民法752条、877条）がありますが、この扶養の程度とは、互いに同水準の生活を保障するというもので、これを生活保持義務といいます。これに対し、親や成熟した子、兄弟姉妹間には、そこまでの扶養義務は課せられておらず、自分の生活を維持した上で余裕があれば援助するという程度で足りるとされ、これを生活扶助義務といいます。生活扶助義務の場合は、自分の生活に不自由を強いられることはなく、また、相手の生活レベルを自分と同水準にまで引き上げる必要もありません。一般に扶養という場合には、通常は夫婦や親子間の生活保持義務のことをさします。

■生業扶助（せいぎょうふじょ）

困窮のため最低限度の生活を維持することのできない者やそのおそれのある者に対して、生業に必要な資金、生業に必要な技能の修得、就労のために必要なものについて行われる援助です。生業扶助は大きく分けると生業費、技能修得費、就職支度費に分けることができます。

生業費とは、生計の維持を目的とする小規模の事業を営むための資金や生業を行うための器具、資料代の経費の補てんとして支給される費用です。

技能習得費とは、生業につくために必要な技能を修得するための授業料・教材代などの費用の支給のことです。また、高校生には、高等学校教育にかかる必要な学用品費や教材代、交通費などが高等学校等就学費用として支給されます。

就職支度費とは、就職する者に対して支給される就職のために直接必要となる洋服

代、履物などの購入経費のことです。

■**生計維持関係（せいけいいじかんけい）**
　主として被保険者の収入によって生活している状態のことです。具体的な要件は、それぞれの保険によって定められています。たとえば公的年金制度の遺族厚生年金を受給するにあたっては、被保険者が死亡した当時、被保険者によって生計を維持されていた妻および子が受給権者となります。そこで定義されている生計維持関係とは以下のものとされています。
ⓐ　同一の世帯にあるか、単身で住所を別にしていても、仕送りなどの経済的援助と定期的な音信などが交わされていること
ⓑ　前年の収入が850万円未満であるか、退職等により近い将来その基準内になること
　一方、健康保険では被扶養者として認定されるためには、年収が130万円未満であることが要件とされています。

■**制限行為能力者制度（せいげんこういのうりょくしゃせいど）**
　判断能力が不十分なために、単独では完全に有効な行為を行うことができないとされている人を保護する制度です（民法5条以下）。民法は、そのような人（未成年者・成年被後見人・被保佐人・被補助人）に、それぞれふさわしい保護者をつけて、制限行為能力者が損害を受けないようにして、本人の権利が守られるような配慮をしています。

■**精神医療審査会（せいしんいりょうしんさかい）**
　精神保健福祉法に基づいて設置された、精神病の患者の人権を守り、適正な医療や保護を行うための機関です。具体的には、精神科病院において適切な医療が行われているか、人権侵害がないか、などについて調査や審査を行う機関です。
　精神科の医療は、ケースによりやむを得ず本人の同意を得ずに入院をさせる場合があります。また、治療のために面会、外出、行動を制限したりすることもあります。こうした患者の人権を保護するため、各都道府県に精神医療審査会が設けられています。入院患者やその保護者、家族などは、電話や手紙により、処遇の改善や退院の請求をすることができます。請求があった場合、精神医療審査会が審査した上で、その都度必要な措置がとられます。

■**精神障害者（せいしんしょうがいしゃ）**
　統合失調症、精神作用物質による急性中毒や依存症、知的障害、精神病質など、精神疾患を有する者のことをいいます（精神保健福祉法5条）。精神疾患の原因は、内因（遺伝など）、外因（薬物など）、心因（不安など）の3つに分類されることもありますが、いまだ不明確な部分が多く、さらなる研究が必要とされています。

■**精神障害者地域生活支援広域調整等事業（せいしんしょうがいしゃちいきせいかつしえんこういきちょうせいとうじぎょう）**
　精神障害者の地域移行・生活支援の一環として、保健所等において、ひきこもりなどの精神障害者を医療につなげるため、アウトリーチ（多種職チームによる訪問支援）を行うとともに、アウトリーチ活動に関して関係機関との広域的な調整などを行う事業です。平成26年から地域生活支援事業の必須事業に追加され、広域的な調整だけで

なく、地域の関係者、当事者、家族、行政職員等で構成される評価委員会の設置などのアウトリーチを円滑に実施するための体制の確保や、アウトリーチ活動に従事する者の人材養成も行っています。

■精神障害者保健福祉手帳（せいしんしょうがいしゃほけんふくしてちょう）

一定の精神障害を持つ者に対して交付される手帳です。総合失調症やうつ病など、知的障害を除く精神疾患を持つ人が対象です。日常・社会生活に制約のある精神障害者の自立を促し、社会復帰・参加促進の一環である福祉サービスを受けやすくするために交付されます。

精神障害者保健福祉手帳の交付を受けるためには、精神保健指定医または精神障害者の診断・治療を行っている医師の診断書を提出しなければなりません。手帳は障害の程度の重い方から1級～3級と等級が分かれており、等級により受けられる福祉サービスに差があります。また、有効期間は2年で、期限が切れる前に更新の手続きをしなければなりません。

なお、精神障害の状態に変化があり、現在の等級が適当でないと思われる場合は、有効期限内でも等級の変更申請をすることが可能です。

■精神保健指定医（せいしんほけんしていい）

精神保健福祉法の規定に基づき、厚生労働大臣の指定を受けた医師のことです。精神疾患を持つ患者に対し、本人の意思に反して強制的な治療を行うなどの判断をすることができます。とくに人権に配慮した判断が必要とされるため、指定を受けるためには「3年以上精神障害の診断や治療に従事したことがある」「所定の研修課程を修了している」などの条件を満たす必要があります。

■精神保健福祉法（せいしんほけんふくしほう）

正式には「精神保健及び精神障害者福祉に関する法律」といいます。精神障害者の福祉の増進と、国民の精神的健康の向上を図ることを目的として制定されている法律です。平成7年に旧精神保健法から改正されました。法の目的を達成するための方策として、ⓐ精神障害者の医療や保護を行う、ⓑ障害者総合支援法とともに精神障害者の社会復帰の促進等に必要な援助を行う、ⓒ精神疾患の発生の予防や精神的健康の保持増進に努めることを挙げています。

■生前契約（せいぜんけいやく）

判断能力が十分あるうちに、将来起こりうる事態に備えて具体的な支援内容や事務手続きについて取り決めをする契約を包括して生前契約といいます。生前契約には、ⓐ将来、認知症などで判断能力が低下した場合に備え、財産の管理方法や、医療や介護などの手配について、信頼できる人との間で取り決めをする任意後見契約をはじめとし、ⓑ身体機能が低下し、あるいは事故や病気で体が不自由になり、外出が困難となった場合の日常的な財産管理等をお願いする財産管理等委任契約、ⓒ定期的に本人の安否等の確認を依頼する見守り契約、ⓓ葬儀や埋葬など死後の諸手続きについての死後事務委任契約の他、ⓔ遺産相続に備える遺言も含まれます。

■生存権（せいぞんけん）

「健康で文化的な最低限度の生活を営む権

利」であって、憲法25条で、すべての国民に保障されている基本権です。生存権には、社会権的側面と自由権的側面があります。

たとえば、生活保護法による生活扶助を受けている者が、何の理由もなく突然生活保護の受給を打ち切られ、生活できなくなったような場合、生存権が侵害されていると考えられます。このような場合に、国に対して人間の尊厳を維持できる生活を営むことを保障するように国に対して求める権利が生存権の社会権的側面です。一方、国がこうした生活を侵害した場合に、国の行為を排除するように求めるのが生存権の自由権的側面です。

■成年後見監督人（せいねんこうけんかんとくにん）

成年後見人の事務を監督するために、家庭裁判所から選任された者です（民法849条の２）。ただし、後見人の配偶者や兄弟姉妹などは後見監督人になることはできません（同法850条）。

■成年後見監督人等（せいねんこうけんかんとくにんとう）

成年後見人等の活動を監督する人のことで、成年後見監督人・保佐監督人・補助監督人をあわせて成年後見監督人等と総称します。成年後見人等に与えられた権限は本人を支援するためのものですが、適切に行使されない場合には、本人に不利益が生じてしまうおそれがあります。このため、成年後見人等の活動状況をチェックする人が不可欠になります。成年後見人等を監督するのは、通常は家庭裁判所です。家庭裁判所以外では、成年後見監督人・保佐監督人・補助監督人が成年後見人等の活動を監督する役割を担います。成年後見監督人等は、本人や本人の四親等内の親族、成年後見人等の申立てを受けて選任されます。家庭裁判所の職権で選任されることもあります。

■成年後見制度（せいねんこうけんせいど）

知的障害や認知症など、精神上の障害（身体上の障害は含まれない）が理由で判断能力が不十分な人が経済的な不利益を受けることがないように、支援してもらえる人（成年後見人等）を選任する制度です。成年後見制度を利用すると、成年後見人等に財産管理などのサポートが受けられるメリットがある一方で、弁護士や医師などの資格に就くことができなくなるなど、デメリットもあります。成年後見の開始の申立てをしてから実際に後見が開始するまでの手続きに時間がかかることが問題として指摘されることもあります。ただし、この点については任意後見制度を利用してあらかじめ準備をしておいたり、財産管理委任契約（財産管理を判断能力があるときからまかせる契約）を結ぶといった方法で対応することもできます。

成年後見制度（法定後見制度）では、後見、保佐に加えて補助という類型があり、本人の判断能力と支援の程度をふまえて、柔軟に対応できるようにしています。

また、戸籍とは別の後見登記制度という制度が作られ、成年後見制度を利用してもその旨が戸籍に記載されません。

■成年後見制度利用支援事業（せいねんこうけんせいどりようしえんじぎょう）

精神上の障害によって判断能力が不十分な人に対し、市町村が助成を行うことによって、成年後見制度の利用を促す事業で

す。成年後見制度利用支援事業は、厚生労働省が実施しているものですが、事業を具体的に行うのは各市町村です。この事業を採り入れるかどうかについては、各自治体の判断にまかされています。したがって、この事業自体を採り入れていない自治体もあります。この事業の具体的な支援内容は、成年後見の申立てにかかる経費や、成年後見人等に支払う報酬の全部または一部の助成です。成年後見制度利用支援事業の対象になるのは、ⓐ市町村長による後見等の開始の審判請求を行うことが必要と認められる人、ⓑ障害福祉サービスを利用している、あるいは利用しようとしている身寄りのない精神上の障害を持つ人、ⓒ成年後見制度を利用するために必要な費用について、その全額あるいは一部の補助を受けなければ利用が難しいと認められる人、です。

■成年後見登記制度（せいねんこうけんとうきせいど）

利用する法定後見制度や任意後見制度の内容を公示する制度のことです。

成年後見制度を利用した場合、成年後見人などに認められている権限の範囲や任意後見契約の内容などが、法務局で登記されます。なお、登記された内容は、請求に応じて発行される登記事項証明書に記載されます。成年後見制度を利用していることを公示することで信頼性が高まり、契約などがスムーズに行われる効果があります。

■成年後見人（せいねんこうけんにん）

後見制度で本人を支援する人を成年後見人といいます。成年後見人は、日常生活に関する行為以外のすべての法律行為（契約、取消、解除など）を本人に代わって行う代理権を持っています。また、成年被後見人が自分に不利益な法律行為を行った場合などにそれを取り消すことができる取消権も持っています。

■成年後見人等（せいねんこうけんにんとう）

成年後見人、保佐人、補助人の総称。
→成年後見人
→保佐人
→補助人

■成年被後見人（せいねんひこうけんにん）

精神上の障害により判断能力を常に欠く状態の者を後見するためにつけられる法定代理人のことです（民法8条）。成年後見人は、成年被後見人の生活の監護や財産の管理を行う際には、成年被後見人の意思を尊重しなければなりません（民法858条）。

■成年被後見人等（せいねんひこうけんにんとう）

成年被後見人、被保佐人、被補助人の総称。
→成年被後見人
→被保佐人
→被補助人

■世帯合算（せたいがっさん）

同一世帯で、同一の月1か月間（暦月ごと）に2万1000円以上の自己負担額（70歳未満の場合）を支払った者が2人以上いるときに、それぞれを合算して自己負担限度額を超えた分が高額療養費として払い戻される医療保険上の制度です。世帯合算する場合もそれぞれの個人は同一医療機関で医療費を支払っていることが要件になります。

■世帯単位の原則（せたいたんいのげんそく）

　生活保護の必要性と程度は世帯を単位として取り扱うという原則です。生活保護法の世帯単位の原則における「世帯」とは、生計の同一性に重点を置き、社会生活をする上で実際に生計を同じくして生活をしていると認められる1つの単位のことをいいます。ただし、場合によっては世帯単位で取り扱うことが不適当なときもあるので、そのような場合には個人単位で生活保護の必要性や程度について取り扱う事があります。

　世帯単位での取扱いが不適当な場合は個人単位の取扱いとなるので、そのような場合は世帯分離をすることになります。

■世帯分離（せたいぶんり）

　生活保護の例外的取扱いとして、同一の世帯に含まれる一部の人を、他の世帯員と分けて保護するための制度をいいます。生活保護は原則として、世帯単位で保護を行う制度ですので、世帯分離は例外的措置といえます。世帯分離がよく使われるケースが、高齢者の医療費負担に伴う世帯分離です。同居している家族の高齢者が入院している場合、扶養家族である高齢者の医療費は、家族が負担します。しかし、入院が長期にわたる場合、医療費が家族の生活を圧迫するケースも出て来ます。そのような場合、特別に入院中の高齢者だけを分離することによって、医療費を大幅に軽減できます。このように、世帯分離は国民の福祉維持の面から例外的に認められています。世帯分離が認められるためには、「世帯員のうちに、稼働能力があるにもかかわらず収入を得るための努力をしない者がいる」といった要件を満たすことが必要です。

■船員保険（せんいんほけん）

　海上で働く労働者（船員）を被保険者とする社会保険の制度で、一般の人の健康保険に相当する給付について規定しています。また、一般の人の労災保険に上乗せする給付についても規定しています。もともとは雇用保険や年金に相当する部分も含む保険制度でしたが、制度の改正により、この部分は雇用保険制度や厚生年金保険制度に統合されています。

■全額免除（ぜんがくめんじょ）

　厚生労働大臣に申請して承認を受けることにより国民年金保険料の納付（全額）を免除してもらう制度です。全額免除が認められるためには、本人・世帯主・配偶者の前年所得が一定額以下であることが必要です。所得額の基準は、「（扶養親族等の数＋1）×35万円＋22万円」の数式で算出します。また、単身世帯の場合、前年所得が57万円以下の場合に保険料の全額免除を申請することができます。

■前期高齢者医療制度（ぜんきこうれいしゃいりょうせいど）

　65歳〜74歳の人を対象とした医療保険制度のことです。前期高齢者医療制度は後期高齢者医療制度のように独立した制度ではなく、制度間の医療費負担の不均衡を調整するための制度です。したがって、65歳になったとしても、引き続き今まで加入していた健康保険や共済組合から療養の給付などを受けることができますし、自己負担額もこれまでと変わりません（ただし、70歳になると、一部負担金の割合がそれまでの3割から原則として2割になります）。

■全国健康保険協会（ぜんこくけんこうほけんきょうかい）

健康保険の被用者年金に対する保険者で、「協会けんぽ」ともいいます。平成20年10月1日に、社会保険庁より運営業務を引き継ぐ形で設立されました。東京千代田区に本部を置き、各都道府県に支部が置かれています。全国健康保険協会が行う業務はおもに次のとおりです。
・保険の給付に関する業務
・保健指導や福祉事業
・被保険者証の発行業務
・船員保険に関する業務
・介護納付金などの納付に関する業務
・任意継続に保険者に関する業務

そ

■葬祭扶助（そうさいふじょ）

生活保護法に規定された扶助のひとつです。経済的困窮により葬祭を行うことが難しい場合、国から葬祭を執り行うための費用を受けることができます。具体的には、葬祭に伴い必要となる検案、死体の運搬、火葬・埋葬、納骨などの経費に対する費用などが負担されます。葬祭扶助は、おもに葬儀を行う遺族などに支給されるため、その葬儀を行う遺族が生活保護に該当するかの判断が行われた上で、支給が決定されます。

■増進改定（ぞうしんかいてい）

障害年金の受給権者が、その後障害の程度が重くなったことにより障害年金の額を改めてもらうように厚生労働大臣に請求することです。たとえば、障害認定日に障害等級2～3級に該当し障害年金を受給していたが、後に症状が悪化して1～2級に該当するようになったような場合に、障害の程度が増進したことになるので、障害年金の額の改定を請求することができます。しかし、この増進による改定の請求は、障害の程度が増進した事が明らかな場合を除き、受給権を取得した日から1年を経過した後でなければ行う事ができません。

■相談支援事業（そうだんしえんじぎょう）

市町村が、障害者や障害者の保護者などからの相談に応じて、障害者支援についての必要な情報を提供する事業です。具体的な内容としては、福祉サービスの利用に関する情報の提供、社会資源等を活用するための支援、対象者にとって必要だと考えられる専門機関の紹介などがあります。また、障害者に対する虐待の相談を受けた場合には、障害者の保護も行います。

■相談支援体制整備事業（そうだんしえんたいせいせいびじぎょう）

都道府県地域生活支援事業のうち、相談支援に関する広域・専門的支援を行う事業のことです。都道府県に、相談支援に関する広域的支援を行うアドバイザーを設置し、市町村の実施する相談支援事業が適正かつ円滑に行われるよう支援する事業です。具体的な内容としては、地域のネットワークの構築、専門的な知識を必要とする障害者支援システムの構築に関する助言、相談支援を行う者のスキルアップのための指導、広い地域にまたがって存在している課題の解決のための支援などがあります。

■措置入院（そちにゅういん）

自分を傷つけたり他人にケガを負わせる可能性がある者や、麻薬の服用を繰り返す可能性が高い麻薬中毒者などを、都道府県知事が精神病院等に入院させる処置のこと

です（精神保健福祉法29条、麻薬及び向精神薬取締法58条の8）。措置入院をさせることで、精神に病気のある者や麻薬中毒者による犯罪を防止する働きがあります。ただし、本来の目的は患者の治療であり、将来起こる可能性のある犯罪を防ぐための保安処分を目的とした措置ではありません。

た

■第1号被保険者（だいいちごうひほけんしゃ）

① 国民年金法における、強制加入被保険者の区分です。20歳以上60歳未満で、老齢年金の受給権利のない国内居住者が対象です。自営業者など、厚生年金に加入していない者のみが第1号被保険者であるため、第2号被保険者や第3号被保険者は対象外です。

② 介護保険法における区分で、その地域に住む65歳以上の者が対象です。介護保険を運営する保険者は市区町村であるため、65歳を迎えた者は自分の住んでいる市区町村の第1号被保険者になります。なお、その地域に住む40歳以上65歳未満の公的医療保険に加入する者を第2号被保険者といい、介護保険料の負担義務があります。介護保険料は、公的医療保険料に上乗せする形で徴収されます。

■待期期間（たいききかん）

虚偽の保険事故（疾病等、失業など）によって保険給付を受けようとすることなどを防止するために設けられた確認期間です。労災保険では通算3日間、健康保険では継続して3日間、雇用保険では通算して7日間（日雇労働被保険者は最初の1日のみ）が待期期間となっています。

■代行返上（だいこうへんじょう）

厚生年金基金の給付の代行部分について、国の代わりに運用と給付を行っていた部分を国に返し、あわせて上乗せ支給している部分について確定給付企業年金に移行させることをいいます。厚生年金基金については、近年運用の悪化が原因で、代行返上が相次いでいます。

■第3号被保険者（だいさんごうひほけんしゃ）

第2号被保険者に扶養されている配偶者を第3号被保険者といいます。第3号被保険者は保険料の負担なしに最低限の年金保障を受けることができるもので、おもに会社員・公務員世帯の専業主婦（または主夫）が対象になります。

■退職者医療制度（たいしょくしゃいりょうせいど）

退職者の医療費を、国民健康保険ではなく会社等の健康保険から拠出するための制度です。退職者医療制度は平成20年4月に廃止されましたが、平成27年3月末までの間に退職した65歳未満の退職者を対象として、現行の退職者医療制度を存続させる経過措置がとられています。

退職者医療制度の対象者は、厚生年金保険などの老齢給付を受けることができる年齢で、厚生年金保険の加入期間が20年以上か40歳以降の加入期間が10年以上ある人です。国民健康保険と退職者医療制度には、制度を運営する費用を賄う財源に違いはありますが、利用する被保険者にとって違いはありません。

■**第2号被保険者**（だいにごうひほけんしゃ）
① 国民年金法における区分で、原則64歳までの人を対象に、厚生年金の加入者をいいます。厚生年金には厚生年金が適用される会社員や公務員（平成27年10月から共済年金は厚生年金に一元化）が加入します。公的年金制度は、国民年金（基礎年金）をすべての人が加入する年金制度として位置付けているため、厚生年金の加入者は、国民年金についても被保険者（第2号被保険者）として扱われることになります。
② 介護保険法における区分で、40〜64歳の人で、特定疾病にかかっている人をさします。ただし、実際に介護保険サービスを受けるためには、市区町村により要介護者、または要支援者であると認定される必要があります。

■**第4期障害福祉計画**（だいよんきしょうがいふくしけいかく）
平成27年度を初年度とする障害福祉計画です。第4期では、国の基本指針の見直しが行われるとともに、「障害者総合支援法」の施行をふまえ、ⓐ福祉施設から地域生活への移行推進、ⓑ精神科病院から地域生活への移行推進、ⓒ地域生活支援拠点等の整備、ⓓ福祉から一般就労への移行促進を成果目標として活動指標が定められています。また、障害児支援体制の整備や人材の確保・養成についても盛り込まれています。

■**代理権**（だいりけん）
売買契約や賃貸借契約などの法律行為を本人に代わって行うことのできる権限です。法律行為の一種である契約は、本人が自分の意思に基づいて行うことを基本としています。財産処分や介護サービス契約を結ぶ場合も、原則として本人が本人の意思で行う必要があります。本人以外の人が契約を結ぶ場合、本人に代わって契約を結ぶ権利（代理権）がなければなりません。代理権がない状態では、たとえ親族でも本人に代わって契約をすることはできません。たとえば、高齢者の判断能力が著しく低下しているような場合、保佐という制度が利用できます。保佐人には、重要な法律行為についての代理権を審判で与えることができます。代理権が与えられた場合に、保佐人は、重要な法律行為にあたる土地の売買契約などを本人のために行うことができます。

■**代理権付与の審判**（だいりけんふよのしんぱん）
家庭裁判所が、被保佐人や被補助人の請求により、被保佐人・被補助人のために、特定の法律行為について保佐人・補助人に代理権を付与することです。保佐人及び補助人には成年後見人と違い、すべての法律行為について最初から代理権限を認められているわけではありません。保佐人及び補助人に代理権を与える場合には別途「代理権付与の審判」を求める必要があります。なお、補助人の場合、補助開始の審判だけでは同意権や代理権を伴わないので、被補助人のための同意権・代理権の付与が補助開始の審判の要件になります。

■**多数該当**（たすうがいとう）
高額療養費の自己負担限度額を軽減させる制度です。同一の世帯で、1年間（直近12か月）に3回以上高額療養費の支給を受けている場合は、4回目以降の自己負担限度額が下がります。この制度は、同一の保険者、または同一の被保険者が支払った高額療養費において適用されます。そのため、

その年の途中で転職し、協会けんぽから国民健康保険などに変わった場合や、被保険者が退職して被扶養者になった場合はカウントすることができません。

■脱退一時金（だったいいちじきん）

脱退一時金は、在留期間の短い外国人の保険料掛け捨てを防止するために定められた制度です。国民年金・厚生年金において、それぞれ設けられています。

ⓐ 国民年金の保険料を6か月以上納めたことのある国外に住む外国籍の者は、対象月数に応じた脱退一時金が請求できます。ただし、以前に他の基礎年金を受給した場合や、帰国後2年を経過した場合は受給できません。

ⓑ 厚生年金保険の加入期間が6か月以上ある国外に住む外国籍の者は、被保険者期間に応じた脱退一時金が請求できます。ただし、以前に他の厚生年金を受給した場合や、帰国後2年を経過した場合は受給できません。

■短期入所（たんきにゅうしょ）

通常、自宅での介護サービスを受けている人が、その介護者の病気、冠婚葬祭への出席、公的行事への参加などの理由から、施設で短期間生活する際に受けることのできるサービスのことです。ショートステイとも呼ばれます。利用する理由は、旅行や休息など、普段介護に疲れている家族が安らぐことを目的としたものでもかまいません。介護者が不在となる障害者を一時的に保護し、必要に応じて排泄、食事、入浴などの介護や支援を行います。このサービスは、福祉型と医療型に分かれています。まず福祉型は、障害者支援施設などで実施されており、対象になるのは、障害者支援区分1以上の障害者または厚生労働大臣が定める区分における区分1以上に該当する障害児です。そして医療型は、病院、診療所、介護老人保護施設で実施されており、対象者は遷延性意識障害児（者）や重症心身障害児（者）などです。短期入所サービスを利用できる日数は、各市町村の判断によって決定されます。

なお、短期入所は介護者の急用などで突然利用が必要になることも多いため、すぐに利用予定がない場合でも、前もって利用申請をしておくことができます。

■短期入所生活介護（たんきにゅうしょせいかつかいご）

介護が必要な高齢者を一時的に施設に受け入れ、食事や入浴、排せつ、就寝といった日常生活の支援を行う介護サービスのことです。一人で生活することに困難や不安がある人を受け入れる場として利用されています。短期入所生活介護は、短期入所療養介護とともに、ショートステイとも呼ばれています。ショートステイは、介護者の入院や出張、冠婚葬祭などのやむを得ない事情の他、単に「疲れたので一時的に介護から離れてリフレッシュしたい」「旅行に行きたい」といった内容でも、施設に不都合がなければサービスの利用が可能であるため、家族の介護負担を軽くするという効果もあります。

■短期入所療養介護（たんきにゅうしょりょうようかいご）

介護が必要な高齢者を一時的に施設に受け入れ、医療的なケアを含めた日常生活の支援を行う介護サービスのことです。入院は必要ないものの、医療と日常生活の両方に支援が必要な人を受け入れる場として利

用されています。短期入所療養介護は、短期入所生活介護とともに、ショートステイと呼ばれています。ショートステイは、適切な技術をもって介護を行うこと、職員以外の者による介護を利用者の負担によって受けさせてはならないこと、本人や他の利用者の生命・身体の保護など、緊急でやむを得ない場合を除いては身体の拘束などの行為を行わないこと、などが特徴として挙げられます。

ち

■地域移行支援（ちいきいこうしえん）

施設に入所している障害者などが、地域における生活に移行できるようにするために、必要な住居の確保などを行う支援のことです（障害者総合支援法5条18項）。地域相談支援のうちのひとつです。支援の対象者は、施設に入所している障害者や障害児です。また、地域移行支援については平成26年4月から対象者が拡大されており、刑事施設・少年院に入所している障害者や生活保護法の更生施設に入所している障害者も利用が認められています。

■地域活動支援センター（ちいきかつどうしえんせんたー）

障害者に社会との交流を図る機会や生産活動を行う機会を提供するための通所施設です。地域活動支援センターの運営は、障害者総合支援法の地域生活支援事業として行われています。地域活動支援センターを通じて、障害者は自立した日常生活や社会生活を送る上での援助を受け、社会との交流を図り、生産活動を行うことができます。地域活動支援センターにおける活動はⅠ型からⅢ型まで3つに分けることができます。地域活動支援センターⅠ型は、地域住民ボランティアの育成、専門職員の配置による医療、地域との連携強化のための調整、障害に対する理解を促進するための啓発活動を行うことを内容とした事業です。地域活動支援センターⅡ型は、地域の中での就職が困難な在宅の障害者に対して、機能訓練や社会適応訓練など自立を促すための事業を行います。地域活動支援センターⅢ型は、地域の障害者が通うことのできる小規模作業所に対する支援を行う事業のことをいいます。事業の実績が5年以上の作業所に対する支援を行います。

■地域ケア会議（ちいきけあかいぎ）

地域包括支援センターや市町村が開催する、自治体職員や地域の関係者から構成される会議のことです。地域包括ケアシステム構築のための手法のひとつです。参加するのは自治体職員、医療従事者、ケアマネジャー、介護事業者、民生委員、サービス事業者など、地域にかかわっている専門家や民間の支援者です。課題を抱えている高齢者の個別ケースなどを題材として、高齢者の自立を支援するケアマネジメントについて検討し、地域課題を把握して今後必要となる地域包括支援ネットワークの構築を進めることを目的としています。

地域包括支援センターは概ね中学校区に1つの割合で設置されることになっていますので、それぞれの圏域ごとに地域ケア会議を開催し、地域の実情に即した支援方法や連携の仕方などを探っていきます。市町村は、代表者レベルの地域ケア会議を開催することにより、地域包括支援センターごとに上がってきた地域課題を総合的に発見・把握し、普遍的に必要とされているサービスの開発を行い、保健・医療・警察・消

防・NPO・民間企業・地域・サービス事業者とのネットワークを発展させ、政策形成を行って地域包括ケアシステムの実現を図っていくことになります。地域ケア会議は、会議に出席する各機関や団体にとっても、「他の専門分野の知識を得ることができる」「協働することにより、1人の関係者にかかる負担が軽減される」「関係者のスキルアップにつながる」などの効果が期待されています。

■地域支援事業（ちいきしえんじぎょう）

高齢者が要支援・要介護状態にならないよう予防すること、たとえ要支援・要介護状態になったとしても、できるだけ地域で自立した生活を継続していけるように支援することを目的とする介護保険制度上の事業です。市町村が主体になって実施します。地域支援事業のおもな内容としては、介護予防・日常生活支援総合事業、包括的支援事業、任意事業があります。

■地域生活支援事業（ちいきせいかつしえんじぎょう）

障害者総合支援法に基づき、障害者が自立した日常生活・社会生活を営むことができるよう支援する事業です。障害者をとりまく地域の地理的な条件や社会資源の状況、及び地域に居住する障害者の人数や障害程度などに応じて、必要な支援を柔軟に行う事業です。

地域生活支援事業の実施主体は基本的に市区町村ですが、広域的なサポートや人材育成など、一部は都道府県が主体になります。地域生活支援事業を行うにあたってかかる費用については、市町村の行う地域生活支援事業については市町村が25％を負担し、国が50％、都道府県が25％を補助します。一方、都道府県の行う地域生活支援事業については国が50％以内で補助することができます。

■地域相談支援給付費（ちいきそうだんしえんきゅうふひ）

都道府県・指定都市・中核市の指定を受けた「指定一般相談支援事業者」が地域移行支援・地域定着支援を行った際に支給される給付です。給付を希望する利用者は、氏名・居住地・生年月日・連絡先、地域相談支援の具体的内容を記載した申請書を市町村に提出し、申請を受けた市町村が地域相談支援給付費の支給の要否を決定することになります。

■地域定着支援（ちいきていちゃくしえん）

自宅で単身生活をする障害者に対して、常時の連絡体制を確保し、緊急の事態等に相談できるようにする支援のことです（障害者総合支援法5条19項）。地域相談支援のうちのひとつです。支援の対象者は、居宅において障害者の家族等による緊急時の支援が見込めない状況にある者のうち、地域生活を継続していくために緊急時等の支援が必要と認められる者です。

■地域包括ケアシステム（ちいきほうかつけあしすてむ）

介護を必要とする高齢者が、住み慣れた地域で安心して暮らし続けることができるよう、「介護・医療・介護予防・生活支援・住まい」という5つの要素を充実させ、一体的に提供するシステムのことです。いわゆる団塊の世代が75歳を迎える2025年をめざしての導入が進められています。

具体的には、地域のニーズに応じた在宅

介護サービスの充実や、医療・介護の連携体制の整備、サービス付高齢者住宅の確保や介護予防事業の実施などが挙げられます。また、介護サービスを担う介護職の待遇改善も急務とされています。

■地域包括支援センター（ちいきほうかつしえんせんたー）

高齢者の生活を地域全体で支えていくための機関で、地域で暮らしている高齢者が日常生活を送る上で抱えている課題を把握したり、支援するための具体的な事業を行っています。地域包括支援センターは、日常生活圏域単位ごとに設置されますが、運営は社会福祉法人や医療法人に委託される場合もあります。地域包括支援センターには、保健師や社会福祉士、主任ケアマネジャーといった専門スタッフが配置されています。地域包括支援センターでは、こうした専門スタッフを中心として、介護保険法に基づいた包括的支援事業を行います。具体的には、介護予防マネジメントの提供や、包括的・継続的ケアマネジメントの提供、高齢者や高齢者の家族に対する総合的な相談の受付と対応、高齢者虐待の防止と早期発見などです。

同じく在宅介護に関する相談窓口として「在宅介護支援センター」が設置されていますが、地域包括支援センターの新設により、統廃合されるところも多くなっています。

■地域保険（ちいきほけん）

職域保険に加入していない人を対象とする保険です。国民健康保険などがこれにあたります。地域保険は、対象者が居住する市区町村が保険者となります。

■地域密着型介護老人福祉施設入所者生活介護（ちいきみっちゃくがたかいごろうじんふくししせつにゅうしょしゃせいかつかいご）

定員が29人以下の小規模な特別養護老人ホームで行われる介護サービスのことです。既存の特別養護老人ホームの近くに作られ、セットで運営されているケースもあります。医療行為は行われず、入浴、排せつ、食事などの日常生活の世話を中心としたさまざまなサービスや、機能訓練、健康管理、療養上の世話などが提供されます。特徴は、少人数制であるため、家庭的な雰囲気があり、地域や家庭とのつながりを重視していることです。このサービスは、次の4つの条件を満たす人が利用できます。

ⓐ 当該市区町村の住民である。
ⓑ 要介護1以上の認定を受けている。
ⓒ 心身に著しい障害があるため常時介護が必要である。
ⓓ 在宅介護が困難である。

また、このサービスはユニットケア（施設内を自宅と似た環境に整えて入居者が過ごしやすくしたサービス）での提供が推奨されています。居室は個室ですが、食堂や今などは共同のため、入所者同士での交流が可能です。

■地域密着型サービス（ちいきみっちゃくがたさーびす）

地域に住む要介護者・要支援者に向けて、市町村の指定を受けた事業者が提供するサービスです。地域密着型サービスの目的は、認知症の高齢者・一人暮らしの高齢者・支援を必要とする高齢者が住み慣れた地域で生活を続けられるようにする点にあります。もともとその地域（市区町村）に住む要介護者に向けて提供されるもので、

認知症や一人暮らしの高齢者がなるべく住み慣れた地域で生活を続けることができるようにするために、さまざまなサービスを必要に応じて組み合わせることができるようになっています。地域密着型サービスには、ⓐ小規模多機能型居宅介護、ⓑ認知症対応型通所介護（デイサービス）、ⓒ認知症対応型共同生活介護（グループホーム）、ⓓ夜間対応型訪問介護、ⓔ地域密着型特定施設入居者生活介護（小規模の介護専用型有料老人ホームなど）、ⓕ地域密着型介護老人福祉施設入所者生活介護（小規模の特別養護老人ホーム）、ⓖ定期巡回・随時対応型訪問介護看護、ⓗ複合型サービス、の8種類があります。このうち、要支援者は、ⓘ小規模多機能型居宅介護、ⓙ認知症対応型通所介護、ⓚ認知症対応型共同生活介護（要支援2のみ）のサービスが利用できます。

■**地域密着型特定施設入居者生活介護（ちいきみっちゃくがたとくていしせつにゅうきょしゃせいかつかいご）**

定員29名以下の少人数制の有料老人ホームやケアハウスなどで提供される介護保険サービスのことです。入浴、排せつ、食事など日常生活上の世話の他、機能訓練および療養上の世話を受けることができます。ただし、居宅療養管理指導（通院困難な居宅要介護者のもとへ医師などが訪問して療養上の管理や指導を行うこと）以外の居宅サービスは受けることができません。また、特定施設入居者生活介護と違い、介護サービスの外部委託はありません。

このサービスを行う施設には、管理者、生活相談員、看護師などの他、機能訓練指導員と計画作成担当者が配置されています。利用者の要介護状態の軽減または悪化の防止につながる介護を実現するために、計画作成担当者は、地域密着型特定施設サービス計画を作成します。サービス内容は画一的ではなく、それぞれの利用者の心身の状態に合わせて提供される必要があります。そのため、利用者の能力などを評価した上で、抱える問題点を明らかにし、本人や家族の要望もふまえて作成されます。

地域密着型特定施設サービス計画をもとに、利用者がそれぞれの能力に応じて、自立した日常生活を送ることが可能にするため、日々のサービスが提供されます。

■**知的障害者福祉法（ちてきしょうがいしゃふくしほう）**

知的障害をもつ障害者の自立と社会経済活動への参加を促進することを目的として、実施機関や措置、費用などについて規定している法律です。社会福祉六法のうちのひとつで、1960年の制定当時は「精神薄弱者福祉法」という名称でしたが、障害者団体などから「精神薄弱」という表現が差別や偏見を助長しかねないとの指摘を受け、1999年に名称が変更されました。

■**中高齢寡婦加算（ちゅうこうれいかふかさん）**

子のいない妻や、子が18歳到達年度の末日に達したために遺族基礎年金を受給できなくなった妻が受け取ることのできる、遺族厚生年金に加算される金額のことです。子のある妻に比べて受給金額が低額になってしまうことに配慮して定められました。

厚生年金に原則として20年以上加入していた夫が死亡した当時、その夫によって生計を維持されていた40歳以上65歳未満の妻がいる場合に、遺族厚生年金について加算が行われます。中高年寡婦年金の加算額は、生年月日を問わず、一律として「780,900

円×改定率×3/4」です。

■**中高齢の特例（ちゅうこうれいのとくれい）**

昭和61年3月まで適用されていた旧年金法の対象者が不利益を被らないように定められた制度のひとつです。

旧年金法では、厚生年金保険や共済組合への加入期間が20年、または男性で40歳（女性は35歳）から15年の加入期間があれば老齢年金が支給されました。しかし、昭和61年4月の改正により、加入期間が25年以上に拡大されたため、旧法該当者との待遇を均一にする目的で、中高齢の特例が設けられました。この措置により、男性は40歳（女性は35歳）以上の期間に、厚生年金保険や共済組合へ15～19年（生年月日による）の加入期間があれば、厚生年金に25年加入したものとみなされ、老齢年金が支給されます。

■**長期要件（ちょうきようけん）**

遺族厚生年金の受給要件において、死亡者が長期加入者であった場合に該当する要件のことです。具体的には、死亡した者が、老齢厚生年金の受給権を持つ場合、もしくは老齢厚生年金の受給資格期間（原則25年以上の期間）を満たす者が死亡した場合を長期要件といいます。死亡者が短期加入者であった場合に該当する短期要件の場合に比べ、多くの遺族厚生年金を受給することができます。

老齢厚生年金の受給権者や受給資格要件を満たす長期要件に該当した場合は、遺族に支給される遺族厚生年金額の求め方がそれ以外の場合とは異なり、実際の被保険者期間を用いて計算を行います。

■**直接支払制度（ちょくせつしはらいせいど）**

健康保険の被保険者またはその被扶養者が出産した医療機関に対し、保険者が直接「出産育児一時金」を支払う制度をいいます。

以前は、いったん医療機関等に費用を支払った後に出産育児一時金の申請をするという方法がとられていましたが、制度が改正され、直接支払制度が取られるようになりました。出産した者が医療機関へ支払う費用は、出産育児一時金との差額のみになるため、事前に数十万円分の出産費用を用意する必要がなくなります。

制度を利用するには、請求する被保険者（代理人）が、出産から2年以内に保険者（事業所管轄の全国健康保険協会の都道府県支部または会社の健康保険組合）に対し、「健康保険被保険者出産育児一時金支給申請書」または「健康保険出産育児一時金内払金支払依頼書・差額申請書」を提出します。

■**直接生活介助（ちょくせつせいかつかいじょ）**

入浴や排泄、食事の介護など、身体に直接触れて行う（または触れる可能性のある）介助のことです。これに対し、間接生活介助は、洗濯や掃除など、身体に直接触れない（または触れる可能性のない）介助のことです。介護保険制度において、要介護認定の判定をする際、基準となる介護の時間（要介護認定等基準時間）を算出するために用いられる分類（介護行為）のひとつです。要介護認定等基準時間を算出する際には、直接生活介助は「食事」「排泄」「移動」「清潔保持」に分けて計算されます。

つ

■通級（つうきゅう）

小中学校の通常の学級に在籍し、普通学級で教育を受けている障害児が、障害の克服に必要な指導だけは養護学校などの特別な場で受けることをいいます。対象となる障害は、視覚障害、聴覚障害、肢体不自由、病弱・身体虚弱、言語障害、自閉症、情緒障害、学習障害（LD）、注意欠陥多動性障害（ADHD）で、障害の程度が比較的軽度の児童を対象としています。平成26年5月時点の全国の生徒数は、小学生・中学生合わせて8万人を超えており、そのうちの約9割が小学生です。

■通所介護（つうしょかいご）

一般的にデイサービスと呼ばれ、在宅介護を必要とする人に広く利用されている介護サービスです。提供されるサービスの内容は地域や施設によって千差万別ですが、概ね自宅から施設までの送迎、食事や入浴、排せつなどの介助、レクリエーションの実施といったサービスが提供されています。通所介護のサービスを利用することにより、栄養管理や清潔維持といった効果はもちろん、同じ場に、たくさんの利用者が集まって一緒に過ごすことで、閉じこもりがちな高齢者が社会とつながりを持ち、社交性を高めるなどの効果も期待できます。さらに、利用者が通所介護に出かけている間、介護者には自由な時間ができ、リフレッシュや休養にあてることもできます。

■通所リハビリテーション（つうしょりはびりてーしょん）

病気やケガなどにより身体機能が低下した高齢者に、継続的にリハビリテーションを施し、機能回復あるいは維持を図ることを目的としたサービスです。介護保険制度上の居宅サービスのひとつで、デイケアサービスともいいます。理学療法士や作業療法士といった専門家が配置され、医師の指示の下で個々の利用者に合ったリハビリメニューが組まれます。通所介護と同様、送迎から食事、入浴、排せつ介助といったサービスを提供している事業所の他、短時間でリハビリテーションの施術のみを行う事業所もあります。

て

■DV防止法（でぃーぶいぼうしほう）

「配偶者からの暴力の防止及び被害者の保護等に関する法律」のことです。結婚している者による暴力だけでなく、離婚後に暴力を振るわれている場合も、DV防止法の保護の対象になります。具体的には、加害者の被害者への接近の禁止といった命令が発令されます。

■定額部分（ていがくぶぶん）

60〜64歳に支給される「特別支給の老齢厚生年金」のうち、厚生年金保険の加入期間によって決定される年金部分をいいます。実際に支給される定額部分の金額は、次の計算式で求められます。

定額部分の金額＝1か月あたりの給付額（単価）×生年月日に応じた率×加入月数（平成27年4月以降の基準）

老齢基礎年金と同様に、加入月数が多いほど受給金額が多くなるしくみになっており、現役時代の収入の多寡は影響しません。生年月日に応じた率は、生年月日が昭和21年4月2日以降であれば「1」で、給付額は1,626円とされています。仮に、昭和21

年4月2日以降に生まれた者が40年間（480か月）会社勤めをしたとすると、定額部分の金額は、78万500円となります（100円未満四捨五入）。

■定期巡回・随時対応型訪問介護看護（ていきじゅんかい・ずいじたいおうがたほうもんかいごかんご）

訪問介護と訪問看護のサービスを一体的に24時間体制で提供するサービスのことです。介護保険制度上の地域密着型サービスのひとつです。1つの事業所で訪問介護と訪問看護を一体的に提供するタイプ（介護・看護一体型）と、同じ地域の訪問介護を行う事業所と訪問看護事業所が連携してサービスを提供するタイプ（介護・看護連携型）があります。身体介護サービスを中心に1日複数回のサービスを行うことを想定した制度で、要介護者が対象です。利用者からの通報により、電話などによる応対・訪問などの随時対応が行われます。通報があってから、30分以内に訪問できるような体制を確保することを目標としています。利用者の通報に対応するオペレーターは、看護師、介護福祉士、医師、保健師、准看護師、社会福祉士または介護支援専門員の資格者であることが求められています。

このサービスを行う事業所は一体型・連携型合わせて2015（平成27）年4月には、681か所と年々増加傾向にあります。このサービスを利用することで、中重度者でも施設に入所することなく、住み慣れた環境で安心して過ごす事が可能になるため、今後利用の増加が見込まれます。

■定率負担（ていりつふたん）
→応益負担

■転給（てんきゅう）

給付制度対象者の死亡により行われる遺族給付の受給権者がその権利を失権した場合に、その次の順位の遺族に対して受給の権利が移動をする制度です。転給制度は、労災保険制度の遺族（補償）年金において行われます。

遺族（補償）年金の場合は、ⓐ妻または障害のある夫、ⓑ18歳未満または障害のある子、ⓒ60歳以上または障害のある父母、ⓓ18歳未満または障害のある孫、ⓔ60歳以上または障害のある祖父母、ⓕ18歳未満または障害のある兄弟姉妹と続きます。そして、障害のない、55〜60歳未満の夫、父母、祖父母、兄弟姉妹と続き、転給が行われます。

なお、転給は、受給資格者の全員が失権するまで行われます。

と

■同意権（どういけん）

後見制度において、本人が契約などの法律行為を行うときに、本人を支援する人が、その行為について同意することができる権限をいいます。法定後見制度には、本人の精神上の障害の程度に応じて、後見・保佐・補助という3つの制度が用意されています。このうち、後見は、本人が判断能力を欠いている常況にある場合に用いられる制度ですので、法律行為は後見人が行うため、同意権が問題になることはありません。これに対して、保佐・補助では、本人が法律行為を行うことが許されている場合がありますが、一定の法律行為を行うにあたっては、支援者である保佐人や補助人の同意を得なければならないと、民法により規定されています。たとえば、被保佐人が、不動産の売買等の重要な取引を行う場合に

は、保佐人の同意が必要になります。被補助人は、被保佐人よりも自分自身で行うことができる法律行為の範囲が広いといえますが、一定の行為については、補助人の同意が必要になります。

■同意権付与の審判（どういけんふよのしんぱん）

家庭裁判所が被補助人等の請求により被補助人が特定の法律行為をするための同意権を補助人に付与することです。補助の場合には、基本的には補助開始の審判を求めただけではどんな支援内容も発生しませんので、具体的な支援内容を別の審判で決めなければなりません。補助人に代理権を与える場合には、代理権付与の審判を求めることになります。同意権を与える場合には、同意権付与の審判を求めることになります。両方の権利を与える場合には代理権付与の審判と同意権付与の審判が必要になります。また、代理権・同意権が及ぶ法律行為の範囲も定めておかなければなりません。

■冬季加算（とうきかさん）

生活保護費の算定にあたり、冬季の光熱費等の増加に対応して、生活扶助基準額に一定の金額を上乗せして支給することをいいます。おもに、冬季に掛かる灯油代や暖房代等の支出に対応するために加算されるため、一般に灯油代や暖房代と呼ばれることもあります。冬季加算は、その性質上、11月から3月までの期間に限って加算が行われることに注意が必要です。また、北海道や東北等のとくに寒い地域では、加算額が大きく、九州などの温かい地域では加算額が少ないなど、地域によって加算される額は異なります。なお、2015年7月以降、住宅扶助とあわせて、冬季加算の金額が削減されることが決定されています。

■同行援護（どうこうえんご）

移動が困難な視覚障害者に対し、外出する際に必要な情報を提供したり、障害者の移動に同行して支援を行う、障害者総合支援法上のサービスです。

同行援護は、もともと類似のサービスが、ガイドヘルパー事業として行われていました。その後、地域生活支援事業のうちの移動支援事業として位置付けられ、平成23年10月に現在の同行援護サービスが開始されました。対象となるのは、小学生以上の身体障害者手帳所持者です。当該障害者等の外出時に付き添うヘルパーは、移動中や目的地において、移動の介護、排泄、食事の介護、代筆・代読、危険回避のために必要な支援を行います。すべての外出が支援の対象となるわけではなく、「社会生活上必要不可欠な外出」または「余暇活動などの社会参加のための外出」に限られます。「社会生活上必要不可欠な外出」の例としては、不定期な通院、銀行、美容・理容、冠婚葬祭などが挙げられます。

なお、介護保険の対象者でも、介護保険サービスの中にはない、「余暇活動などの社会参加のための外出支援」を受ける目的であれば、同行援護を利用できます。

■特定機能病院（とくていきのうびょういん）

医療法により定められた医療施設のひとつで、高度な医療技術の開発や医療サービスの提供を行う施設をいいます。高度な医療を必要とする他の一般医療施設からの紹介を優先的に受け付けるしくみになっています。特定機能病院として認められるためには厚生労働大臣の承認が必要で、医療ミ

スなどが発生し、高度な医療技術を提供できないと判断された場合は、承認が取り消される場合があります。

■特定施設入居者生活介護（とくていしせつにゅうきょしゃせいかつかいご）

有料老人ホームやケアハウスなどの住宅のうち、一定の条件を満たし、「特定施設」として認められている施設の入居者が、日常生活上の世話や機能訓練などの介護サービスを受けることをいいます。有料老人ホームなどの施設は介護保険施設ではないため、入居者は介護保険の施設サービスを受けることができません。しかし、「特定施設」と認められることで、入居者はその施設の職員などから、介護保険の居宅サービスを受けることができます。なお、入居定員が29人以下で要介護者を対象とする施設の場合は「地域密着型特定施設」となり、それ以外の場合が「特定施設」となります。

特定施設入居者生活介護には、要介護者を対象とする「介護専用型」と、要支援者や自立の高齢者も対象とする「混合型」があります。また、特定施設入居者生活介護には、特定施設の事業者が介護サービスを行う「一般型」と、特定施設の事業者はケアプランの作成などを行い、介護サービスは外部の業者に委託する「外部サービス利用型」があります。

■特定疾病（とくていしっぺい）

他の疾病とは異なる扱いをする対象として定められた疾病のことです。介護保険法では、おもに加齢に伴って発症すると考えられる疾病のうち、要介護状態の原因となる心身の障害を生じさせると認められる疾病を「特定疾病」と定めています。40歳以上64歳以下の第2号被保険者であっても、特定疾病によって要介護状態になった場合は、介護保険の給付を受けることができます。特定疾病の具体的な疾病名は、介護保険法施行令2条に規定されており、脳血管疾患、初老期における認知症、骨折を伴う骨粗鬆症、パーキンソン病などがあります。

■特定受給資格者（とくていじゅきゅうしかくしゃ）

雇用保険の失業等給付の受給要件や受給額について特別な取扱いを受ける者のことです。特定受給資格者には、ⓐ勤務先の倒産や解雇などによって再就職先を探す時間も与えられないまま離職を余儀なくされた人（就職困難者を除く）、ⓑ特定理由離職者Ⅰ（平成21年3月31日〜平成29年3月31日の間に、本人の希望に反し、契約の更新がされなかったために離職した者）、ⓒ特定理由離職者Ⅱ（平成21年3月31日〜平成29年3月31日の間に正当な理由による自己都合で離職した者）が挙げられます。

特定受給資格者に該当した場合は、一般の受給資格者に比べて基本手当の受給日数が長くなることがあります。

■特定障害者特別給付費（とくていしょうがいしゃとくべつきゅうふひ）

障害者総合支援法に規定されている、自立支援給付のひとつで、施設やグループホームなどに入所している障害者のうち、生活保護・低所得の人を対象として行われる負担軽減措置をいいます。「補足給付」と呼ばれることもあります。

障害福祉サービスの費用は、利用者の所得によって決定されるのが原則です。しかし、低所得者には、それでも負担が大きすぎる場合があるため、一定の場合には食事の費用や居住の費用などの給付が受けられ

るようになっています。

入所施設で利用するサービスは障害の程度や状況によって変わってきますが、基本的に食費や光熱費は実費負担です。また、グループホームなどの利用者は家賃を負担することになります。これらのサービスのうち、特定障害者特別給付費の対象者が市区町村に申請し、認められると一定額の給付を受けることができます。

■特定福祉用具販売（とくていふくしようぐはんばい）

居宅の要介護者に、特定福祉用具を販売するサービスのことです。介護保険制度の居宅サービスのひとつです。特定福祉用具とは、入浴や排泄に使用する用具など、用具の性質上、貸与するより購入した方がよい福祉用具のことをいいます。介護保険制度では、特定福祉用具購入金額を補助しています。購入の補助は、要介護者・要支援者が先に福祉用具を自分で購入し、後からその金額を支給する方法がとられています。補助が受けられる特定福祉用具は、腰掛便座、特殊尿器、入浴補助用具、簡易浴槽、移動用リフトのつり具の部分です。特定福祉用具の購入費の支給上限は、年間10万円までとなっています。

■特別一時金（とくべついちじきん）

旧年金法時代（昭和61年3月以前）に障害年金の受給を受けた後に国民年金へ任意加入した者に対し、請求に応じて一時金を支払う制度です。旧年金法時代は、老齢年金と障害年金は併給が可能でした。ところが、昭和61年4月の大改正で年金制度が統一され、老齢と障害という異なる年金同士の併給ができなくなりました。それに応じて、以前に任意加入保険料を支払った人の掛け捨てを防止するため、加入期間に応じて特別一時金が支払われるという経過措置がとられています。

■特別支援学級（とくべつしえんがっきゅう）

障害児のために設けられる学級です。通常の学級は普通学級と表現され、区別されています。特別支援学級は、知的障害、肢体不自由、病弱・身体虚弱、弱視、難聴、言語障害、情緒障害といった障害をもつ児童を対象としています。平成26年5月時点の全国の学級数は、小学校・中学校合わせて約5万2000で、生徒数は18万人超です。

■特別支援学校（とくべつしえんがっこう）

視覚障害、聴覚障害、知的障害、肢体不自由、病弱・身体虚弱について程度の重い障害をもつ児童を対象とする学校です。特別支援学校は、平成26年5月時点で全国に1000校余存在し、在籍生徒数は高等部が最も多く、6万5000人を超えています。特別支援学校では、幼稚園、小学校、中学校、高等学校に準ずる教育を行うとともに、障害に基づく種々の困難を改善・克服するために、「自立活動」という特別の指導領域が設けられています。また、特別支援学校は地域密着の取組みを基本としています。そのため学校として機能するだけでなく、幼稚園、小学校、中学校、高等学校などに在籍する障害児に対して援助を行うアドバイザーとしての役割も担っています。

■特別支給の老齢厚生年金（とくべつしきゅうのろうれいこうせいねんきん）

60歳代前半の期間のみ支給される老齢厚生年金のことです。生年月日に応じて行わ

れる段階的な措置で、昭和36年4月1日以前に生まれた男性と昭和41年4月1日以前に生まれた女性が対象です。

法改正により、昭和61年4月以降は年金支給の開始年齢が60歳から65歳に引き上げられました。ただし、5年の差は将来の生活に大きな影響を及ぼすことが予想されたため、暫定的な措置として期間限定の老齢厚生年金制度が設けられました。

特別支給の老齢厚生年金は、厚生年金保険の加入期間が1年以上あり、老齢基礎年金の受給資格がある者が受けることができます。また、年金額の計算は定額部分と報酬比例部分に分かれており、定額部分（65歳以降の老齢基礎年金相当部分）については納付月数に応じて、報酬比例部分（65歳以降の老齢厚生年金相当部分）については現役時代の報酬をもとにして、それぞれ支給額が決定されます。

■**特別児童扶養手当（とくべつじどうふようてあて）**

20歳未満で、精神や身体に障害を持っている児童を抱えている両親などに支給されます。月支給額は、特別児童扶養手当1級が5万1100円、2級が3万4030円です（平成27年度）。前年度の収入額により、受給額に制限があります。特別児童扶養手当の支給を受けるためには、市区村町の窓口に申請する必要があります。申請が認められると、原則として毎年4月、8月、12月に、それぞれの前月分までが支給されます。

■**特別障害給付金（とくべつしょうがいきゅうふきん）**

障害をもちながら、任意加入の国民年金に加入していなかったことが原因で障害基礎年金などの受給ができない者のために設けられた年金制度をいいます。

旧年金制度では、国民年金の加入が任意でした。そのため、未加入の期間があるため障害基礎年金の受給資格がない状態で、障害を負うという事態が発生しました。こうした事態に対処するため、平成16年に福祉的措置として特別障害給付金制度が施行されました。支給対象者は、ⓐ平成3年3月以前の期間に、国民年金の任意加入対象者であった学生、ⓑ昭和61年3月以前の期間に国民年金の任意加入対象者であった被用者の配偶者で、未加入期間に初診日があり、現在障害基礎年金の受給対象となる等級に相当する者、です。月額支給額は、1級が5万1050円、2級が4万840円です（平成27年度）。

なお、特別障害給付金の支給を受けるためには、市区村町役場に請求書などを提出する必要があります。

■**特別障害者手当（とくべつしょうがいしゃてあて）**

特別児童扶養手当等の支給に関する法律に基づき、特別障害者の福祉の向上を目的として支給される手当です。重度の障害によって、日常生活において特別な介護が必要である人（特別障害者）に支給されます。月支給額は2万6620円（平成27年度）です。前年度の収入額により、受け取ることのできる支給額に制限があります。特別障害者手当の支給を受けるためには、市区村町の窓口に申請する必要があります。申請が認められれば、原則として毎年2月、5月、8月、11月に、それぞれの前月分までが支給されます。

■**特別養護老人ホーム（とくべつようごろうじんほーむ）**

身体上または精神上著しい障害があるために常時の介護を必要とするが、居宅で適切な介護を受けることが難しい高齢者（65歳以上）が入所する施設です。高齢者が入所したい施設と契約して利用します。やむを得ない場合には市区町村による入所措置が行われます。一般的には特別養護老人ホームや特養ホームといいますが、介護保険法上は、指定介護老人福祉施設と呼びます。

■**特例特定障害者特別給付費（とくれいとくていしょうがいしゃとくべつきゅうふひ）**

基準該当施設（指定要件の一部だけを満たした施設）などに入所している障害者のうち、生活保護・低所得の人を対象として行われる負担軽減措置です。障害者総合支援法に規定されている、自立支援給付のひとつです。障害福祉サービスの費用は、利用者の所得によって決定されるのが原則です。しかし、低所得者には、それでも負担が大きすぎる場合があるため、一定の場合に食事の費用や居住の費用などの給付が受けられるようになっています。特定障害者特別給付費と同様に、障害福祉サービスを受ける者の経済的負担が過大にならないことを目的として支給されている給付です。

■**特例任意加入（とくれいにんいかにゅう）**

年金をもらうための資格期間が足りない人だけが加入でき、年金をもらう資格ができるとそこで終わりになる制度です。65歳以上70歳未満の人が対象です。昭和40年4月1日以前に生まれた65歳以上70歳未満の人で、日本国内に住所がある人や日本国内に住所はないものの、日本国籍をもつ人が加入できます。

■**都道府県障害福祉計画（とどうふけんしょうがいふくしけいかく）**

障害者総合支援法に基づき、広域的な見地から、障害福祉サービスの提供体制の確保などについて定める都道府県の行政計画のことです。都道府県の障害福祉計画には、以下のような事項が定められています。

ⓐ 障害福祉サービス、相談支援及び地域生活支援事業の提供体制の確保に係る目標に関する事項

ⓑ 都道府県が定める区域ごとに当該区域における各年度の指定障害福祉サービス、指定地域相談支援または指定計画相談支援の種類ごとの必要な量（サービスの件数）の見込み

ⓒ 各年度の指定障害者支援施設の必要入所定員総数

ⓓ 地域生活支援事業の種類ごとの実施に関する事項

また、上記の事項の他に、見込み量を確保するための方策や、施設障害福祉サービス向上のために講ずる措置に関する事項、地域生活支援事業の種類ごとの実施に関する事項が記載されることもあります。都道府県障害福祉計画は、社会福祉法や障害者基本法など、その他の法律の規定による計画であって障害者等の福祉に関する事項を定めるものと調和が保たれたものである必要があります。さらに、医療法に規定されている医療計画と相まって、精神科病院に入院している精神障害者の退院を促進するものである必要があります。

■**取消権（とりけしけん）**

一度行われた法律行為を後から取り消すことができる権利のことです。法定後見制

度は、判断能力が不十分な者を保護する視点から定められました。そのため、法定後見人には、本人が行った法律行為対する取消権が認められています。ただし、法定後見制度は、本人の判断能力の程度に応じて「後見」「保佐」「補助」の3つのレベルに分けられていることから、後見人、保佐人および補助人に与えられる取消権の範囲も、それぞれ異なります。

に

■2次判定（にじはんてい）

要介護認定において、介護認定審査会が出した判定を、2次判定といいます。要介護認定の手続きでは、まずコンピュータが認定調査票と意見書をもとに1次判定を行います。その後、1次判定の結果が妥当かどうかを判断し、必要に応じて変更する2次判定が行われます。こうした判断を行うのは、市区町村が任命する5人の審査員で構成される介護認定審査会です。2次判定の審査の際には、1次判定の結果と認定調査票の特記事項、主治医の意見書が参考にされます。また、介護認定審査会は、1次判定の判定結果を変更するかどうかという判断に加えて、要介護1相当の人をさらに細かく判定する役割も担っています。要介護1相当の人への給付が介護給付となるか予防給付となるかはこの2次判定で行われます。介護給付がふさわしいと判断されれば要介護1となり、予防給付がふさわしいと判断された場合には、要支援2と判定されます。

■日常生活自立支援事業（にちじょうせいかつじりつしえんじぎょう）

認知症高齢者、知的障害者、精神障害者など、判断能力が不十分な人が地域で自立して日常生活を送れるよう支援する事業です。社会福祉法に基づく、社会福祉事業のひとつです。実施主体は都道府県や指定都市社会福祉協議会で、具体的な内容としては日常的な金銭管理、定期訪問などの援助が挙げられます。利用希望者は、実施主体に申請することが必要です。利用希望者が日常生活自立支援事業の対象に該当した場合、実施主体は、支援計画を策定した上で、利用希望者と契約を締結します。また、支援計画は定期的に見直しが行われます。

■日常生活用具給付等事業（にちじょうせいかつようぐきゅうふとうじぎょう）

障害者が自立した生活を営むために用具を給付・貸与する事業のことを日常生活用具給付等事業といいます。障害者総合支援法に基づき、市町村が行う地域生活支援事業のひとつです。給付する日常生活用具は、ⓐ安全で実用性があり、簡単に使用できる物であること、ⓑ障害者の自立と社会参加を促進する物であること、ⓒ用具の開発に障害に対する専門知識や専門技術が必要で、日常生活品として普及していない物であるという条件を満たす用具です。

■入院時食事療養費（にゅういんじしょくじりょうようひ）

入健康保険で負担される入院時の食事のことで、入院時に受ける食事にかかる費用から、自己負担分となる標準負担額を差し引いたものです。保険者から医療機関に直接支払われるため、被保険者は標準負担額だけを支払うことになります。健康保険の被保険者または被扶養者が入院した際に受ける食事の提供は、食事療養として保険給付

の対象となります。しかし、食事療養が行われない場合でも食事は必ず摂取するものであるため、食事療養に必要な平均的な費用の額から、平均的な家計での食事の費用として定められる標準負担額を控除したものが入院時食事療養費として支給されます。

なお、1日の標準負担額は3食に相当する額を限度とし、高額療養費の対象から除外されます。

■入院助産費用の助成（にゅういんじょさんひようのじょせい）

市区町村により行われている、助産施設に入院しての分娩が必要でありながら、経済的な理由から利用することができない妊産婦を対象とした助成制度です。具体的な支給基準は、助成を行う市区町村ごとに異なりますが、対象となる妊産婦が指定された病院で出産をした場合、その医療費の自己負担分が助成されます。入院助産医療費助成は、認可されている助産施設での出産に限られ、また所得制限も設けられているため、福祉事務所などに相談した上での利用となります。

■乳幼児医療費助成制度（にゅうようじいりょうひじょせいせいど）

一般的に大人より免疫能力が低いとされる乳幼児にかかる医療費の個人負担分を、自治体が独自に助成する乳幼児医療費助成を行う制度をいいます。乳幼児医療費助成とは、乳幼児が健康保険の適用範囲で内の診察や治療を受けた場合、疾患の度合いにかかわらず自治体が医療費の助成を行うという制度です。地域によっては、対象となる世帯の所得に制限があり、また適用される年齢の範囲が異なるため、居住する地域の自治体への確認が必要です。

就学前の乳幼児にかかる医療費の自己負担割合は、もともと2割に軽減されています。乳幼児医療費助成制度では、その自己負担額の全額または一部の額を負担しますが、自治体によっては、入院する際の生活療養費・食事療養費などの自己負担額は助成の対象にならず、全額を自己負担でまかなう場合があります。

乳幼児医療費助成制度を受ける際は、あらかじめ申請をして受給資格を取得する方法が一般的です。

■任意継続被保険者（にんいけいぞくひほけんしゃ）

退職後も以前に加入していた健康保険に引き続き加入し続ける者をいいます。通常、会社を退職し、失業すると、それまで加入していた健康保険の被保険者の資格を失い、国民健康保険の被保険者となります。この場合、被扶養者の状況や健康保険組合が独自に行う福利厚生の有無によっては、それまで加入していた健康保険の被保険者でいた方が有利なこともあります。このような場合、資格喪失の前日まで被保険者期間が継続して2か月以上ある者は、退職後も引き続き2年間健康保険の被保険者でいることができます。これを任意継続被保険者といいます。健康保険料については、在職中は会社と折半して負担していましたが、任意継続被保険者は全額自己負担しなければなりません。

■任意後見監督人（にんいこうけんかんとくにん）

任意後見制度で任意後見人を監督する者のことをいいます。任意後見契約では、任意後見監督人が選任されなければ、任意後見契約の効力は生じません。任意後見制度

では、本人と任意後見受任者との間で事前に任意後見契約が締結されます。任意後見契約の内容を実行すべきタイミング（本人の判断能力の低下など）が来た場合に、任意後見監督人選任の審判の申立てがなされます。家庭裁判所は、候補者が任意後見監督人としてふさわしいかどうかを成年後見人等や成年後見監督人等の場合と同様の基準で判断します。

■任意後見契約（にんいこうけんけいやく）

本人が判断能力が不十分になる場合に備えて自ら、財産管理の代理権などを第三者に与える契約をいいます。成年後見制度には、法定後見制度の他、任意後見契約制度があります。法定後見制度の場合、家庭裁判所の判断で、成年後見人などを選定するのに対して、任意後見制度の場合、本人は任意後見人を自由に選定して契約を結ぶことができます。また、任意後見契約の場合、後見の内容や報酬額についても原則として本人と任意後見受任者との間で自由に定めることができます。

■任意後見受任者（にんいこうけんじゅにんしゃ）

本人と任意後見契約を結んで、将来本人の任意後見人として支援することを約束した者のことです。任意後見制度は、本人が自分が信頼できる人に対して、将来自分が判断能力を失った場合に、本人の財産管理などの必要な事務の処理を依頼するための制度ですので、未成年者等の一定の場合を除いて、任意後見受任者の資格に制限はありません。任意後見受任者は、任意後見契約を結んだだけでは、直ちに後見事務を行うことはできません。本人が判断能力を失ったときに、家庭裁判所に対して、任意後見監督人の選任を申し立て、任意後見人が選任された後には、任意後見人として、正式に後見事務を行うことが可能になります。

■任意後見制度（にんいこうけんせいど）

将来、自分の判断能力が衰えたときのために、受けたい支援の内容と、支援をしてもらえる任意後見人（任意後見受任者）を決めておき、あらかじめ公正証書による契約をしておく制度です。支援内容とは、不動産の売買などの財産管理や介護サービス利用時の手続きと契約などです。将来、本人の判断能力が不十分になったときに、任意後見人（任意後見受任者）などが家庭裁判所に任意後見監督人選任の申立てを行うことで、任意後見が開始されます。

■任意後見人（にんいこうけんにん）

将来、本人の判断能力が不十分になった場合に、本人の財産管理等の後見事務を担当する者をいいます。任意後見制度は、本人が十分な判断能力を持っている間に将来を見据えて、あらかじめ将来自分を支援してもらえる人との間で契約を結んでおく制度ですが、任意後見人に求められていることは成年後見人等と同様に、本人の財産管理に関することと、身上監護に関することです。任意後見人には、契約内容に従って代理権が与えられ、任意後見人の職務もこの代理権が与えられている法律行為に関連する内容になります。任意後見人が持つ権限の詳細は代理権目録として、公証役場で作成する任意後見契約公正証書の中に記すことになっています。なお、任意後見人は、任意後見契約で与えられた範囲内でしか本人を支援できません。任意後見契約で与えられた権限の範囲が狭すぎたり代理権だけ

では対応できないような場合、本人の支援を十分に行えない可能性がありますが、代理権の範囲を変えるような変更は認められていません。範囲が増える部分については別途新たな契約を結ばなければなりません。

■任意事業（にんいじぎょう）

高齢者が住み慣れた地域で安心して生活できるよう、市町村が地域の実情に応じて行う任意の事業です。介護保険制度における地域支援事業のひとつです。任意事業には、ⓐ介護給付費等費用適正化事業、ⓑ家族介護支援事業、ⓒその他の事業がありますが、これらは例示であり、任意事業に決まった様式はありません。介護保険事業の安定した運営や高齢者の自立した日常生活支援に必要な事業である限り、市町村はさまざまな事業を展開することができます。

■任意入院（にんいにゅういん）

精神保健及び精神障害者福祉に関する法律（精神保健福祉法）で定められた精神障害者に対する入院ルールで、精神障害者本人が医師の説明を受け、同意した上での入院のことです。

通常、入院医療については、医師が本人に十分説明し、本人の同意を得て行うことが義務付けられています。しかし、精神障害者は、症状を自覚できなかったり、病状によっては自己や他人を傷つけてしまうおそれがあります。そのため、任意入院という入院についての特別な方法が定められています。

精神障害者本人の任意の意思により入院の契約がなされ、もしも本人が退院を申し出た場合には、退院をさせなければなりません。つまり、精神障害者本人が症状を自覚しており、入院による治療内容を理解す ることが前提になります。なお、精神保健指定医の診察で「入院継続の必要あり」と認められた場合は72時間、特定医師の場合は12時間に限り、退院を拒否することができます。

■認知症（にんちしょう）

脳や身体の障害によって、発達していた知能が慢性的に低下してしまった状態をさします。認知症のおもな症状には、記憶障害や見当識障害などの「中核症状」がありますが、これに加えて幻覚や妄想、徘徊などの「行動・心理症状」が起こることがあります。この行動・心理症状をBPSDといいます。なお、認知症にはアルツハイマー型、脳血管性、レビー小体型、前頭側頭型などのタイプがあり、それぞれ症状に特徴があります。

■認知症高齢者の日常生活自立度（にんちしょうこうれいしゃのにちじょうせいかつじりつど）

認知症高齢者の日常生活自立度とは、認知症高齢者の要支援・要介護状態の程度をいいます。認知症の進行具合や介護の必要性など、日常生活自立度の程度に応じてランク付けした基準が設けられ、介護保険制度の要介護認定での1次判定もしくは2次判定の参考資料としても用いられています。たとえば、何らかの認知症を有するが、日常生活は家庭内及び社会的にほぼ自立しているのであれば「ランクⅠ」です。また、日常生活に支障をきたすような症状・行動や意思疎通の困難さが頻繁に見られ、常に介護を必要とするような状態であれば「ランクⅣ」となります。

■認知症初期集中支援チーム（にんちしょうしょきしゅうちゅうしえんちーむ）

認知症の早期から、本人や家族の支援を包括的・集中的に行い、自立生活のサポートをすることを目的としたチームです。チームのメンバーは、認知症専門医と複数の訪問担当者（保健師、看護師、介護福祉士など）で構成されます。専門医の指導・助言の下に、訪問担当者たちが認知症の疑いのある人とその家族を訪問し、専門医の鑑別診断等をふまえて観察・評価を行います。

■認知症施策推進5か年計画（にんちしょうせさくすいしんごかねんけいかく）

認知症施策推進5か年計画とは、別名「オレンジプラン」と呼ばれ、厚生労働省が平成24年9月に策定した認知症に対する対策です。平成25〜29年度までの計画であるため、5か年計画といわれています。

従来は「認知症の人は、精神科病院や施設を利用せざるを得ない」という考え方が中心で、認知症のケア方法も事後的な対応が基本でした。しかし、認知症の人が可能な限り住み慣れた地域で生活を続けていくことができるようにするためオレンジプランが作られ、危機の発生を未然に防ぐ早期の診断・対応をめざすべきケアとするための方策が発表されています。

なお、近年増加する認知症高齢者の問題を受けて、厚生労働省は平成27年1月に「新オレンジプラン」として認知症施策推進総合戦略を発表しました。新オレンジプランでは、これまで以上に認知症高齢者への理解を深め、認知症高齢者を含む全ての高齢者に優しい地域づくりが推進されています。

■認知症対応型共同生活介護（にんちしょうたいおうがたきょうどうせいかつかいご）

比較的症状の軽い認知症のある要介護者に対して5〜9人で共同生活するグループホームで行われる介護サービスをいいます。グループホームの場合、専門のスタッフが介護しながらも、食事の支度、掃除、洗濯といった利用者自身の身の回りのことについては、利用者自身と専門スタッフとが共同で行います。利用者は、家庭的な雰囲気や地域住民との交流といった、住み慣れた環境の中で生活を送ることができます。

グループホームは、特別養護老人ホームなどの大型施設に併設されている場合が多いようです。また、このサービスは、民家を改造した小規模な施設でも実施されています。

なお、オープンから3年以上経ったグループホームでは、空き部屋に短期の入居者を受け入れることも可能になります。利用料は、要介護度に対応して決定されます。このサービスを利用するために施設に入居するには、認知症であることを示す主治医の診断書が必要です。また、認知症であっても、その原因となる疾患が、急性の状態にある場合は入居できません。日常生活上の世話や機能訓練を行うことで、利用者の自立した生活の実現をサポートします。

■認知症対応型通所介護（にんちしょうたいおうがたつうしょかいご）

自宅で生活している要介護者にデイサービスセンターなどに通ってもらい、入浴、排泄、食事などの介護や機能訓練を実施するサービスのことです。介護保険制度の地域密着型サービスのひとつです。自宅で生活している利用が、施設において日常生活

上の世話や機能訓練を受けることで、社会的孤立感を解消できます。また、利用者の家族の負担を減らすこともできます。通ってもらう場所は、グループホーム、特別養護老人ホームの共有スペースなどです。最近では、民家をバリアフリーに改造して作られた小規模な施設（定員12名以下）でも実施されています。民家を改造した施設での介護は、利用者が家庭的な雰囲気の中で過ごせるため、利用者やその家族から好評です。利用料については、単独型、併設型、共有スペース活用型の3種類の料金区分があります。

■認知症地域支援推進員（にんちしょうちいきしえんすいしんいん）

認知症地域支援推進員とは、認知症の人が、できる限り住み慣れた環境で暮らし続けられるよう、地域の実情に応じたさまざまな活動をする者のことです。その地域の保健師や看護師が推進員として任命され、各自治体に配置されます。具体的な活動内容は、医療機関や介護サービス事業所、地域の支援機関をつなぐ連携支援や、認知症の人やその家族を支援する相談業務などです。

■認定介護福祉士（にんていかいごふくしし）

介護福祉士の上位資格として、創設が検討されている資格です。介護福祉士としての一定期間以上の実務経験と、現場リーダーとしての実務経験を有する人が、規定されたカリキュラムを修了することによって取得できる認定資格です。介護現場の指導役として活躍することが期待されています。

■認定こども園（にんていこどもえん）

幼稚園、保育所等のうち、ⓐ就学前の子どもに幼児教育・保育を提供する機能がある、ⓑ地域において子育て支援を行う機能がある、という2つの機能を持ち、都道府県知事から認定を受けた施設をいいます。少子化や母親の就業率の増加に伴い、平成18年10月に創設されました。

認定こども園は、保護者の就労状況などの条件に関係なく、すべての子どもが利用することができます。認定こども園には、認可幼稚園と認可保育園が連携して運営を行う「幼保連携型」、認可幼稚園が保育所的な機能を持つ「幼稚園型」、認可保育所が幼稚園的な機能を備える「保育所型」、無認可で幼児教育・保育施設が必要な機能を備えて運営にあたる「地方裁量型」など、地域の実情に応じたさまざまなタイプがあります。

■認定調査票（にんていちょうさひょう）

要介護認定・要支援認定の認定調査の際に用いられる調査票のことです。訪問調査は認定調査票に書かれた内容に従って行われます。調査票は、概況調査、基本調査、特記事項に分かれています。基本調査には、要介護1相当の人への給付を介護給付とするか予防給付とするかを振り分ける際の判断材料となる、追加項目も含まれています。調査票で調査する項目は全体で74項目あります。そのうち、特別な医療についての項目が12項目あります。

訪問調査では、寝返りや起き上がり、歩行、立ち上がりに関する質問や、全身を自分で洗えるかどうか、食事を1人でとれるかどうかといった質問がなされます。この他、水やお茶を自分で飲めるかどうか、電話を自分で利用できるか、どの程度の視力

や聴力があるのかといったことも質問されます。また、調査日以前の1か月間に、問題行動がなかったかについても質問されますが、この場合は周りの人にも尋ねて正確な情報の把握に努めます。

■妊婦健診（にんぷけんしん）
　出産までの妊婦と胎児の健康をチェックするための検診です。順調に見えてもリスクが隠れていることがあるので、妊娠がわかったら定期的に受診することが大切です。検診の間隔は、妊娠23週（6か月）までは4週間に1回、24週から35週（7〜9か月）までは2週間に1回、36週（10か月）以降は1週間に1回というのが一般的ですが、多胎妊娠など、リスクが高い場合はさらに回数が増えることがあります。
　検診では、初期の段階で血液型や貧血などの血液検査を行い、毎回の定期検査では尿検査や血圧測定、超音波などによる胎児の計測などを行います。健康保険は使えませんので、費用は自費となります。しかし、母子手帳と同時に交付される「妊婦健康診査受診票」を特定の医療機関に提出すれば1回の妊娠につき14回（自治体により異なる）まで検診費用が補助されます。

ね

■ねんきんネット（ねんきんねっと）
　インターネットを利用して、自分の年金記録を確認できるシステムです。年金制度は非常に重要なセーフティネットです。長期間に渡り保険料を納付し、老後働けなくなった場合の生活保障として給付が行われるという年金制度の概要は、国民にとって非常にわかりにくいという問題があります。そこで、所定の手続きによりねんきんネットに登録することで、今までの加入記録や保険料納付実績、将来の年金見込額試算、すでに死亡した人の国民年金の記録などを確認することができます。

■年金払い退職給付（ねんきんばらいたいしょくきゅうふ）
　平成27年10月1日から被用者年金一元化法に基づき、これまで厚生年金と3つの共済年金に分かれていた被用者の年金制度が厚生年金に統一されることに伴い、新たに創設された制度をいいます。かつての共済年金は、老齢基礎年金（1階部分）、報酬に比例する退職共済年金（2階部分）、現役世代の保険料で受給者の給付を賄う「賦課方式」による給付を行う職域部分（3階部分）という構造でした。職域部分が廃止され、新制度である年金払い退職給付では、賦課方式ではなく、将来の給付に必要な原資を、あらかじめ保険料で積み立てる「積立方式」による給付に変わります。

の

■ノーマライゼーション（のーまらいぜーしょん）
　障害のある人が、家庭や地域で分け隔てなく生活することができるような社会を作ることをいいます。成年後見制度は、判断能力が不十分な人を支援するだけでなく、その人に残されている能力を活用すること、他者から干渉されずに自分のことは自分で決定できるようにすること（自己決定権の尊重）を理念としていますので、ノーマライゼーションをめざした制度であるといえます。たとえば、認知症のお年寄りがスーパーで日用品を買う場合には、成年後見人等の手を借りたり、同意を得なくても

自分で自由に買うことができます（本人の自己決定権の尊重）。

は

■発達障害者支援法（はったつしょうがいしゃしえんほう）

自閉症や学習障害といった発達障害に対する支援を図ることを目的とした法律です。発達障害者は障害者総合支援法の対象となる障害者に含まれます。支援は全国にある発達障害者支援センターで行われています。さらに、特別な障害を持った人への支援が都道府県の支援機関（病院・施設・リハビリテーションセンターなど）で行われています。特別な障害には、高次脳機能障害や強度行動障害などがあります。

高次脳機能障害とは外傷性脳損傷、脳血管障害などにより脳に損傷を受け、記憶障害などの後遺症が残っている状態を意味します。強度行動障害とは、自分の身体を傷つけたり、他者の身体や財産に害を及ぼすなどといった行動上の問題を抱えた障害のことです。発達障害を早期に発見するための制度も設けられています。市町村は乳幼児や就学児に対して健康診断を行い、発達障害の早期発見に努めています。また、市町村は発達障害児の保護者に対して発達障害者支援センターの紹介やその他の助言を行います。

■母親学級（ははおやがっきゅう）

おもに初産の妊婦を対象とした、妊娠・出産についての知識を得るための説明会をいいます。分娩時の具体的な呼吸法や、妊婦体操の方法など、実技指導を受けることもできます。地域の保健所や保健センター、出産する病産院などで開催され、医師、助産師、保健師、栄養士が必要に応じて指導します。参加することにより、同時期に出産する妊婦同士での仲間作りや情報交換、病院の場合は立ち合い出産などの問い合わせやバースプランについての相談、分娩室や病室の見学ができるなどのさまざまなメリットがあります。

自治体によっては父親も一緒に参加し、沐浴指導や父親の妊婦体験を行う「パパ・ママ学級」を開催するところもあります。

■パパ・ママ育休プラス制度（ぱぱ・ままいくきゅうぷらすせいど）

出産した子どもに対し、両親がともに育児休業を取得する場合は、育児休業の期間が延長されるという制度をいいます。平成22年6月の育児介護休業法の改正により施行されました。父親が育児休業を取得することが前提のため、男性の育児休業取得率のアップを図ることが目的です。

パパ・ママ育休プラス制度を利用することで、原則として子どもが1歳になるまでの育児休業を、1歳2か月になるまでに延長することができます。両親の育児休業の取得順に決まりはなく、同時に取得しても別々で取得しても制度が適用されます。

■バリアフリー（ばりあふりー）

人が生活しやすいように障壁（バリア）を取り除くことをいいます。たとえば、高齢者や障害者などが外出する際に、その行動を妨げるような段差や壁などを取り除く、階段の代わりにスロープやエレベーターを設置する、点字ブロックを設置したり、音声案内を行ったりするなどが挙げられます。また、現在では物理的な障壁だけでなく、外国人が言語がわからず、さまざまな情報を得られないことや、障害者に対

する差別的な意識も障壁ととらえ、これを取り除くための取り組みもバリアフリーと称することがあります。

■**半額免除（はんがくめんじょ）**

　厚生労働大臣に申請して承認を受けることにより国民年金保険料の納付の半額分を免除してもらう制度です。2分の1免除ともいいます。半額免除が認められるためには、本人・世帯主・配偶者の前年所得が一定額以下であることが必要で、所得額の基準は、「扶養親族等の数×38万円＋118万円」の数式で算出します。また、単身世帯の場合は、前年所得が118万円以下の場合に保険料の全額免除を申請することができます。なお、半額免除された場合は、残り（免除されていない分）の保険料を納付すれば、受給資格期間として扱われます。しかし、残りの保険料を納付しない場合は、未納扱いとなります。

ひ

■**PT（ぴーてぃー）**

　「physical therapist」または「physio therapist」の略です。
　　→理学療法士

■**BPSD（びーぴーえすでぃー）**
　　→認知症

■**被後見人（ひこうけんにん）**

　成年後見制度において、精神上の障害などにより事理弁識能力がないとして、家庭裁判所より後見開始の審判を受けた者のことです（民法7条）。後見人は、成年後見制度の対象となった被後見人の援助を行います。とくに、被後見人の法律行為については、後見人は検討の上、取り消すことができます。ただし、日用生活上における物品の購入などについては、取り消すことができません。

■**必要即応の原則（ひつようそくおうのげんそく）**

　生活保護法9条に規定されている生活保護の原則のひとつで、「保護は、対象者の年齢や性別、健康状態など個人の事情や世帯の事情などを考慮し、有効かつ適切に行う」という内容の原則です。制度を運用するにあたって、マニュアルどおり機械的に対応するのではなく、個々の実情に最も即した保護を実施することが求められています。

■**ひとり親家庭（ひとりおやかてい）**

　母子及び寡婦福祉法において定義される「母子家庭及び父子家庭」をいい、これを「母子家庭等」と総称しています。
　この家庭等における「母等」とは、母子家庭の母だけではなく、「父子家庭の父」のこともさし、20歳未満の児童を扶養していることが要件です。
　また、子を育てていたが、夫との死別・離別などにより、現在は一人でいる女性のことを「寡婦」といいます。反対に、妻との死別・離別などにより、現在は一人でいる男やもめの男性のことを「寡夫」といいます。寡婦と寡夫には、それぞれ所得控除が設けられています。

■**ひとり親家庭医療費助成（ひとりおやかていいりょうひじょせい）**

　片親もしくは両親のいない児童の養育者に対して、医療費の助成を行う制度です。
　具体的には、両親の一方、あるいは両方がいない18歳未満の児童についてはその養

育者で、「ひとり親家庭等」と認められた世帯に対し、健康保険の自己負担分を自治体が助成します。ひとり親家庭の経済的負担を軽減を目的とした措置のため、所得制限が設けられています。

■ひとり親家庭生活支援事業（ひとりおやかていせいかつしえんじぎょう）

母子または父子家庭、寡婦家庭の生活を支援するための事業をいいます。具体的には、生活相談や家事のサポート、託児サービスなどの「生活援助」、家庭生活支援員の派遣による居宅での保育サービスなどの「子育て支援」があります。

■被保険者（ひほけんしゃ）

一般的には、保険料を支払い、一定の要件に該当した場合に保険給付を受けることができる者のことです。介護保険制度においては、第1号被保険者と第2号被保険者の2種類があります。第1号被保険者とは、65歳以上の人のことです。第2号被保険者とは、40歳以上65歳未満の人のうち、医療保険に加入している人のことです。被保険者が実際に介護保険のサービスを受けるには、要介護・要支援の認定を受けなければなりません。

■被保護者調査（ひほごしゃちょうさ）

現在、生活保護を受けている世帯や、過去に生活保護を受けていた世帯に関する、生活保護の受給状況を把握し、生活保護制度の運用に必要な資料を得ることを目的に行われる調査をいいます。日本では、生活保護を受けるのは恥ずかしいことだと捉える風潮もありますが、厚生労働省の「被保護者調査」によると、平成27年7月時点の生活保護の被保護世帯数は162万8905世帯と増加の一途をたどっています（月別概要：平成27年7月分概数より）。

■被保佐人（ひほさにん）

精神上の障害により判断能力が著しく不十分な状態の者のことをいいます（民法11条）。成年被後見人に比べて障害の程度は低く、常に判断能力を欠く状態にまではいたっていない者が被保佐人になります。法定代理人として保佐人がつけられます。一定の重要な行為について、保佐人の同意が必要になります（同法13条）。なお、かつては被保佐人のことを準禁治産者と呼んでいました。

■被補助人（ひほじょにん）

判断の能力が不十分な者のことをいいます（民法15条）。保護者として補助人がつけられます。被補助人に対する行為能力の制限の程度は、被後見人や被保佐人に比べれば弱いといえます。補助人は限定的な事項にのみ被補助人の行為に対する同意権をもちます。同意なしに被補助人がなした行為は取り消すことができます。

■病児病後児保育実施施設（びょうじびょうごじほいくじっししせつ）

保育所などに通う子どもが体調を崩しているものの、保護者が仕事などで面倒を見ることができない場合に、保育所や専用施設で子どもを預かる施設をいいます。

病児保育では、仕事を休むことのできない親に代わって病気になった子どもを預かる施設です。また、病後児保育では、病気が治ったものの、まだ完全に調子が戻っていないために通常保育が難しい子どもを預かる施設です。病児病後児保育を実施する機関は保育所に比べて少数で、預かる子ど

もの人数には制限があります。施設のタイプでもっとも多いのは、身近に医師がいる病院内に設けられた「医療機関併設型」の施設です。その他、「保育園併設型」や「単独型」の施設もあります。

ふ

■付加年金（ふかねんきん）

厚生年金に加入していない国民年金第1号被保険者が年金の上乗せ支給として受け取る年金です。厚生年金の被保険者は、年金を受給するときには、国民年金に厚生年金を上乗せした金額を受給することができます。一方、自営業者など、国民年金第1号被保険者にはそのような上乗せされる年金がありません。そのため、将来受給できる金額が少なくなってしまいます。そこで、第1号被保険者は、付加保険料として月額400円を支払うことで、年額として納付済期間に200円を掛けた金額を国民年金に上乗せして受給することができます。10年間払い続けると、200円×120か月で、24000円が毎年の年金に加算して支給されます。

■複合型サービス（ふくごうがたさーびす）

1つの事業所が複数の在宅サービスを組み合わせて提供するサービスのことです。介護保険制度の地域密着型サービスのひとつです。中重度の要介護者が、できるだけ長く在宅での生活を維持できるよう、平成24年度に創設されました。中重度の要介護者は、医療的ニーズが高まることから、現在は「通い」「訪問」「泊まり」のサービスを一体的に提供する小規模多機能型居宅介護と、訪問看護を組み合わせる形での複合型サービスの事業所が認められています。訪問看護が組み込まれることで、ガン末期患者や退院直後で病状が安定しない人でも、在宅生活を選択できる可能性が高くなります。対象は要介護者です。

利用に際しては、まず利用者は複合型サービスの事業所に登録することになります。登録の定員は25名以下と定められており、職員として保健師や看護師、介護支援専門員などが従事します。複合型サービスを行う事業者は、原則として、事業所ごとに専らその職務に従事する常勤の管理者を置かなければなりません。小規模多機能型居宅介護の場合、サービス提供の対象者は登録者だけですが、複合サービス事業所の場合、訪問看護については、「指定訪問看護事業所」の指定を持っていれば、登録者以外の利用者にもサービスを提供することができます。

■福祉事務所（ふくしじむしょ）

福祉事務所は、社会福祉法で規定された行政機関で、保護が必要な者に対し、トータル的な福祉サポート業務を行います。地域の福祉全般を担う相談窓口としての役割から、各都道府県、市区町村に設置されています。

具体的な業務は幅広く、多岐にわたります。
ⓐ　障害者自立支援法に基づいた介護給付・訓練等給付・自立支援医療・補装具の費用などの給付
ⓑ　障害者福祉法、知的障害者福祉法などに定められているサービスの提供
ⓒ　母子福祉資金の貸付や生活支援のための各種相談から資金の貸付、関連施設の利用についてなど、母子福祉全般についての相談
ⓓ　経済的に困っている人の相談や、生活保護の実施

ⓔ 介護保険施設や特別養護老人ホームなど、高齢者福祉についての相談や入所手続きの実施

■福祉ホーム（ふくしほーむ）
　住居を必要としている障害者に対して、低額な料金で居室を提供し、日常生活に必要な支援を行う施設のことです。障害者総合支援法上の市町村地域生活支援事業のひとつです。家庭や住宅の事情で、自宅で生活することが困難な障害者を対象としています。福祉ホームは、民間の事業者が運営しています。

■福祉用具貸与（ふくしようぐたいよ）
　日常生活をしやすくしたり、機能訓練を行う際の補助として、福祉用具を借りるサービスのことをいいます。介護保険制度の居宅サービスのひとつです。要介護・要支援の認定を受けている人のうち一定の条件にあてはまる人は、福祉用具を借りることができます。
　要介護者や要支援者が借りることのできる福祉用具は、車椅子、車椅子付属品、特殊寝台、特殊寝台付属品、褥瘡予防用具、体位変換器、手すり、スロープ、歩行器、歩行補助つえ、徘徊感知器、移動用リフトなどです。ただし、介護度によって借りられる用具の範囲や費用は異なります。

■扶養義務者（ふようぎむしゃ）
　幼年者、老齢者、病人、失業した人など、自分自身で生計を立てることが困難な者に対し、引取りや、生活費や生活品を渡すなどの援助をしなければならない者のことです。民法では、「直系血族及び兄弟姉妹、特別の事情があるときは三親等内の親族」を扶養義務者と定めています。ただし、扶養義務者に扶養する能力と意思がない場合には扶養の強制はできず、自らの生活を犠牲にしてまで扶養義務を果たす必要はありません。これに対して、夫婦間や、未成熟子を親が監護・教育する場合には、「生活保持義務」という扶養義務があります。この場合は、自己と同等の生活を保障しなければならず、徹底した扶養が義務付けられています。

■振替加算（ふりかえかさん）
　それまで夫の年金に配偶者分として加算されていた額を、妻が年金を受け取る年齢になったときに、妻が受け取る年金に加算する制度のことです。
　厚生年金の加入者が老齢厚生年金を受け取る場合に、要件を満たす配偶者や子がいると加給年金が上乗せ支給されます。配偶者を対象とする加給年金の要件のひとつに配偶者が65歳未満というものがあります。その配偶者が65歳になり、配偶者自身（妻）が老齢基礎年金をもらいはじめたときに、夫に支給されていた加給年金は支給されなくなり、その分が妻の老齢基礎年金に上乗せ支給されます。昭和61年3月までの旧国民年金法においては、会社員の妻など、被用者年金各法（厚生年金保険法など）の被保険者などの被扶養配偶者は、国民年金への加入が任意でした。そのため、未加入であったために年金額が低額になる妻に対し、救済措置として振替加算という上乗せ支給制度が置かれています。

....
へ
....

■平均標準報酬額（へいきんひょうじゅんほうしゅうがく）
　厚生年金の報酬比例部分の計算をする際

に使用される、現役時代の標準報酬額の平均のことです。月々の報酬と賞与をあわせた金額であることから「月額」の言葉を使わず、「平均標準報酬額」という呼び方を行います。毎月の給与にかかる保険料は、標準報酬月額から算出します。以前は年3回以下の賞与では社会保険の保険料を支払う必要がなかったため、将来厚生年金を支給する際の報酬比例部分の計算をする場合は、被保険者期間の標準報酬月額の平均となる「平均標準報酬月額」(平成15年3月以前の期間において、厚生年金保険の被保険者であった時期の標準報酬月額の平均額のこと)を使用していました。

しかし、法改正により平成15年4月以降は総報酬制(健康保険や厚生年金保険などの社会保険料を月給だけでなく賞与を含めたすべての報酬から徴収するしくみのこと)が導入され、賞与についても社会保険料を支払うことになりました。そこで、厚生年金を支給際の報酬比例部分は、標準報酬月額と標準賞与額を合算した平均である、平均標準報酬額を使用して割り出します。

■併合改定(へいごうかいてい)

障害年金(1～2級)の受給権者に(現在は3級に軽減した人も含む)に新たに3級以下の障害が発生し、前後の障害を併合した場合に従前の障害の程度より重くなったときは、厚生労働大臣に障害年金の金額の改定を請求することです。ただし、この場合、新たな障害が3級以下の障害であることが要件となっているので、従前の障害に新たな障害を併合しても障害の程度が重くならない場合は、障害年金の金額の改定請求をすることはできません。

■併合認定(へいごうにんてい)

障害認定日に1級か2級の人(現在は3級に軽減した人も含む)に新しく1～2級の障害が発生した場合、従前の障害と後の障害を併合した障害の程度による1つの新たな障害年金を支給することです。

たとえば、最初の障害等級が2級で次の障害等級が2級の場合、併合により新たな障害の程度は1級になるような場合です。この制度の趣旨は、障害は、死亡などと異なり、同じ人に複数回生じる事があるので、複数の障害年金の受給権が発生する可能性があるというところにあります。ただし、新たな受給権を取得したときは従前の障害年金の受給権は消滅してしまいます。

■別世帯(べつせたい)

生活保護法において、居住地を別にして生計が分かれている状態のことです。同一世帯から一部を分離し、世帯を分けて保護をする「世帯分離」とは異なり、別世帯の場合は生活の場も家計も完全に別々です。

たとえば、同居していた家族と離れ、別の場所に引越しを行った場合や、グループホームに入居した場合は、別世帯として扱われ、生活保護の受給が可能です。

ほ

■保育所(ほいくしょ)

保護者(父母や同居している親族)が働いている場合、または病気療養や介護などの理由で子どもの保育が難しい状況にある者に代わり、保育をすることを目的とした児童施設です。そのため、すべての家庭の児童が入所できるわけではないところに、認定こども園との違いがあります。

保育所には、国の基準を満たした上で自

治体が認可した「認可保育所」、認可を受けずに保育を行う「無認可保育所」や「認可外施設」、企業で就労する者向けの「事業所内保育施設」、病院で就労する者向けの「院内保育施設」、などがあります。

■保育所等訪問支援（ほいくじょとうほうもんしえん）

小学生や保育園児、幼稚園児、託児所に通う障害児が受けることのできる、集団生活への適応のための専門的な支援サービスのことです。児童福祉法や障害者自立支援法等の改正に基づき定められました。

児童指導員や保育士などの訪問支援員が児童の通う学校や保育園などを訪問し、障害をもつ児童が健常児との集団生活へ適応するためのアドバイスを行います。アドバイスは、障害児と訪問先の保育スタッフの双方に行われます。支援を希望する場合は各自治体に申請を行い、利用できる状態かの判断を受けた上で、許可された場合は利用をすることができます。

■放課後児童クラブ（ほうかごじどうくらぶ）

児童福祉法に基づき定められた、授業の終了後に児童が過ごすための遊びや生活の場のことで、学童保育ともいいます。

保護者が労働などにより日中不在の場合、小学校に就学している児童（放課後児童）の健全な育成を図るために設置されています。児童が安全に過ごすことのできる場を設けることで、仕事と育児の両立を支援し、児童の健全な育成を図っています。なお、放課後児童クラブの利用料は自治体により異なります。

■放課後等デイサービス（ほうかごとうでいさーびす）

就学中の障害児に対して、授業の終了後や休業日に、生活能力の向上のための必要な訓練、社会との交流の促進のために支援を行うサービスです。既存の児童デイサービスは「児童発達支援」と「放課後等デイサービス」の両方を併設する「多機能型」という形態をとっている事業所もあります。

■包括的支援事業（ほうかつてきしえんじぎょう）

地域包括支援センターで実施している、「介護予防ケアマネジメント業務」「総合相談支援業務」「権利擁護業務」「包括的・継続的ケアマネジメント支援業務」の４つの業務を合わせた事業のことをいいます。介護保険制度に基づく地域支援事業のひとつです。具体的には、以下の業務を行います。

・介護予防ケアマネジメント業務

特定高齢者等が要介護状態になることを予防することを目的として、本人にとって適切な介護予防事業等が提供されるように支援を行います。

・総合相談支援業務

高齢者の生活上のさまざまな相談を受け付け、地域資源等につなげていくなどの支援を行います。

・権利擁護業務

虐待や認知症等によって生活上の困難を抱えている高齢者に対し、専門的・継続的な支援を行います。

・包括的・継続的マネジメント支援業務

高齢者が地域で生活していける環境を構築するため、医療機関や介護支援専門員、地域の関係機関等の連携を図り、困難事例を抱える介護支援専門員に対する助言、支援などを行います。

これらの業務は、保健師等・社会福祉士・主任介護支援専門員が配置された地域包括支援センターが中心となり、実施しています。

■報酬比例部分（ほうしゅうひれいぶぶん）

60歳代前半の期間のみ支給される「特別支給の老齢厚生年金」のうち、現役時代の報酬部分をもとに計算される部分です。一方、厚生年金保険の加入期間によって決定される年金部分を定額部分といい、特別支給の老齢厚生年金は、この定額部分と報酬比例部分で構成されています。報酬比例部分は加入期間中の報酬と加入した期間の長さで年金額が決定され、その金額は65歳以降に支給される老齢厚生年金額に相当します。報酬比例部分の算出方法を最もシンプルに表すと以下のとおりです。

報酬比例部分の金額＝標準報酬月額×加入月数×乗率（×スライド率）

報酬比例部分は、現役時代の給料が多いほど金額が増えるしくみになっており、加入月数に上限は設けられていません。ただし、平成15年3月以前と4月以降で乗率が異なるため、実際の計算式は定額部分と比べかなり複雑になっています。

■法定代理受領制度（ほうていだいりじゅりょうせいど）

サービスの利用者が事業者などからサービスを受けたときに、利用者が事業者に支払う費用について、市町村が、利用者の代わりに事業者に支払う制度です。介護保険制度や障害者福祉制度などで認められている制度です。

たとえば、障害者福祉制度においては、事業者に支払われる費用は、介護給付費または訓練等給付費として支給される金額が上限額となります。利用者は事業者から障害福祉サービスを受けたときにはその利用料を事業者に支払います。そして、自己負担額を超える部分については、介護給付費または訓練等給付費を受ける（市町村から償還を受ける）のが本来的な流れです。ただ、本人負担分を超える費用が後から支給されるとなると、いったん障害者がかかった費用の全額をサービスの提供事業者に払うことになり、負担が重くなります。そのため、市町村が、介護給付費または訓練等給付費に相当する費用を、利用者ではなく、サービス事業者に支払うことができる制度が認められています。

■法定免除（ほうていめんじょ）

国民年金において、法律で定められた一定の被保険者について、保険料を全額免除する制度のことです。自分から申し出なくても保険料が全額免除されることが法律で決まっている場合で、障害年金をもらっている人や生活保護を受けている人が該当します。これに対し、申請免除は、所得が少なく保険料の支払いが困難な人が申請して、所得などの基準を満たすと保険料が免除される制度です。

■訪問介護（ほうもんかいご）

支援を必要とする高齢者の自宅に訪問介護員（ホームヘルパー）が訪問し、必要なサービスを提供する介護保険の居宅サービスのひとつです。訪問介護には、身体介護と生活援助の2種類があります。

身体介護とは、食事の介助や排せつの介助、入浴、清拭、衣服の着脱、移動介助、車いす介助など、身体にかかわるサービスをいいます。一方、生活援助とは、掃除や洗濯、買い物、食事の準備など、日常生活

に必要なサービスをいいます。

訪問介護における介護サービスは、介護を必要とする高齢者が在宅で生活をする際にできない部分を補うために提供されます。このため、たとえば高齢者本人の食事は作っても、遊びに来た家族の食事は作らないなど、ケアマネジャーが決めた計画内容から外れるサービスの提供は行われません。

■訪問看護（ほうもんかんご）

医師の指示を受けた看護師や保健師などの医療従事者が行うサービスです。介護保険制度や医療保険制度上のサービスです。ある一定の疾病に罹っている場合などを除いては、医療保険制度よりも介護保険制度を優先的に適用することになっています。業務内容としては、血圧測定や体温測定などによる状態観察、食事、排せつ、入浴などの日常生活のケア、服薬管理、褥瘡処置などの医療行為といったことが挙げられます。その他、利用者の家族への介護支援や相談対応、ガン末期や終末期におけるターミナルケアなども行っています。訪問看護サービスを行う事業所は、訪問看護ステーションと病院・診療所の2種類があります。どちらの場合にもサービスを利用する際には、主治医の訪問指示書が必要です。

■訪問看護療養費（ほうもんかんごりょうようひ）

かかりつけの医師の指示に基づき、指定訪問看護事業者（訪問看護ステーションに従事する者）の看護師自身による訪問看護サービスの提供を受けたときに支給される健康保険の給付です。

訪問看護療養費の額は、厚生労働大臣が定める基準に従って算出した額から、患者が負担する基本利用料を控除した額で、平均的な費用の7割が支給されます。なお、患者が負担する訪問看護療養費の基本利用料は高額療養費の対象になります。

■訪問調査（ほうもんちょうさ）

①　要介護認定の申請後に、調査員が申請者のもとに訪れて行われる、認定に関する調査のことです。調査は全国で行われますが、認定に差が生じないように全国共通のフォーマットで書かれた「認定調査票」という書類が用いられます。調査員は、この認定調査票に書かれている内容に従って、申請者の状況を確認します。訪問調査は、新規に申請された場合と更新時や区分変更申請時に行われる場合があります。

②　生活保護の受給申請が行われた場合、必要性を判断するために申請世帯の自宅を訪問し、さまざまな事項の調査を行うことです。訪問調査では、申請者以外の同世帯員とも面談を行い、申請世帯の生活状況の把握のため、通帳の写しや給与明細、不動産などの資産状況、年金や各種給付金などによる収入の有無などを確認します。集められた情報を基礎に、福祉事務所長の決裁を得て、生活保護をの受給を決定します。

■訪問入浴介護（ほうもんにゅうよくかいご）

利用者の自宅を訪問して行われる入浴サービスのことです。介護保険の居宅サービスのひとつです。入浴は身体を清潔に保つ他、心身のリラックス効果なども期待できますが、在宅で介護度の重い人の介護を行う家族にとっては負担の大きい作業になります。訪問入浴介護では、数人の介護者、看護師などが、浴槽を持ち込んで入浴サービスの提供が行われます。訪問入浴介護のサービスは、介護看護師または准看護師の

資格を持つ看護職員1名と、介護職員2名により行われます。

■ **訪問リハビリテーション（ほうもんりはびりてーしょん）**

理学療法士や作業療法士、言語聴覚士が利用者の自宅を訪問し、医師の指示に基づいて理学療法や作業療法、言語聴覚の訓練を行うサービスです。介護保険の居宅サービスのひとつです。骨折や脳血管性疾患などにより身体機能が低下した場合に、その機能の維持・回復を図るためにはリハビリテーションが有効です。リハビリテーションは、急性期リハビリテーション、回復期リハビリテーション、維持期リハビリテーションに分けられ、このうち維持期リハビリテーションが介護保険の対象になります。リハビリテーションの内容としては、寝返り、起き上がり、立ち上がりなどの関節可動域訓練や筋力増強訓練、車いすのための自宅の環境整備、歩行訓練、コミュニケーション指導、嚥下訓練などがあります。

■ **保険者（ほけんしゃ）**

一般的には、保険契約により保険料を徴収し、一定の要件に該当した場合に、その者に保険金を支払う義務を負う者のことをいいます。介護保険制度では市区町村が保険者となり、制度の運営を主体的に行います。具体的には、被保険者の資格の管理や、要介護認定、保険料等に関する事務を行います。

■ **保健所（ほけんしょ）**

住民の健康や安全に対する事業を行い、住民が安心して暮らせるような環境作りを行う施設です。具体的には、食品の衛生や感染症、医療などの健康や衛生関係、乳幼児健診等の母子保健関係、自然災害に対する対策、障害児の療育相談や精神保健福祉相談など、多岐にわたる施策に取り組んでいます。また、児童や障害児の親など、さまざまな内容の相談に応じ、心身面における不安や悩みに対するサポートも行っています。また、精神保健福祉センターにより技術指導・援助を受けた上で、住民を直接訪ねる訪問指導も行っています。

■ **保険診療（ほけんしんりょう）**

医療保険が適用される診療です。医療保険とは、国民健康保険や健康保険、船員保険、共済組合のことをいいます。医療保険に加入している者が指定されている保険医療機関で診療や治療を受けた場合、保険診療を受けることができます。一方、保健が適用されない診療のことを自由診療といいます。自由診療の場合は、診療にかかる費用はすべて患者が負担しなければなりません。

保険診療を受けるためには、各医療保険の保険者に対して保険料を支払う必要があります。また、保険診療を受ける際には、保険者より発行された被保険者証の提示が義務付けられています。同一の医療機関で長期間にわたる診療を受ける場合には、毎月初めに被保険者証を提示しなければなりません。

■ **保険料（ほけんりょう）**

国などの保険者が、国民の生活を守るための保険給付をはじめとする保険事業の費用にあてるため、事業主や被保険者などから徴収する金銭のことです。国が運営する保険料には、労働保険料や社会保険料があります。労働保険料には、労災保険料や雇用保険料、社会保険料には、国民年金保険料、厚生年金保険料、健康保険料、介護保

険料などがあります。

■**保険料納付済期間（ほけんりょうのうふずみきかん）**

　国民年金は保険料を支払った期間に応じて年金額が決まりますが、対象となる保険料を支払ったと認定される期間をいいます。その名のとおり保険料を納付した期間は保険料納付済期間となりますが、実際には納付していない期間も含まれることがあります。まず、自営業者などの第1号被保険者は、規定どおりに保険料を支払った期間が該当します。半額免除の場合は、保険料の半額を支払うと保険料納付済期間になります。第2号被保険者は、通常給与天引で保険料を徴収されますので、特別な事情により保険料が納付されないというケースを除いて、すべてが保険料納付済期間になります。第3号被保険者は、保険料を納付しませんが、配偶者である第2号被保険者が保険料を支払っている限り、その間も保険料納付済期間になります。

■**保険料免除期間（ほけんりょうめんじょきかん）**

　経済的な理由などで国民年金第1号被保険者としての保険料が支払えず、保険料の支払を免除された期間のことです。国民年金の保険料の免除には、法定免除と申請免除があります。

■**保佐（ほさ）**

　精神上の障害により判断能力が著しく不十分な人を保護するために、保佐人を選任し、重要な財産上の行為について同意権や代理権をもたせる制度のことです（民法11条）。成年後見制度の法定後見は、本人の障害の程度によって、後見、保佐、補助の3種類に分類されますが、保佐は障害の程度が後見よりも軽く、補助よりも重い人が利用します。保佐人は、本人や配偶者、四親等内の親族などの申立てによってつけられます。

■**保佐開始の審判（ほさかいしのしんぱん）**

　→後見開始の審判

■**保佐監督人（ほさかんとくにん）**

　保佐人が不正な行為や、その権限を濫用しないよう、保佐人の事務の適正をチェックする機関のことをいいます。保佐監督人は、申立または職権により、家庭裁判所が本人の心身の状態や生活・財産状況その他一切の事情を考慮して選任することになります。

　保佐監督人の職務としては、ⓐ保佐人の事務の監督・指導、ⓑ保佐人が違法行為や、不法行為などをした場合の解任申立て、ⓒ保佐人が死亡したときや、破産手続開始決定を受けるなどして保佐人としての地位を喪失した場合の、後任者の選任申立ての他、ⓓ保佐人が病気などで事務を行えない緊急の場合には、本人保護のための必要な行為を行うことができます。また、保佐人と本人との利害が相反する場合には、本人を代理することができます。

　なお、未成年者や破産者などは保佐監督人になることができません。

■**保佐人（ほさにん）**

　保佐制度で本人を支援する者をいいます。保佐人は、日常生活に関する行為以外の法律行為のうち、法律で定められている重要な行為についての同意権と取消権を持っており、本人に代わって行う代理権は原則として持っていません。ただし、保佐の場合には、被保佐人の同意を得て保佐開

始の申立てとは別に、代理権についても申立てを行うことができます。代理権付与の申立てを行った場合には、代理権付与の審判によって代理権を持つこともできます。

　代理権申立ての対象となる法律行為は、日常生活に関する行為以外の法律行為の中から本人しか行うことのできない法律行為を除いたものになります。本人しか行うことのできない法律行為とは、たとえば遺言などです。保佐制度を利用するときに、代理権付与の審判の申立てを行う場合には、対象となる法律行為の中から特定の法律行為を選び、申立てを行うことになります。また、保佐人が持つ同意権・取消権の対象を「重要な行為」以外にも及ぶようにすることも可能です。この場合も、別途審判を受ける必要があります。

■母子及び父子並びに寡婦福祉法（ぼしおよびふしならびにかふふくしほう）

　母子家庭・父子家庭・寡婦家庭などのひとり親家庭に対し、その生活と向上のために必要な援助を行い、福祉を充実させるために設けられた法律です。経済的に困窮している母子・父子・寡婦家庭に対し、医療費の助成や就職の援助、公営住宅や施設への入所案内など、さまざまな面からサポートしています。平成26年10月より、従来対象外であった父子家庭も福祉資金の貸付ができるようになったため、「母子及び父子並びに寡婦福祉法」に変更されました。

■母子家庭等医療費助成制度（ぼしかていとういりょうひじょせいせいど）

　児童を養育するひとり親家庭や両親がいない家庭、または20歳未満の子を持つ親が重い障害をもつ家庭の場合は、保険診療による医療費の一部を助成する制度です。

ただし、生活保護者や所得税を納める世帯は、ある程度の生活費が見込まれるため、対象外とされています。また、差額ベッド代などの保険診療の適用外部分や、入院時の食事療養費なども対象外です。

　所得の制限内容は自治体により異なるので、事前の確認が必要です。

■母子家庭等日常生活支援事業（ぼしかていとうにちじょうせいかつしえんじぎょう）

　一時的に生活の扶助やサービスが必要となった母子・父子・寡婦家庭に対し、家庭生活支援員を派遣する事業をいいます。

　対象となる家庭の親や児童が一時的に病気やケガをした場合や、親の就職のための訓練や活動、冠婚葬祭や学校行事など、一時的に日常生活が困難になった場合に、家庭生活支援員が食事や掃除、児童の世話などの家事を行います。

■母子家庭の就学支援（ぼしかていのしゅうがくしえん）

　小中学生の児童を育てるシングルマザーに対して自治体が行うサポートです。学校教育法で定められた経済的に困窮している児童の保護者に対する援助義務がもとになっています。通学する学校に申請することで、教科書代などの学用品費、学校給食費、医療費などの経費の補助が行われます。

■母子健康手帳（ぼしけんこうてちょう）

　母子保健法に基づき、妊娠届を提出した者に対して交付される手帳です。

　各市区町村が作成しており、サイズやデザインは自治体により異なります。多胎児の場合は、子の数に応じて交付されます。

　母子健康手帳は、妊産婦と乳幼児の健康

を守るためのもので、子どもが就学するまで使用します。健康診査や予防接種を受ける際には必ず持参し、保健担当者に記録してもらうことで、その後の病気診療の手助けにもなります。

■母子自立支援員（ぼしじりつしえんいん）

母子寡婦福祉法に基づき、ひとり親家庭の相談窓口として市（特別区を含む）や福祉事務所設置町村に配置されています。

ひとり親家庭や寡婦が抱える悩みや不安の解決に向け、指導や情報提供などを行い、自立へ向けた支援・援助を行うことをめざす専門職です。具体的には、生活全般や経済上の悩みの相談に応じ、母子・寡婦福祉資金の貸付や生活・子育て支援、自立へ向けた就労支援などの支援や指導を行います。必要に応じて、福祉関連機関などとの連携を図りながら対応していきます。

■母子福祉資金（ぼしふくししきん）

母子家庭や寡婦家庭の母親に対し、資金の貸付を行う制度をいいます。この貸付制度には、母子及び寡婦の経済的自立の助成と生活意欲の助長を図る目的があり、母親が就労する場合、もしくは子どもが入学する場合に物入りとなった場合、自治体から融資制度を利用することができます。

この制度は20歳未満の子どもを扶養する母子家庭の母親が対象で、具体的には就職に必要な職業技能を身につけるための技能習得資金、事業をはじめるための事業開始資金、子どもを学校に入学させるため修学資金など、さまざまな貸付金が用意されています。この融資は物的担保（抵当権や質権など）を必要としませんが、保証人を1人立てなければなりません。申請は居住する市区町村を管轄する福祉事務所で行い、審査後に貸付の可否が決まります。

■補助（ほじょ）

軽い認知証や知的障害など精神上の障害によって判断能力が不十分な人を保護するために、補助人を選任し、特定の法律行為について同意権や代理権をもたせる制度です（民法15条）。成年後見制度の法定後見は、本人の障害の程度によって、後見、保佐、補助の3種類に分類されますが、補助は後見や保佐に比べて障害の程度が軽い人が利用します。補助人は、本人や配偶者、四親等内の親族などの申立てによってつけられますが、本人以外が申立てをする場合は本人の同意が必要です。

■補助開始の審判（ほじょかいしのしんぱん）

→後見開始の審判

■補助監督人（ほじょかんとくにん）

補助人が行う事務を監督する人のことです。補助人には、特定の行為につき同意権、取消権及び代理権が認められているため、補助人の不正な行為や、あるいは任務の懈怠が本人の財産や生命を侵害する危険性があります。そこで、補助人の権限濫用を防止し、事務の適正を担保するため、補助監督人の制度が設けられています。具体的には、補助人に対して、事務の報告や財産目録の提出を求め、事務や本人の財産の状況を調査することなどを職務としています。補助監督人は、家庭裁判所が必要があると認めるときに、申立てまたは職権によって選任されます。

■補助人（ほじょにん）

被補助人を保護する者のことをいいます（民法15条）。家庭裁判所の審判により補助人の同意が必要であるとされた行為について、被補助人が補助人の同意を得ずに法律行為をした場合、補助人は被補助人のした法律行為を取り消すことができます。

■補装具（ほそうぐ）

義肢や車椅子など、身体障害者が日常生活を行う際に必要とする器具です。

補装具の購入・修理にかかる費用については、申請を受けて市区町村が支給する制度があります。利用者の負担は、原則定率1割とされています。ただし、世帯の所得に応じて負担上限額が設定されています。利用者が補装具を購入した上で市区町村へ自己負担額を除いた金額を請求すると、市区町村の支給決定によって給付金が支払われます。補装具は、市区町村に申請することによって給付を受けることができます。補装具として認められるためには以下の3つの要件を満たしていなければなりません。
ⓐ 障害個別に対応して設計・加工されており、身体の欠損もしくは損なわれた身体機能を補完・代替するもの
ⓑ 同一製品を継続して使用するという条件があり、身体に装着して日常生活・就労・就学に使用するもの
ⓒ 医師などの診断書や意見書に基づいて使用されるもの

■補足給付（ほそくきゅうふ）

主に介護保険制度において、施設に入所している低所得者などに対して、居住費や食費の自己負担額を軽減するために行われる給付のことです。介護保険制度のほかにも、障害者福祉制度においても、補足給付が定められています。

ホテルコスト（居住費、食費）は原則として自己負担であり、低所得者にとっては大きな負担となるため、負担を軽減させる必要があります。入居者が市町村民税非課税世帯である場合に、申請によりホテルコストの負担額を軽減します。補足給付の額は利用者負担の各段階によって異なっており、給付額が最も多い第1段階のホテルコストは、標準的な第4段階のホテルコストの3分の1です。

■ホテルコスト（ほてるこすと）

施設を利用する際に生じる食費や居住費用のことです。施設サービス利用者のホテルコストは、保険でまかなわれていたこともありました。しかし、在宅での介護には光熱費や家賃など自己負担ですが、施設利用者が払っているのは、要介護度に応じた1割の自己負担と毎日の食事代程度でした。この不公平をなくすため、現在は自己負担が原則となっています。施設サービス利用者のホテルコストは、施設側が利用者に対して請求することになりますが、施設間で大きな差が生じないように工夫されています。たとえば食費については、その平均的な金額を計算した基準額が設定されています。部屋代については、個室であるかどうかといった段階的な基準によって異なる基準額が設定されています。

■ボランティア相談員（ぼらんてぃあそうだんいん）

民生委員法に基づく民生委員や、児童福祉法に基づく児童委員などの地域ボランティアに対する総称です。民生委員は、市区町村ごとに配置されており、地域住民への支援・相談への対応・個別訪問など、地

域住民のための活動を行います。また、児童委員はその地位に住む児童の健やかな成長を支援するための活動を行います。

その他、原則として身体障害者から選任される身体障害者相談員、知的障害者の保護者から選任される知的障害者相談員などのボランティア相談員も存在します。それぞれ、障害者や保護者からの相談に応じ、必要な指導・助言・援助活動を行います。

ま

■埋葬料／埋葬費（まいそうりょう／まいそうひ）

健康保険の被保険者や被扶養者が業務外の事由で死亡した場合に埋葬を執り行う遺族に対して給付される費用のことです。埋葬料は、死亡した被保険者により生計を維持されていた者が埋葬を行う場合に支給されます。健康保険では5万円が支給されます。なお、被扶養者が死亡した場合には、被保険者に家族埋葬料が支給されます。一方、埋葬費は、被保険者と生計維持関係にあった者がいないため、埋葬料を受ける者がいない場合に、実際に埋葬を行った者に対して支給されます。支給金額は、5万円を上限として実際に埋葬に要した費用になります。なお、国民健康保険の場合は、葬祭費が支給され、労災で死亡した場合は葬祭料（業務災害）または葬祭給付（通勤災害）が支給されます。

■マイナンバー制度（まいなんばーせいど）

住民票を持つすべての人、および、設立登記されたすべての法人を対象に、番号を与えて、医療・福祉などの社会保障や租税等の手続きにおいて、番号（個人番号・法人番号）を用いて事務処理を行うことを想定した制度です。平成27年10月から個人や法人に対して番号の通知が開始され、平成28年1月から実際の制度運用開始が予定されています。

■マクロ経済スライド（まくろけいざいすらいど）

その時点での経済状態（社会保険の被保険者数や平均寿命の延びなど）に応じて、年金の給付金額を変動させる制度のことです。

年金は、現役時代に保険料を納付し、老後に年金として受給します。しかし、人の人生において、現役時代の前半と老後の間には、およそ30～40年ほどの期間があります。その間には物価の増減があるため、単純に納付した金額だけをベースに支給する年金額を決定した場合、将来の受給時における生活が困窮する可能性があります。

そこで、現在の経済状況に応じて、年金額を自動的に上下させる制度が導入されました。具体的には、賃金や物価に応じた伸び率より、現在の経済状況を加味した調整額である「スライド調整率」を控除することで、受け取る年金の水準を調整します。

なお、平成16年の法改正で導入されたマクロ経済スライドは、平成27年度に初めて適用が行われます。伸び率2.3％より、スライド調整率である0.9％を控除した1.4％が、平成27年度の新規裁定者の年金改定率となります。さらに、その金額から「過去の物価下落時に引き下げを行わなかった分」として0.5％が差し引かれるため、基礎年金の改定率は0.9％となり、実質的な年金額は減額となっています。

み

■未熟児養育医療（みじゅくじよういくいりょう）

早産などの理由で出産後すぐに入院する必要のある未熟児に対し、治療費に必要となる費用を自治体が負担する制度をいいます。出生時の体重が2000ｇ以下の場合や、心肺機能が未熟な場合、または高度の黄疸がある場合などに適用されます。

この制度を利用するには、指定された養育医療機関で入院・治療が必要です。出産した乳児を養育する世帯の所得に応じて、自己負担が生じます。

■未成年者控除（みせいねんしゃこうじょ）

20歳未満の者が就労している場合（単身者や配偶者のみで独立した世帯を営む者等は除く）に、勤労収入から一定額の控除を行う制度です。生活保護制度の勤労控除のうちのひとつです。平成27年度の基準では未成年者控除の金額は１万1400円とされています。

■見守り契約（みまもりけいやく）

定期的な電話連絡や自宅訪問などによって、本人の安否や心身の状態および生活の状況などを直接確認したり、相談に乗ったりして本人の生活を見守ることを目的とする契約のことで、ホームロイヤー契約ともいいます。本人との定期的な連絡や意思疎通が確保でき、本人の判断能力の低下を的確に把握できることから、任意後見契約と併用して利用されることが多いようです。

■民生委員（みんせいいいん）

民生委員法に基づき、地域の福祉活動の援助や暮らしに関する支援活動を行う者をいいます。民生委員は各市町村に配置される非常勤公務員で、給料の支払いのない奉仕者として活動し、児童委員を兼ねるように定められています。具体的には、担当地区の実態を把握し、相談や福祉サービスの提供、ニーズに応えた行政機関や施設との連携などを担当するなど、社会福祉の増進を図るための活動をしています。

も

■モニタリング（もにたりんぐ）

利用者の状況を定期的に確認して計画見直しなどの必要性を検討することです。ケアマネジメントやケースワークの過程のひとつです。たとえば、障害福祉サービスの計画作成を指定特定相談支援事業者に依頼すると、担当の相談支援専門員が定期的にモニタリングを行います。その頻度は市町村や利用するサービスの内容によって異なりますが、最低でも年に１回は実施されます。なお、指定特定相談支援事業者を通さず、自らサービス等利用計画を作成している場合は、モニタリングは実施されません。

■問題行動関連介助（もんだいこうどうかんれんかいじょ）

徘徊や不潔行動や暴力・暴言といった、問題行為に対応する介助のことです。介護保険制度において、要介護認定の判定をする際、基準となる介護の時間を算出するために用いられる分類（介護行為）のひとつです。介助者は、徘徊に対しては探索を行い、不潔行動に対しては後始末をするといった対応を行うことになります。問題行動は、認知症が進行することで起こりやすくなります。問題行動が起こると、介護に要する手間が非常に大きくなります。

や

■夜間対応型訪問介護（やかんたいおうがたほうもんかいご）

自宅で生活している要介護者を対象に、夜間の巡回訪問サービスや入浴、排泄、食事などのサービスを提供する介護をいいます。夜間を対象として、次の2つのサービスを提供します。

・オムツの交換、体位変換を定期的に巡回して行う。
・オペレーションセンターが要介護者からの連絡を受けた際に、適切な処置及びサービス提供を行う。

利用料については、月額の基本料と、提供されたサービスに応じた金額を支払う必要があります。利用料は、オペレーションセンターがある施設かそうでないかによって区分されています。

なお、夜間や早朝の訪問介護サービスは、現在それほど利用されていません。その理由としては、費用が高いこと、オムツの機能向上により夜間にオムツを交換する必要がなくなったことなどが考えられます。しかし、高齢化がさらに進めば、独居、高齢者夫婦世帯が大幅に増加し、夜間サービスの重要性が高まると予想されます。

ゆ

■有料老人ホーム（ゆうりょうろうじんほーむ）

高齢者を入居させて、日常生活上の必要な支援を行う施設のうち、老人福祉施設でない施設のことです。老人福祉法に規定されている、居住施設のひとつです。自らの意志で老後生活をより快適に過ごすための施設であるという点が、老人福祉法の老人福祉施設とは異なります。また、老人福祉施設の設置主体は都道府県や市町村、社会福祉法人などですが、有料老人ホームはおもに民間の企業によって設置されています。申込みは直接施設に行い、利用負担については設置者との契約によります。

よ

■要介護（ようかいご）

日常生活を送る上で必要となる基本的な動作をとるときに介護を必要とする状態です。要介護の場合には、介護が必要な状態の程度によって、「要介護1」から「要介護5」までの5段階に分かれています。

要介護認定を受けた場合には介護給付を受けることができます。要介護は1〜5の区分に分かれています。要介護度の区分は心身の状態が変化した場合、残りの有効期間にかかわらず、変更を申請することができます。審査・判定で要介護度が上がることもありますが、同じあるいは下がることもあります。

■要介護1（ようかいごいち）

要支援状態から、手段的日常生活動作（家事・買い物・服薬の管理など）を行う能力がさらに低下し、部分的な介護が必要となる状態のことです。要介護認定の区分のひとつです。

要介護認定の1次判定で要介護1相当と判定された人は、2次判定においてさらに細かい基準で判定され、要支援2と要介護1に振り分けられます。どちらも要介護認定等基準時間は32分〜50分ですが、要介護1が要支援2と異なる点は、認知症による問題行動があること、認知症の症状が重い点です。認知症の症状が重いために、排

泄や清潔保持、衣服の着脱といった行為の一部に介助が必要となるため、要支援2より重い要介護1と判定されます。

■要介護5（ようかいご５）
　要介護4の状態よりさらに動作能力が低下しており、介助なしには日常生活を営むことがほぼ不可能な状態のことです。要介護認定の区分のうち、一番重い区分です。日常生活を送る上で必要な能力が全般的に著しく低下していて、1日に3、4回の介護サービスを受ける必要がある状態です。寝たきりであることが多く、生活全般において全面的な介助を必要とします。認知症の場合には、意思の伝達が全くできない程度まで理解力が全般的に低下していて、徘徊や昼夜逆転、夜間に大声で叫ぶといった問題行動が多くなります。

■要介護3（ようかいごさん）
　1日に2回の介護サービスが必要となる程度の要介護状態です。具体的には、起き上がったり寝返りを打つことが、自分1人ではできない状態です。排泄、清潔保持、衣服の着脱などを行うときには全面的な介助が必要になります。要介護者が認知症の場合には、大声を出したり物忘れが頻繁になるといった問題行動も見られます。

■要介護度（ようかいごど）
　介護が必要な度合いを示す指標です。介護保険の利用を希望する高齢者の申請を受け、調査を経て認定されます。「非該当」「要支援1、2」「要介護1〜5」の区分があります。要介護5が一番重度の介護度です。

■要介護2（ようかいごに）
　要介護1の状態に加え、日常生活動作（食事・入浴・排泄など）についても部分的な介護が必要となる状態のことです。要介護認定の区分のうちのひとつです。1日に1回は介護サービスが必要となる状態の人が認定されます。たとえば歩くときや立ち上がるとき、食事や排泄、清潔保持、衣服の着脱などを行うときに、一部介助が必要な状態であったり、全面的に介助が必要な状態の場合に要介護2に認定されます。要介護者が認知症の場合には、金銭管理や服装管理を行うことが困難な状態も出てきます。

■要介護認定等基準時間（ようかいごにんていとうきじゅんじかん）
　介護保険制度の要介護認定において、要支援、要介護の判断の際に基準となる時間です。介護や手助けに必要となる時間は、要介護認定等基準時間と呼ばれ、要介護認定の1次判定で推計されます。要介護認定等基準時間は実際に介護サービスを受けられる時間ではありません。要介護認定等基準時間に算入される内容には、ⓐ直接生活介助、ⓑ間接生活介助、ⓒ問題行動関連介助、ⓓ機能訓練関連行為、ⓔ医療関連行為があります。

■要介護4（ようかいごよん）
　1日に2、3回の介護サービスが必要となる程度の要介護状態です。日常生活を送る能力が低下している状態で、寝たきりの場合も含まれます。要介護者が認知症の場合には、理解力低下によって意思の疎通が困難となる場合が多い他、目的もなく歩き回ったり（徘徊）夜眠らずにいる（昼夜逆転）といった問題行動も増えている状態です。排泄、清潔保持、衣服の着脱など多くの行為を行うときに全面的な介助が必要とされる状態です。

■養護老人ホーム（ようごろうじんほーむ）

環境上の理由と経済的理由により、居宅において養護を受けることが難しい高齢者（65歳以上）が入所する施設です。入所は、市区町村の措置に基づいて行われます。

■要支援1（ようしえんいち）

日常の基本動作のうち、食事や排泄などは概ね自分で行うことができるものの、家事や薬の管理などの身の回りの世話の一部に手助けが必要な状態のことです。要介護・要支援状態区分の中では一番軽い区分です。要支援認定において、要介護認定等基準時間が25分〜32分の場合、要支援1と判定されます。

■要支援状態（ようしえんじょうたい）

身体・精神上の障害により、入浴・排せつ・食事などの日常生活における基本的な動作の全部（あるいは一部）について、状態の軽減・悪化の防止のために支援を必要とすると見込まれる状態のことです。日常生活を営むのに支障があると見込まれる状態も含まれます。要介護状態には至っていないものの、支援が必要とされる状態です。介護保険制度において、要支援認定を受けた場合には、予防給付を受けます。要支援者は、要支援状態の度合いによって、要支援1と要支援2に分類されます。

■要支援2（ようしえんに）

要支援1の状態よりも、食事や排泄などの日常生活の能力に低下が見られ、何らかの支援や部分的な介護が必要な状態のことです。要介護・要支援認定における区分のひとつです。要支援2とは、要介護認定の1次判定では「要介護1相当」と判定されます。この「要介護1相当」と判定された申請者が、2次判定で「要支援2」と「要介護1」に振り分けられます。要支援2と要介護1の介護認定等基準時間はどちらも32分〜50分です。要介護1相当の状態のうち、次に挙げる状態ではない申請者が要支援2の認定を受けます。具体的には、以下に挙げる状態の1つにあてはまる申請者は要介護1の認定を受けることになります。

・病気やケガによって心身の状態が安定していない状態
・十分な説明を行っても、認知機能の障害や、思考や感情等の障害によって予防給付の利用に関して適切な理解が困難な状態
・その他の事柄によって予防給付を利用することが困難な状態

■要保護者（ようほごしゃ）

保護を必要とする状態にある者のことをいいます。生活保護法6条2項では、すでに保護を受けているといないとにかかわらず、保護を必要とする者を要保護者と定義しています。

■横出しサービス（よこだしさーびす）

介護保険のメニューにはないサービスを、市区町村（保険者）が独自に設定することを横出しサービスといいます。具体的には、配食サービス、介護保険対象外の外出支援、オムツの支給、布団乾燥サービスなどがあります。横だしサービスは、市区町村が条例で定めるため、それぞれの市区町村によりサービスが異なります。なお、横だしサービスは、第一号被保険者の保険料を財源にしています。

■予防給付（よぼうきゅうふ）

要支援の認定を受けた人が受けられる介護サービスのことをいいます。要支援認定

を受けた人には、要支援の状態から自立した生活ができるようにするために、あるいは要介護の状態にならないように予防するために、メニューが組まれます。

予防給付は、介護が必要となる状態を予防するためのものですから、あらかじめ計画を立ててから提供されます。この計画を予防プランといい、地域包括支援センターの職員またはその委託を受けた者が作成します。

要支援の認定を受けた人が利用できるサービスは、在宅サービスと地域密着型サービスの一部で、施設サービスは利用できません。在宅サービスには、訪問・通所介護、訪問入浴介護、訪問看護、といったものがあります。予防給付の各メニューの内容は、要介護の人が受ける在宅サービスとほぼ同じですが、予防給付のサービスを利用できる場所は、通所サービスが中心になります。ただし、通所サービスを利用することが難しい場合には、訪問サービスが認められます。なお、要支援の人の状況が悪化して要介護の認定を受けた場合には、提供されるサービスは介護給付に変更されます。予防給付の多くのメニューには、介護予防という名称がついていますが、提供されるサービス内容は基本的には要介護者が受けるものとあまり違いはありません。

■予防接種法（よぼうせっしゅほう）

伝染のおそれがある疾病の発生や蔓延を予防するために、予防接種の実施をはじめ必要な措置を講じることなどを定めた法律です。定期接種の対象とされているのは、ジフテリア、百日せき、急性灰白髄炎、麻しん、風しん、日本脳炎、破傷風、結核、ヒブ、小児用肺炎球菌、子宮頸ガンといった疾病です。ただし、子宮頸ガン予防接種については、副反応についての調査が行われており、一時的に積極的な接種勧奨が差し控えられています。また、平成26年10月からは水痘も定期接種の対象になりました。

り

■理学療法士（りがくりょうほうし）

病気や事故、加齢などがきっかけで運動機能が低下した人に対し、運動やマッサージ、温熱、電気などの物理的手段を施し、身体機能の向上を図る専門家です。PTという略称が使われています。理学療法士になるためには、所定の課程を修了し、国家資格を取得しなければなりません。

■離婚分割（りこんぶんかつ）

離婚すると女性の年金が少額になるケースが多いため、夫の分の年金を離婚後は妻に分割できるようにする制度です。離婚分割制度には平成19年4月1日から施行されている合意分割制度と平成20年4月1日から実施されている3号分割制度があります。

■リバースモーゲージ（りばーすもーげーじ）

自宅など保有不動産を担保に金融機関等から融資を受ける制度です。年金のように月々何万円かを借りるタイプと、まとまった金額を一度に借りるタイプがあります。自宅を売却せずに借入れができる他、返済は契約終了時（期間満了や契約者死亡など）に一括で行うことになっているため、年金収入の少ない高齢者が住む場所を確保しつつ月々の生活費の足しにする、有料老人ホームの入居金を用立てるなどの形で活用できます。

■療育医療費助成(りょういくいりょうひじょせい)

結核にかかっており長期的な入院が必要とされる18歳未満の児童に対し、自治体が療育のための医療費の自己負担分を助成する制度です。この制度を利用するには、指定された療育機関での入院・治療が必要です。対象の児童を養育する世帯の所得に応じて、自己負担が生じます。また、結核予防法と併用しての適用となるので、各医療機関での確認が必要です。

■療育手帳(りょういくてちょう)

知的障害者と認められた人に交付される手帳のことです。東京都では愛の手帳といいます。東京都においては、申請があった場合、本人との面接や知能検査を経て、手帳交付の有無を判定します。知的障害者の定義については、知的障害者福祉法に規定されているわけではありません。療育手帳についても、法で定められたものではなく、各都道府県が独自に発行するものであり、知的障害者と判定されても、必ず持たなければならないものではありません。療育手帳の交付を受けるには、本人が居住している地域の福祉事務所へ申請します。

■療養介護(りょうようかいご)

難病患者や重症心身障害者が、病院などの医療機関に長期入院して、機能訓練や看護などの医療的ケアとともに、食事や排泄などの介護を受けることができるサービスです。療養介護は、障害者総合支援法で定められた自立支援給付のうち、介護給付に含まれる障害福祉サービスです。対象者は、ALS(筋萎縮性側索硬化症)などを患っており、気管切開を伴う人工呼吸器による呼吸管理をしている人で障害支援区分6の人、または筋ジストロフィー患者か重症心身障害者で障害支援区分5以上の人で、いずれの場合も長期入院や常時の介護を必要とする人を対象としています。

療養介護を利用するためには市区町村に申請し、障害支援区分についての認定を受けなければなりません。障害支援区分には有効期間があり、3か月から3年の期間内で期間が決定されます。さらに支給を受けるためには、指定特定相談支援事業者が作成したサービス等利用計画案を提出し、支給決定を受けなければなりません。

支給決定の有効期間は1か月から3年の間で決定されます。サービスの利用開始後も、事業者は1年ごとにモニタリングを行い、利用計画を見直します。

■療養介護医療費(りょうようかいごいりょうひ)

障害福祉サービスを受けている者が、医療の他に介護を受けている場合に、医療費の部分について支給される給付のことです。障害者総合支援法70条に規定されています。おもに昼間、日常生活の世話や医学的管理下での介護、療養上の看護・管理、病院や施設などでの機能訓練を受ける際に療養介護医療費が支給されます。また、障害福祉サービス事業を提供するための事業所・施設が基準該当事業所や基準該当施設(事業所や施設について、設備・運営基準のすべてを満たしていないが、一定の基準を確保していることから、サービスの提供や施設の運営が認められるもの)の場合、基準該当療養介護医療費が支給されます。

■療養の給付(りょうようのきゅうふ)

業務外の病気、ケガなどについて、病院や診療所などで診察を受けたり、薬をも

らったり、手術を受けたり、入院した場合に受けることができる健康保険の給付です。治療（行為）という現物により支給される医療給付です。

■**療養費（りょうようひ）**
　保険者（全国健康保険協会および健康保険組合）が療養の給付が困難であると認めたときや、被保険者が保険医療機関・保険薬局以外の医療機関・薬局で診療や調剤を受けたことにつきやむを得ないと認められたときに支給される健康保険の給付です。現金給付で行われます。

■**療養病床（りょうようびょうしょう）**
　長期療養が必要な患者のための病床をいいます。医師や看護師、介護士などは、長期療養のエキスパートが配属がされており、配属される人数も規定されています。一定の面積の病床や談話室、機能訓練室なども設置されているのが特徴です。療養病床には、長期の入院を必要とする患者が入院する「医療療養型病床」と、要介護の認定がされた患者が入居する「介護療養型病床」があります。

■**臨時福祉給付金（りんじふくしきゅうふきん）**
　消費税率の引上げに伴い、所得の低い者の負担を緩和するために設けられた臨時的な給付制度です。平成27年度の支給額は、1人につき6,000円です。支給対象者は、平成27年度分の住民税（正確には市町村民税の均等割）が課税されていない者です。ただし、課税者の扶養親族や生活保護受給者は対象外です。支給を受ける場合には、平成27年1月1日時点で住民登録している市区町村へ申請を行う必要があり、受付期間は自治体によって異なります。
　なお、配偶者からの暴力（DV）を理由に避難しており、住民票を移すことができないなどの事情がある場合は、居住している市区町村に申し出れば支給を受けることができる場合があります。

ろ

■**老人福祉施設（ろうじんふくししせつ）**
　高齢者を対象に福祉サービスを提供する施設で、老人福祉法5条の3に規定されています。具体的には老人デイサービスセンター、老人短期入所施設、養護老人ホーム、特別養護老人ホーム、軽費老人ホーム、老人福祉センター及び老人介護支援センターをさします。

■**老人福祉法（ろうじんふくしほう）**
　老人福祉の基本法です。昭和38年に制定されました。老人福祉法の目的は、老人の心身の健康を保つことと、安定した生活を行えるように措置を行い、高齢者の福祉を図ることです。老人福祉法では、65歳以上の人が対象とされており、サービス内容は、大きく在宅福祉サービスと施設福祉サービスとに分けられています。在宅福祉サービスとしては、ホームヘルプサービスやデイサービス、ショートステイなどがあります。在宅福祉サービスについては、介護保険法のサービスが優先されるのですが、虐待などのやむを得ない事情がある場合には、老人福祉法による措置として在宅福祉サービスを受けることができます。
　老人福祉法による施設福祉サービスには、養護老人ホーム、軽費老人ホームなどがあります。養護老人ホームとは、おもに経済的な理由により、居宅での生活が困難

な高齢者を養護するための施設です。その他、老人福祉に関する相談や情報提供を行っている老人介護支援センターなど、高齢者の生活の向上や健康の増進を目的とした施設も含まれます。

■**老齢基礎年金（ろうれいきそねんきん）**

国民年金の保険料を納付したものに対し、老齢（原則65歳）により支給される年金をいいます。なお、会社員などは厚生年金に加入していますが、厚生年金保険料を支払うと（給与天引）、基礎年金についての給付も受給できることになります。

国民年金の保険料は、所得が少ない人は支払を免除されることもありますが、保険料の納付期間と保険料の免除期間の合計が25年以上ある人が受給でき、40年間にわたり全期間で納付した人は満額の年金を受給することができます。老齢基礎年金は国民年金から支給される年金で、老齢給付の土台となる年金です。25年以上の加入期間（経過措置あり）で受給資格を得たすべての者に支払われます。老齢基礎年金の年金額は「何か月保険料を払ったか」で決まります。20歳から60歳まで、40年間のすべての月の保険料を払った場合、満額で年78万100円を受給できます（平成27年4月分からの金額）。

■**老齢給付（ろうれいきゅうふ）**

老後を迎えた際もこれまでと同様の生活ができるよう、国から支給される給付をいいます。なお、仕事により収入がある者が老齢給付を受給する場合は、収入額に応じて老齢給付が減額されます。公的年金制度において、老齢給付は「2階建て」といわれています。

ⓐ　1階部分は自営業、主婦、会社員問わず、すべての国民に共通する国民年金制度で、老齢基礎年金が支給されます。老齢基礎年金は、20〜60歳の間で保険料を納めた期間が25年以上ある者が、原則として65歳以降に支給される年金です。

ⓑ　2階部分はおもに会社員が加入者（被保険者）となり、老齢基礎年金の受給資格があれば、加入者に対して老齢厚生年金が支給されます。

老齢厚生年金には、法改正による経過措置として設けられた「特別支給の老齢厚生年金」と「本来の老齢厚生年金」に分かれています。特別支給の老齢厚生年金は、1年以上の厚生年金加入期間がある者が、生年月日に応じて60〜64歳の間に支給されます。また、本来の老齢厚生年金は、1か月以上の厚生年金加入期間があれば65歳以降に支給されます。

■**老齢厚生年金（ろうれいこうせいねんきん）**

厚生年金の被保険者が、老齢基礎年金の上乗せとして受給することができる年金です。会社員など事業所に雇用され、厚生年金に加入している場合、毎月厚生年金保険料を支払う（給与天引）ことになります。

国民年金の保険料の納付期間と保険料の免除期間の合計が25年以上ある人は、65歳になると老齢基礎年金を受給することができますが、その人が1年以上厚生年金に加入し、保険料を支払っている場合はその期間と額に応じて老齢厚生年金が老齢基礎年金に上乗せされて支給されます。

老齢厚生年金には、被保険者であった期間に応じて支払われる定額部分と、その時の標準報酬月額に応じて支払われる報酬比例部分と、配偶者や子の状況によって支払われる加給年金があります。

【監修者紹介】
若林　美佳（わかばやし　みか）

1976年神奈川県生まれ。神奈川県行政書士会所属。平成14年行政書士登録。相武台行政書士事務所（平成22年2月に行政書士事務所わかばに名称を変更）を設立。病院勤務等の経験を生かし開業当初から、福祉業務に専念し、医療法人・社会福祉法人設立等法人設立を主要業務としている。また、福祉法務に関するエキスパートとして地域の介護支援専門員等との交流を深め、福祉ネットワークを組んでいる。介護保険分野では、多くの介護サービス事業所や特別養護老人ホーム設置等を手がけ、創業・運営についてコンサルティングも行っている。また、有限会社MSWプランニングを設立。代表取締役に就任し、ISO取得に関するコンサルティングも行っている。
監修書に『介護保険と成年後見のしくみと手続き』『改訂新版　介護・福祉の法律　しくみと手続き』『遺言書の書き方と生前契約書のしくみ』『老人ホーム選びと介護施設トラブル解決マニュアル』『介護ビジネス開業のための法律と実践書式46』『障害者総合支援法のしくみと福祉施設運営手続きマニュアル』『図解で早わかり　最新版　福祉の法律と手続き』『図解とQ&Aでスッキリ！　障害者総合支援法のしくみ』『図解　福祉の法律と手続きがわかる事典』『介護保険・障害者総合支援法のしくみと疑問解決マニュアル129』（小社刊）などがある。

行政書士事務所　わかば
http://www.mikachin.com/kaigoindex

重要事項＆用語　図解
最新　社会保障・介護福祉法律用語辞典

2015年12月10日　第1刷発行

監修者	若林美佳	
発行者	前田俊秀	
発行所	株式会社三修社	

〒150-0001　東京都渋谷区神宮前2-2-22
TEL　03-3405-4511　FAX　03-3405-4522
振替　00190-9-72758
http://www.sanshusha.co.jp
編集担当　北村英治

印刷・製本　萩原印刷株式会社

©2015 M. Wakabayashi Printed in Japan
ISBN978-4-384-04663-2 C2032

®〈日本複製権センター委託出版物〉
本書を無断で複写複製（コピー）することは、著作権法上の例外を除き、禁じられています。本書をコピーされる場合は事前に日本複製権センター（JRRC）の許諾を受けてください。
JRRC（http://www.jrrc.or.jp　e-mail：info@jrrc.or.jp　電話：03-3401-2382）